船舶工匠系列教材

国家级重点技工学校推荐教材

船舶精度装配工艺

韦方方　主编

HEUP 哈爾濱工程大學出版社

内容简介

本书是中等职业教育船舶制造规划教材之一，按照"船舶精度装配工艺"教学大纲的要求而编写。本书共六章，内容包括施工准备工作、船体钢料精度加工、船体部件和组件精度装配、分段精度建造工艺、大组立分段精度装焊工艺、船台（船坞）精度搭载。

本书可作为中等职业院校船舶类专业教材，也可供船舶企业管理人员、操作人员、船舶安全人员与研究人员使用。

图书在版编目（CIP）数据

船舶精度装配工艺/韦方方主编. —哈尔滨：哈尔滨工程大学出版社，2017.9

ISBN 978－7－5661－1691－8

Ⅰ.①船…　Ⅱ.①韦…　Ⅲ.①船舶－装配（机械）　Ⅳ.①U671

中国版本图书馆 CIP 数据核字（2017）第 238408 号

选题策划　史大伟

责任编辑　薛　力

封面设计　博鑫设计

出版发行　哈尔滨工程大学出版社

社　　址　哈尔滨市南岗区南通大街 145 号

邮政编码　150001

发行电话　0451－82519328

传　　真　0451－82519699

经　　销　新华书店

印　　刷　哈尔滨市石桥印务有限公司

开　　本　787mm×1 092mm　1/16

印　　张　13

插　　页　1

字　　数　329 千字

版　　次　2017 年 9 月第 1 版

印　　次　2017 年 9 月第 1 次印刷

定　　价　35.00 元

http://www.hrbeupress.com

E-mail:heupress@hrbeu.edu.cn

教材编写委员会

总 主 编	殷先海
副总主编	郑永佳
编委会成员	殷先海　冉凯峰　李康宁　吴周杰
	郑永佳　赵汝荣　丁训康　朱继东
	张　铭　李　斌

教材审定行业专家委员会

刘新华　龚利华　王力争　陈昌友　陈凤双
李骁萃　陈景毅　杜逸明　赵汝荣　丁巧银
董三国　朱伯华　刘汉军　朱明华

前　言

为深入贯彻《国务院关于大力发展职业教育的决定》，积极推进课程改革和教材建设，为职业教育教学和培训提供更加丰富、多样和实用的教材，更好地满足我国船舶工业快速发展的需要，江南造船集团职业技术学校联合江南造船(集团)有限责任公司，与国内其他开办有船舶技术类专业的职业院校及其骨干教师，编写了中等职业教育建设项目船舶制造专业改革发展特色示范校建设规划教材。

本系列教材注重以就业为导向，以能力为本位，面向市场，面向社会，体现了职业教育的特色，满足了高素质的实用型、技能型船舶制造类专业中等职业技能人才培养的需要。本系列教材在组织编写过程中，形成了如下特色：

1. 认真总结了全国开办有船舶技术类专业的职业学校多年来的专业教学经验，并采纳了部分企业专家的意见，代表性强，适用性广；

2. 以职业岗位的需求为出发点，适当精简了教学内容，减少了理论描述，具有较强的针对性；

3. 本系列教材是针对三年制中等职业教育编写的，二年制的也可参考使用。同时，本系列教材还适用于船厂职工的自学以及其他形式的职业教育。

《船舶精度装配工艺》是中等职业教育船舶制造规划教材之一，按照“船舶精度装配工艺”教学大纲的要求而编写。本书共六章，内容包括施工准备工作、船体钢料精度加工、船体部件和组件精度装配、分段精度建造工艺、大组立分段精度装焊工艺、船台(船坞)精度搭载。

本书可用作中等职业院校船舶类专业教材，也可供船舶企业管理人员、操作人员、船舶安全人员与研究人员使用。

本书由江南造船集团职业技术学校改革发展特色示范校建设教材编写组以及江南造船(集团)有限责任公司等企业共同完成，在此表示感谢！

限于编者经历和水平，教材内容难以覆盖全国各地的实际情况，希望各教学单位在积极选用和推广本系列教材的同时，注重总结经验，及时提出修改意见和建议，以便再版修订时改正。

江南造船集团职业技术学校专业建设指导委员会

2017 年 1 月

目　　录

第一章　施工准备工作

钢质船舶建造按照船舶设计图纸,经过放样、号料、加工、装配、焊接和吊运等多项工序完成整个建造过程。在建造过程中,无论设计和制造得多么完美,在切割、加工、焊接和吊运等多种因素影响下,船体零件、部件、分段、总段和船体主尺度不可避免地会产生实际尺寸偏离放样尺寸的尺寸偏差和形状偏差。为了控制这些偏差在标准要求的范围内,船厂普遍采用在船舶零件上加放余量再修割的方法,这必然会带来造船现场大量的修整工作量。这些修整工作量几乎全部为手工作业,所消耗的工时约占船体建造总工时的1/4。为了尽量减少修整工作量,各国在取得大量船舶生产实践测量数据的基础上,运用数理统计方法,逐步以不需修割的零件补偿量代替余量的方法来控制造船偏差,这样逐步发展形成船舶精度建造工艺技术。

船舶精度建造是船舶建造企业为了满足造船需要而在生产过程中进行自我控制的一种企业行为。企业通过建立各种船型的焊接收缩补偿量数据系统,实现船舶构件无余量下料、分段无余量建造、无余量大合龙,使得大合龙缝间隙控制在焊接工艺允许的范围之内;尽可能扩大对精度有要求的舾装件在分段上预装的范围,提高分段的预舾装率,从而使企业达到既保证船舶建造质量、生产进度,又提高钢材利用率、降低生产成本的目标,并最终获得最大利润的目标。

由于船舶精度建造不同于以前传统的造船方式,老的分段建造工艺也就不能满足精度造船的要求,因此我们必须要根据精度造船的要求采用符合精度建造的新工艺。船舶精度建造工艺是以船舶建造理论为基础的系统工程,是建立在管理学、测量学、金属材料学和可靠性理论基础之上的综合性学科。

第一节　精度造船工艺理论基础

一、现代造船的基本工艺流程

1. 船舶建造的必要条件

船舶建造一般是在陆上的船台或船坞中进行,制造完成后移至水中。因此,船舶建造应在海边、江边或是河边,该处水域要求流速低、风速小,以便船舶下水。船舶建造室外作业较多,受天气影响较大,对夏热冬冷、降雨天较多且雨量大的地区,要采取降温措施、防寒措施和遮蔽措施,保证工作的正常进行。

船舶建造工艺流程是从钢材堆放场到构件加工、船体零部件装配焊接、分段和总段装配焊接、船坞(船台)装配焊接、下水、码头舾装等构成。新的造船方式为了减少船舶下水后的舾装工作量、缩短造船周期,机械设备和舾装件大都提前到分段装配或总段装配阶段安装。因此,各道工序应以船坞(船台)为中心进行布置。从材料消耗和运输情况来看,钢材加工和船体装配的比重较大,所以应优先保证从钢材堆场、构件加工、装焊场地到船坞(船台)的距离尽可能短。工序间减少迂回过程,使船体从加工、零部件装配、分段(总段)、舾装件、船舶设备等运至船坞(船台)的距离最短,这是船体建造物流的设置基础。

船坞(船台)是船体建造成整体的场所,完工的船体从陆地移至水中的过程也是通过船坞或船台下水装置完成的。因此,船坞(船台)是造船企业重要设施中不可缺少的组成部分。

船台根据工作表面可分成水平船台(船坞也可看作水平船台)和倾斜船台。

倾斜船台表面呈倾斜状,与水平面成一定的夹角。船体建造完成后沿纵向滑道滑行下水。倾斜船台滑道的形式一般有油脂滑板和钢珠滑板两种。滑板铺设在船底与滑道之间,下水时依靠滑板与滑道间的相对位移,将船送下水。目前,我国常用的倾斜船台的坡度在1/25~1/18之间。通常采用的坡度为1/20,这样计算比较方便。

在船台上的两侧应配置多台高吊,供分段或总段上船台安装时使用。分段或总段的重力应控制在起吊满负荷量的90%范围内,以确保安全。

船坞是现代化总装厂的重要设施,以上海长兴造船基地为例,其2#船坞尺寸达510 m×106 m,船坞一般配备龙门吊车,起重量为600~900 t。船坞可建造大型船舶2~4艘,而船舶建造船坞期一般为60天左右。

装配场地是进行零部件、分段和总段制造的区域,装配场地配置起重设备,内场设置桥式行车,外场设置门式行车,这两种起重设备工作灵活,效率高且安全。

现代化船厂一般以平面制造中心和曲面制造中心承担了分段制造的全部工作量,且这一部分的作业都已移至室内,作业条件得到极大的改善。总装平台布置在船坞侧面及端部,大型龙门吊车的吊运范围可将其覆盖。

装配平台面积与船坞面积应有适当的比例,如果比例恰当,分段的制造数量与船坞搭载进度可以很好地衔接起来;如果比例太大,将会出现分段积压,船坞吊装紧张;如果比例太小,将会发生分段不能满足船坞安装的需要,增加船坞周期。

整个船体建造区域除了应具备以上条件外,还应配备水、电、气、风等能源动力设施。

水一般是指自来水,主要是供火工矫正和强度试验等作业使用。

电一般是指工业用电,船体焊接使用的电焊机需用大量的电力,作业中的照明,设备和仪器等都需要用电。

气主要是指氧气、乙炔、丙酮、天然气和二氧化碳。用于钢板切割和焊接。

船舶下水后系泊于码头,并在码头进行余下的部分舾装作业和系泊试验工作,因此,船舶建造完工下水后还必须有足够的泊位供船舶停靠。码头上也应配置高吊和水、电、气、风等能源动力设施,这是码头进行各项工作的基本条件。

2. 现代造船的工艺流程

最初的钢制船舶是通过铆钉将各构件铆接成船体的，随着焊接技术的应用和发展，焊接工艺逐渐取代了铆接工艺。现在在船体建造中普遍采用了计算机和数控技术，而且还应用了精度控制理论和成组技术原理，使船舶生产进一步向机械化、自动化和高效优质的方向发展。

目前钢质船舶焊接船体常规制造与工艺的主要程序见图 1.1。

船舶的制造过程比较复杂。按照现代造船工艺学的观点，船舶制造可分为 3 种类型的生产作业，即船体制造、船舶舾装和船舶涂装。

船体制造是将船用钢材制成船舶壳体的生产过程。从生产的顺序来划分，船体制造包括三个步骤：

(1) 将原材料制成船体零件；

(2) 将零件组装成部件或进而再组装成分段和总段；

(3) 将零、部件或分、总段总装成船体。

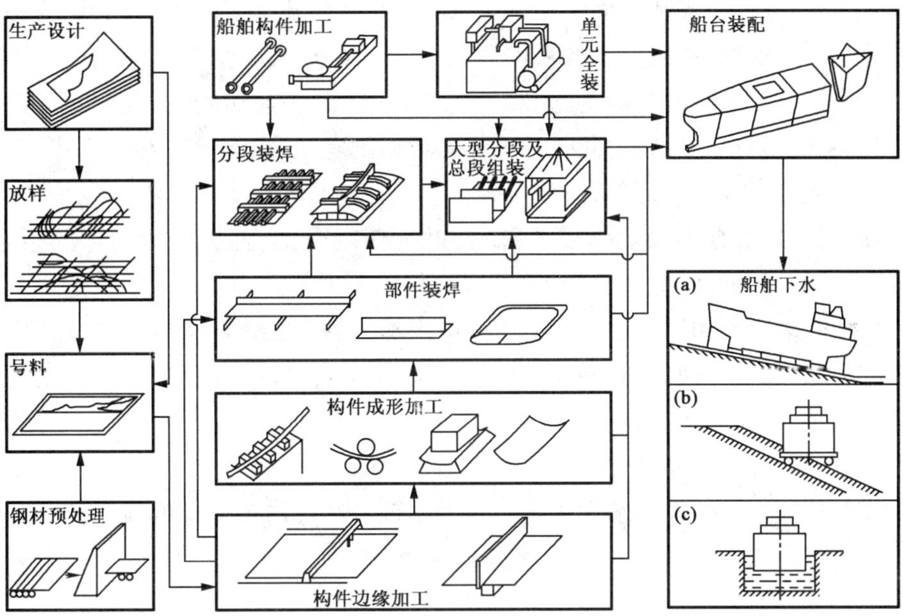

图 1.1　船体常规建造工艺程序图

船舶舾装是将各种船用设备、仪器、装置和设施等安装到船上的生产过程。按作业区域和专业来分，船舶舾装包括甲板舾装、住舱舾装、机舱舾装和电气舾装等工作内容。按工作地点和阶段来分，有内场预制舾装、外场分段舾装、船台舾装和码头舾装（后两者统称为船上舾装）。

船舶涂装是对全船进行除锈、涂漆的生产过程。按作业顺序来分，船舶涂装可分为钢材表面预处理、分段除锈及底漆喷涂（即分段涂装）、下水前船体外部面漆涂装和交船前船舶进坞进行完工涂装等几个阶段（后两者统称为船上涂装）。

船舶是水上交通、运输或作业等用途的工具。它是一个漂浮的建筑物,装有各种设备和仪器,能防止海水的腐蚀。欲使船舶完成预定的使命,除了必须精心设计之外,还应该精心建造。

目前造船界正在推行“壳舾涂一体化”和“设计、生产、管理一体化”的造船模式,即将上述3种类型的生产作业按规模划分成区域,在每一个区域内都要完成“壳舾涂”的生产任务,在壳舾涂一体化过程中,以正确的管理思想主导设计、生产、管理的有机结合。但是钢质船舶焊接船体常规的建造工艺程序依然是:

(1)船体放样

船体放样是把设计型线图按1:1的比例绘在放样间的地板上,或运用数学方法编成程序输入电子计算机进行数学放样。不论采用何种方法,均需光顺理论型线和修正理论型值,再绘出肋骨型线图并进行结构线放样,接着展开船体结构件及其舾装件中的各个零件,据此提供各种放样资料为后续工序使用,如草图、样板、样箱,或磁盘等。

(2)船体钢材预处理和号料

对船体钢材进行矫正和表面锈斑的清理、防护等预处理工作后,再应用草图、样板、样箱、磁盘等放样资料,把放样展开后的各零件图的图形及其加工、装配符号,画到平直的钢板或型钢上去,这个过程称为号料。有时号料工序还与切割工作结合进行,如数字程序控制切割机,就是在号料的同时将零件外形切割完毕,实际上取消了号料工序。

(3)船体构件加工

号料后的钢材上有各种船体零件,需要进行切割分离,称为船体构件的边缘加工。它是通过机械剪切(如剪、冲、刨、铣等)或火焰切割等工艺方法来完成的。边缘的形状分为直线边缘、曲线边缘和焊接坡口等。经过边缘加工后的船体各个零件的表面都是平直的,其中有一部分需要弯曲成它在船体空间位置上应具有的曲面或曲线形状,其弯制过程称为船体构件的成形加工。它是通过各种机械设备(如辊弯机、压力机、弯板机、折边机、撑床、肋骨冷弯机等)在常温下进行冷弯成形加工,对少数曲形复杂的构件则在高温下进行热弯成形加工,或采用水火弯制工艺来实现。经过加工后的船体零件就是船体结构构件。

(4)船体装配

船体装配是把船体构件组合成整个船体的过程。因为船体建造方案不同,所以船体装配的工艺程序也不同。如分段建造法的船体装配分3个阶段进行:一是由船体零件组合成船体部件的部件装配,如T型梁、板列、肋骨框架、主辅机基座、艉柱、艏柱、舵、烟囱等部件的装配。二是由船体零件和部件组合成船体分段的分段装配,如底部分段、舷侧分段、甲板分段、舱壁分段、上层建筑分段、首尾立体分段等的装配。以上两个阶段多半是在船体装配车间内进行的。三是由船体分段和零部件组合成整个船体的总装阶段。这个阶段是在船台或造船坞内完成的。因为我国多数在船台上总装,所以又称为船台装配。

又如总段建造法的船体装配与分段建造法的船体装配相比,增加了一个工序,即将已装配好的各个分段和零部件组合成总段后，再送交船台进行大合龙。

再如传统而落后的整体建造法，其装配方式为散装法，只有两个装配阶段：部件装配和船台装配。也就是说，由船体零部件直接在船台上组合成整个船体。

(5)船舶焊接

船舶焊接是运用焊接技术并采用合理的焊接程序，将已装配妥的船体部件、分段(或总段)、整个船体的各种接缝，按照设计要求连接起来，从而使各种船体构件结合成为一个整体。实际上船舶焊接是渗透在船体装配的整个过程中的，如船体部件焊接妥了才能进行分段(或总段装配)，分段(或总段)焊接完了才能进行船台装配等。

(6)火工矫正

船体焊接都会产生局部和整体变形。船体局部焊接变形可采用机械矫正，也可采用火工矫正。但是分段、总段及整个船体的体积大、质量也大，其焊接变形无法用机械矫正，主要靠火工矫正。火工矫正是利用焰具局部加热变形部位，使之热胀冷却收缩而矫正变形的。船体部件如T型材、肋骨框架等在装焊后安装前应予以矫正。船体分段也须在分段装焊后船体总段前进行矫正。船台装配完工后还应进行一次全面彻底地火工矫正。

(7)密性试验

船体上的许多连续焊缝，特别是水下部分的外板、舱壁、舵等的焊缝必须保证水密，船上的油舱和油船的各舱都要保证油密。因此，这些部位的焊缝需要进行密性试验(灌水、冲水、气压、充气、煤油、冲油等试验)来检查其质量，以防航行中漏水、漏油，确保航行安全。有些重要船舶或重要部位的焊缝质量还需运用仪器来检查，如超声波探伤、X光探伤等。

(8)船舶舾装

船舶舾装的主要内容有：各种设备和管系的安装、电气安装、木工作业、绝缘作业、舱室设备安装、房间修饰等。船舶舾装是一项相当复杂的工作，不仅需要各个专业工种的相互配合，而且需要生产上的合理组织与安排，以便最大限度地缩短造船的总周期。过去除少数舾装工作在船台上进行外，大多都是在船舶下水后移泊于舾装码头进行的，所以称为码头舾装。现代造船则尽量把舾装工作提前完成，如把码头舾装工作提前到船台装配时进行，把船台上的舾装工作提前到分段或总段装配时进行(如管系的安装等)，使船舶舾装工作与船体建造工程成为平行作业的方式来进行，称为预舾装。也有的是将舾装件先组装成完整的舾装单元。例如在机舱分段中，根据缩比模型设计，把机舱中各附件先在分段内进行安装。这样，就使船舶在下水前完成了大量的机舱舾装工作，下水后移泊于码头时，只花费较少的时间即可完成全部舾装工作和一些收尾工程，并做好船舶试验的准备工作。

(9)船舶涂装

为了防止钢材腐蚀，延长船舶的使用寿命，必须对钢材和船体进行除锈、涂漆处理，这项工程作业称为船舶涂装。船舶涂装除了船体防腐外，还有外表装饰和船底防污等作用。

(10)船舶下水

船舶虽然是一种水上工程建筑物,但却是在陆地上建造的。当船舶建造完工后,必须把它从建造区(船台或造船坞)移至水中,这个过程称为船舶下水。船舶下水的方式多种多样,一般分为3种:重力式下水、漂浮式下水和机械化下水。

(11)船舶试验

船舶试验包括系泊试验、倾斜试验和航行试验,分为两个阶段进行。

系泊试验是当系泊与码头的船舶的船体工程和动力装置安装基本完工,船厂在取得用船单位和验船部门的同意后,根据设计图纸和试验规程的要求,对该船的主机、辅机以及各种设备和系统进行的试验,其目的是检查船舶的完整性和可靠性。系泊试验是航行试验前的一个准备阶段。倾斜试验是对完工船舶重心位置的测定,要求在静水区域进行。以上是第一阶段的试验。

航行试验通常称为“试航”,它是对所建造的船舶做一次综合性的全面考核,是第二阶段的试验。按照船舶的类型,试航规定在海中或江中进行。出航前,必须带足燃料、滑油、水、生活给养、救生器具以及各种试验仪器、仪表和专用测试工具。航行试验分为空载试航和满载试航两种,由船厂会同用船部门和验船部门一起进行,就像正常航行时那样,对主机、辅机、各种设备系统、通信导航仪器以及该船的各种航行性能等做极限状况的试验,以测定是否满足设计要求。

(12)交船和验收

当船舶试验结束后,船厂应立即进行消除各种缺陷的返修和拆验工作,并对船舶本体和船上的一切装备按照图纸、说明书和技术文件上的项目,一一向验船单位校验,譬如逐个舱室的移交,备品的清点移交,主辅机、各种设备系统和通信导航仪器的动车移交等。当上述工作结束后,即可签署交船验收工作,并由验船部门发给合格证书,用船单位即可安排该船参加运营。

3. 现代造船工业

造船工业泛指是建造船舶、海洋平台和其他浮动装置的产业。造船生产具有一些固有的特征。首先,从技术类型来看,造船属于装配型工业,对配套工业的依赖性较强,所以造船生产须着重解决材料和设备的供应问题。第二,从订货方式来看,造船属于订货型,船厂根据船东的使用要求“定制”产品,生产任务由市场需求来决定,因而产品的品种与批量具有不确定性。第三,从生产类型来看,造船属于多品种、小批量或单件生产,生产过程不稳定,因此要求船厂设备和生产组织具有一定的柔性。第四,从作业性质来看,造船属于技艺型,工人的素质对产品质量影响较大,这就要求加强对工人的培训,适当稳定作业内容。

造船工业通常在开放的世界市场中经营,因而容易受外部环境的影响。例如,世界政治格局、军事形势、国际贸易、科技进步、金融市场、海运事业、配套工业,以及国家法令等,都能直接或间接地影响一国乃至全世界的造船工业。了解有关背景知识,有助于理解造船工业所面临的实际问题。

造船生产活动所必须具备的资金、人员、材料、设备和厂址等条件称为造船生产要素。

(1)资金

我国的造船生产原属于计划经济,政府部门通过拨款的方式为造船提供资金保证。随着经济体制改革的深入,目前制造国内船舶多数采取银行信贷的方式来筹措资金,这就迫使船厂或船东重视造船的经济效益和考虑企业的偿还能力。出口船舶的建造则根据合同规定由船东支付现金,例如,按建造阶段——签约、开工、上船台、下水和交船的日程安排分期付款(如每期为船价的20%)或延期付款(如上述5期分别为2.5%,2.5%,5%,5%,5%,剩余的80%在10年内分期还本付息)。政府间贸易则可能采取“以货易船”或“补偿贸易”等方式,在这种情况下,船厂所需的资金可由政府做出相应的安排。

(2)人员

船厂的工作人员包括脑力劳动者和体力劳动者两种类型。前者从事经营、设计和管理等工作,后者承担生产性或服务性工作。尽管船厂实现了某种程度的机械化和自动化,造船工业仍然是一个劳动力密集型产业部门。它除了需要有数量众多的工人以外,还需要有一个广泛的生产与非生产性工种的组合。生产性工种如:放样工、样台木工、机床操作工、气割工、装配工、气刨工、批铲工、焊接工、火工、管子工、钣金工、钳工、电工、细木工、除锈工、油漆工、冷凝工、帆缆工,等等。服务性工种如:脚手架工、起重工、通风照明工、焊接检验员、仓库保管员、安全员,等等。脑力型人员由高等学校和职业技术学校培养或从基层人员中提拔,劳力型人员由职业技术学校输送或由船厂向社会招收学徒进行培训。

(3)材料

造船材料泛指钢材、铝合金、增强塑料、舾装材料和配件以及机电设备、仪器、仪表等。在我国,材料供应由物资部门归口。主机、发电机、雷达等机电设备由船厂向有关工厂订货;电器、五金等器材可以在市场上采购;锚、螺旋桨等专用配件可以由外厂协作;外部不能提供的设备和配件则由船厂自己制造。材料的订货、采购、外协和自制统称为材料采办。出口船用的材料和设备须经合同谈判商定,由指定厂商供应。船用材料和设备种类繁多,其合理选用和及时采办在船舶设计和制造中显得十分重要。

(4)船厂设备

船厂设备是造船所必需的手段,在上一节中做了介绍,其包括水工设施和工艺装备两大类。水工设施是指船台、船坞、码头等濒水建筑物。工艺装备是指加工设备、起重运输设备、焊接设备、装焊平台和管件生产线等造船设施。船厂设备不仅直接反映了船厂的生产能力和工艺方法,也是船东评价船厂技术水平的重要依据之一。例如,船厂若有钢材预处理流水线,则表明其涂装技术已进入前期管理的水平,具备了承接出口船合同的必要条件。因此,船厂设备的现代化与合理化,对吸引订货有着不可低估的作用,因而成为世界各国船厂技术改造的重要内容。

(5)厂址条件

造船工业对船厂的地理位置有特殊要求。船厂必须在航道上,以便船舶建成后能自由通航。船厂应位于或接近工业区,这样可以减少船用材料与设备的运输费用,也可以分享电、水、交通、通信等公用设施。从世界范围来看,某些地区能为造船工业提供特别廉价的劳动力,也就成为厂址选择上十分有利的因素。例如,20 世纪 70 年代后期韩国造船工业的崛起,主要是靠该地区的劳动力便宜这一有利因素。

二、精度造船管理体系

船舶建造过程是一项复杂工程,涉及面较广,协调性强,船舶建造按照船舶设计图纸进行,首先从钢材预处理开始,经过切割、加工、装配、焊接等生产工艺,将零件组装成部件、分段、总段,再进行船体总组,组装成整个船体。

在船舶建造过程中,船舶结构构件受切割、加工、焊接和吊运等因素影响,不可避免地产生实际尺寸偏离放样尺寸的尺寸偏差和形状偏差,为了保证船舶建造质量,在建造过程中加工、装配焊接等工艺阶段制定尺寸标准,将偏差控制在标准范围内。

为了控制偏差在国家标准要求范围内,船厂普遍采用在船体零件上加放余量方法来满足加工过程中产生的尺寸偏差与形状偏差。对于多余的尺寸再进行现场余量修整,修整工作量在全船建造过程中所消耗的工时量约占全船总工时的 1/4。为了尽量减少修整工作量,缩短船舶建造周期,船厂在取得大量生产实践测量数据基础上,运用数理统计方法,逐步以不需要修割的零件补偿量代替余量的方法来控制造船过程中出现的尺寸偏差,这样逐步发展形成了当今造船精度管理技术。

船舶精度管理技术是现代造船的重大新技术之一,是精益造船一种技术体现,更是船厂科学管理的重要内容。它主要是在船体建造过程中通过加放尺寸补偿量取代余量,通过合理的工艺技术和管理技术,对船体零件、部件、分段等尺寸进行精度控制,保证船舶建造过程中尺寸精度,确保船舶建造主尺度尺寸精度,提高船舶建造的质量,最大限度地减少船舶建造过程中现场尺寸修整工作量,缩短船舶建造修整工期。既能满足船东对船舶质量要求,又能实现船厂对造船生产成本的降低要求。造船精度管理技术是当今船舶建造过程中生产的客观需求,科学管理,精益造船、绿色造船发展的需求。

船体建造精度管理是以船体建造标准为基本准则,通过科学的管理方法与先进的工艺技术手段,对船体建造进行全过程的尺寸精度分析和控制的一门技术。它的目的是最大限度减少现场修割工作量,提高工作效率,降低建造成本,保证产品质量。

在船体建造过程中,应用统计分析的原理和方法,制定出各工序中每个零件、部件、分段直至总段的最合理的精度标准,以便控制和掌握零件与分段的尺寸精度。可使加工好的零件和分段等中间产品不留余量,无须进行二次定位、画线和切割,将船体零件、部件、分段和全船的建造尺寸,控制在船舶建造标准规定范围内;从而实现船体建造全过程的精度控制,使主船体精度达到标准要求或顾客需要。精度造船简单地说就是在船舶建造过程中用补偿量代替余量,逐步增加补偿量的使用范围,并控制船体结构位置精度。

以最少的成本控制船体建造的主尺寸偏差、线形偏差和结构错位在标准范围内,保证船舶质量。

1. 船舶建造精度体系

船舶建造精度管理贯穿于全船建造过程之中,涉及精度标准、组织体系、资源管理、过程控制、信息收集与反馈等内容;船舶建造精度管理并不是单一存在,而是作为一个造船质量中子系统存在。精度管理体系也与质量管理体系类似,主要包括组织体系、精度标准、资源管理、精度控制、测量改进和信息技术等几个方面,如图 1.2 所示。

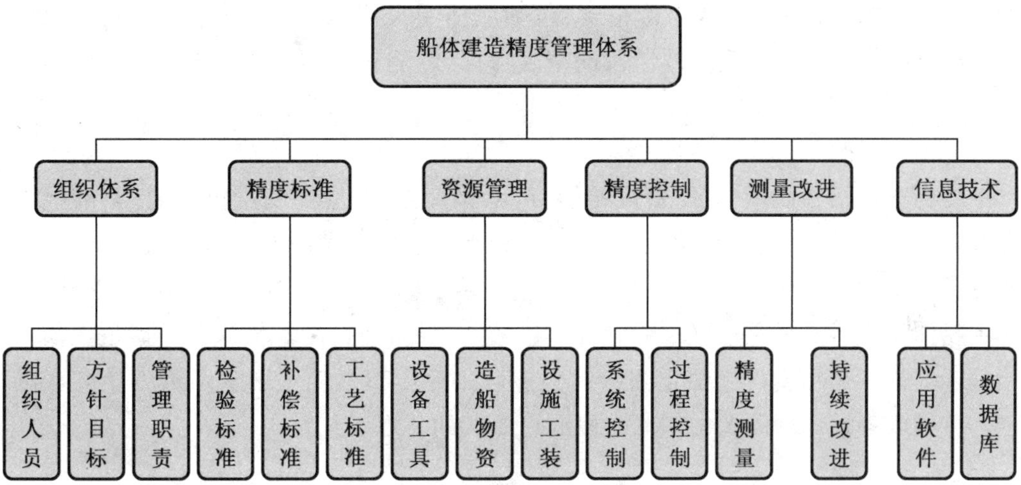

图 1.2　船体建造精度管理体系

(1)组织体系

为了实施造船精度管理,必须成立精度管理的组织体系。这需要企业高层领导给予足够的支持,配备必要的组织和人员,制定造船精度方针、目标和计划,明确管理职责制度。

精度方针是确定造船精度管理的方向和原则。精度方针确定为“精度设计、过程控制、检测改进”,精度设计是精度管理的源头,过程控制是精度管理的核心,不断改进提高精度水平。

精度目标是依据本船厂精度管理水平,分阶段提出精度的合格率,包括拼板、冷热加工、分段的焊前焊后、总组和搭载等。确定精度目标后,就要制订精度计划。船体建造的精度计划,实际上就是对船体建造从精度角度判断的一种工程分析。通过分析,可以对建造全过程的精度状态有一个数量上的全面了解,事先就能发现问题并采取相应的补偿和控制措施——其中包括加放补偿量、余量与选择余量的切割阶段,以确保船体建造的尺寸精度能控制在允许的范围之内。

精度计划是对建造全过程的精度分析基础上建立相应的尺寸精度控制措施。通过对船厂生产进行大量的调查研究,掌握足够的实践生产数据,将生产数据与理论分析相结合,根据船厂生产条件制订精度计划。经过相当时期的调研、试行、推广和巩固的反复循环的过程及专题研究，才能取得符合本企业的精度分析的实际结果。科学的、符合实情的精度分析，有助于提出有效的尺寸精度控制措施。在精度计划编制过程中，应根据船体结构图确定建造方法和装配工艺流程，分析各个工艺阶段的误差累积过程，决定各个控制阶段的允许误差，按照允许误差值决定施工要领和工艺技术方法，保证船体建造精度符合工艺技术要求。这里所说的施工要领和工艺技术方法，是指在精度分析的基础上，采取各种相应的控制措施。其中，最重要的措施是加放系统补偿量、余量，及余量切割时机的合理选择。这些工作都是围绕一个根本目的，这就是精度计划的编制。通过提出相应的工艺技术，确保船体建造精度，包括船体主尺度精度，以及形状精度和位置精度。精度计划包括船体建造各个阶段的精度目标、影响精度的主要原因和采取的措施等内容。

(2)精度标准

精度标准包括补偿量标准、精度检验标准、精度控制基准、精度测量表、基准线设计基准等。精度补偿量包括切割补偿量、加工补偿量、装配补偿量和焊接补偿量等方面，一般通过现场多次测量或理论计算得出补偿量数值，通过生产设计反映在船体零件上，然后在主船体完工后测量主尺度来检验补偿量的正确性，通过测量值修正补偿量数值。精度检验标准是根据精度目标细化到船体建造各工序阶段的精度要求。精度工艺标准是对于一些精度容易出现问题的工序阶段制订专门的装焊工艺。

(3)资源管理

要进行造船精度管理必须对影响造船精度的各种资源进行管理，这里资源主要包括设备工具、造船物资和设施工装等。这些在下面的精度系统控制的章节中有详细叙述。

(4)精度控制

精度控制是实施造船精度管理的核心，主要包括精度系统控制和过程控制。精度系统控制指对影响造船精度的人员、精度设计、设备工具和物资进行系统的控制以保证造船精度。过程控制是对船体建造过程各阶段进行过程控制。对于各阶段易出现的精度问题采用“人、机、料、法、环和计量”六因素质量分析法进行分析，确定主要因素，采取必要措施，在验证有效后，把这些措施固化为标准。这样逐步提高船体精度，最终以最低的成本控制船体精度在标准范围内。这里的精度控制以施工者自我控制为主。具体的船体精度控制在下面一节有详细的介绍。

(5)测量改进

测量处理和改进就是对于船体建造过程中的中间产品——分段、总段进行测量验收，对于精度超差的中间产品必须采取修整措施，分析原因，采取预防改进措施，并对相关责任人进行处理。这里的预防改进措施在验证有效后固化为标准，这样就改进了船体建造精度。精度改进还包括低成本控制船体精度的措施。

(6) 信息技术

信息技术包括应用软件和数据库技术。如 TRIBON 船舶设计软件、精度数据处理软件和有限元计算软件。关于精度信息技术发展非常快，如国内也在开发，并部分地应用。

韩国大型船厂也广泛应用精度系统,精度系统的应用大大提高了分析速度和数据分析水平,精度数据完全可以在系统中实施封闭,大大减少了人为因素的干涉。

2. 船舶建造精度管理体系的作用

(1)减少了无效劳动。造船企业实行船舶建造精度管理,可以减少无效劳动,对提高造船质量、降低成本和缩短周期将起到积极作用。同时可以提高船舶建造技术水平,实施科学管理,拓宽市场开发。

(2)提高了产品质量。实现船舶建造精度管理后,船舶的装配精度能够得到明显改善,各种间隙、余量和错位大大减少,船体结构内的应力分布趋于均匀,船体强度得到了保证,可以大大提高船舶营运的经济性和安全性。

(3)降低了作业难度。实施造船精度管理,能够减少船舶建造过程中的结构修割,将船坞(船台)作业和高空作业改成平台上作业,降低作业难度和劳动强度,改善工作环境,保证造船生产工人的安全和健康。实施精度造船后,各种部件、结构件和分段的尺寸精度提高了,船体装配成为简单要素作业,大大降低了工人的熟练化程度要求,从而减少了作业时间,缩短了生产周期。

(4)有利于高效焊接。实施精度管理后,由于船体的焊缝精度得到了控制与提高,使得高效焊接设备的使用成为可能。同时,高效焊接设备的使用使生产效率得到了明显提高,焊接精度和质量也得到了进一步的稳定和提高。由于减少了修割和返修,因此节约了资源、能源消耗,减少了排放和环境污染,同时这也是建设资源节约型、环境友好型企业的要求。

(5)增强了国防建设。军舰建造要保证军舰船体线形和航速,因此都采用模块化建造,应用精度管理技术尤为重要。

三、船舶精度测量技术

1. 工程测量技术

工程测量学因应用领域不同,现有多种定义方法,其中包括应用在船舶工程技术领域较为概括和抽象的定义是研究地球空间(包括地面、地下、水下、空中)具体几何实体的测量描绘和抽象几何实体的测设实现的理论、方法和技术的一门应用性学科。

测量学按照研究对象及采用技术的不同,又可分为:大地测量学、工程测量学、摄影测量与遥感学、海洋测量学和地图制图学等。工程测量学主要包括以工程建筑为对象的工程测量和以设备与机器安装为对象的工业测量两大部分。

测量学的内容包括测定和测设两个部分。测定是指使用测量仪器和工具,通过测量和计算,得到一系列测量数据,或把地球表面的地形缩绘成地形图。测设是指把图纸上规划设计好的建筑物、构筑物的位置在地面上(或特点位置)标定出来,作为施工的依据。

随着测量技术的发展,工程技术中所采用的测量方法也不断地发生变化,目前常采用的测量方法包括:直接测量、间接测量、接触测量、非接触测量、组合测量、比较测量等。

假想有一个静止的海水面,向陆地延伸形成一个封闭的曲面,这个曲面称为水准面。

测量工作的主要任务之一是确定地面点的空间位置,其表示方法为坐标和高程,而地面点的空间位置与一定的坐标系统相对应。

地面点到某一高程基准面的垂直距离称为地面点的高程。

测量工作中常用的高程基准面有参考椭球体面和大地水准面,其相应的高称为大地高和海拔高。地面上任意两点之间的高程之差称为高差。

在工业测量中,测量工作的基本原则具体体现为“先控制测量,后细部测量”。

三坐标测量机是工业部门应用最多的坐标测量仪器,在中小型工业设备的安装检测中发挥着重要的作用。

在设备的安装和调试中,直线的准直是轴线调整的主要内容,也是设备粗定线、轴线调整经常用到的一项测量工作。

工程测量过程中必须掌握的四个要素:

(1)测量对象

测量对象主要指几何量,包括长度、角度、表面粗糙度以及形位误差等。

(2)计量单位

确定米制为我国的基本计量制度。在长度计量中单位为米(m),其他常用单位有毫米(mm)和微米(μm)。在角度测量中以度、分、秒为单位。

(3)测量方法

测量方法指在进行测量时所用的按类叙述的一组操作逻辑次序。

(4)测量的准确度

测量的准确度指测量结果与真值的一致程度。

2. 船舶建造精度测量

船体建造精度管理是一门交叉学科,涉及很多新工艺、新技术。关联的技术有软件技术、信息技术、设计技术、装配技术、焊接切割技术、成型矫正技术、测量技术等各个方面。船体建造精度管理是个系统,基础理论有系统工程理论、工业工程理论、控制论、PDCA 质量循环理论、尺寸链理论、木桶理论。基本方法有过程控制方法、数理统计方法和有限元分析方法等。

在实施精度管理过程中,测量技术是精度管理工作中一个重要检测技术,适用较广。可靠的检测工具和较高的测量水平是提高造船精度的保障。目前船体精度的测量采用的测量技术有很多,从直尺、卷尺发展到激光经纬仪、全站仪等激光三维测量技术,测量的精度和方便性都有很大的提高。一般来说,零件切割前要用游标卡尺测量钢板厚度,零件坡口要用焊接量规检测坡口角度,零件切割要用卷尺抽查零件尺寸,偏差超过标准要调整切割机参数。

小组拼板时要用卷尺检测拼板尺寸,用粉线检查直线边缘的直线度。中组曲面板拼板前要用激光经纬仪和直尺制作或检测中组胎架,用直尺检测板在胎架上的定位尺寸,用卷尺检测拼板尺寸,用粉线检查直线边缘的直线度。

分段装配前要用激光经纬仪和直尺制作和检测大组胎架,要用卷尺测量大组拼板尺寸并进行二次画线和检测。船舶建造过程中，由于需要测量的船体结构或部件的结构尺寸较大，其测量一般可归结为大、中尺寸的测量，依据造船过程中所采用的测量工具的使用方法可将其分为直接测量、间接测量和坐标测量三种。

船舶建造精度测量仪器可分为通用仪器和专用仪器。

按照检测对象的不同，检测工具大致分为测量厚度的工具、测量长度的工具、测量角度的工具和测量形状的工具等四类。

（1）测量厚度的工具

船体零件必须保证材质和板厚合乎标准要求。如果零件厚度的负偏差超过0.3 mm，通常需要更换零件，这样返工的切割和焊接等作业的热量使船体构件变形加大，不利于精度造船。所以要求在钢板切割前要测量钢板厚度，检查钢板厚度是否符合标准。常用的测量厚度的检测工具有游标卡尺和超声波测厚仪。游标卡尺是常用的测量工具。

超声波测厚仪是利用超声波的反射来测量钢板厚度，也常用于船体分段上或船上检查结构零件的厚度。

（2）测量长度的工具

船体建造精度管理中最常用的检测工具就是测量长度的工具，通常有钢直尺和钢卷尺两种。钢直尺通常有15 cm和100 cm长两种，15 cm钢直尺常用于检查装配间隙，100 cm钢直尺用于结构水平度或垂直度的辅助测量。钢卷尺在测量零件尺寸、拼板尺寸、分段尺寸和船体主尺寸等方面有广泛的应用。通常有3 m、5 m、20 m、50 m和100 m等5类，船用钢卷尺的长度公差通常要求为小于1 mm。如图1.3所示，对下列构件利用卷尺、测距仪进行尺寸测量，对于构件的长度、宽度、高度以及对角尺寸精度要求控制在±3 mm之内。

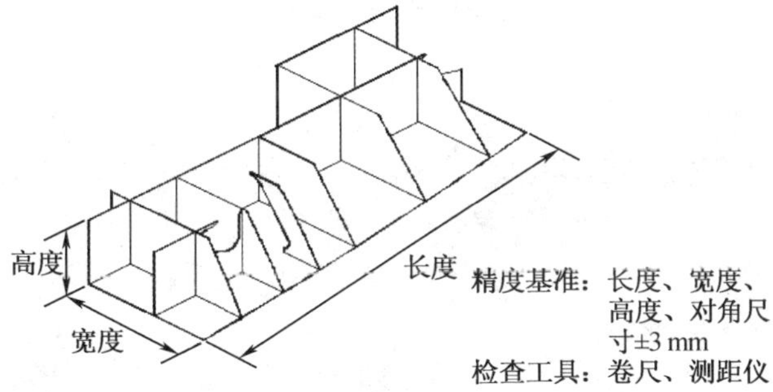

图1.3　构件尺寸精度控制

如图1.4所示，在船舶建造过程中利用钢卷尺进行焊接保留量的测定。根据精度标准要求，每个“X”焊接保留100 mm，焊接保留长度±10 mm，这里测量结果反映焊接保留量不足。

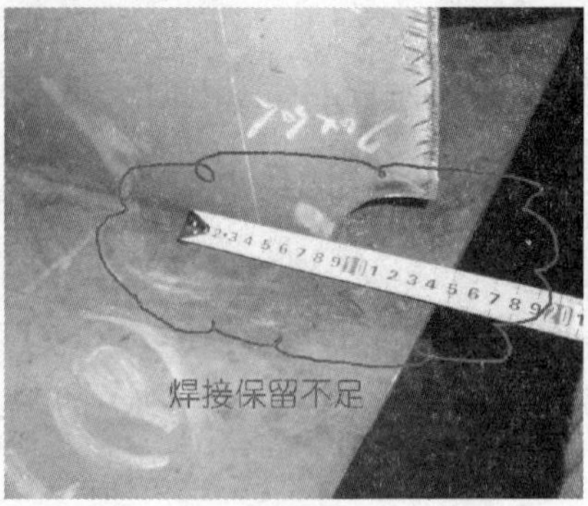

图 1.4　焊接保留精度测量

(3)测量角度的工具

船体建造加工过程中需要控制角度,有坡口切割的角度、加工角度、构架安装角度等。常用的工具有焊接量规、角度样板、量角器、角尺和开拢尺等,如图 1.5 所示。焊接量规用于测量焊脚高度、坡口角度,已有成熟产品出售。加工角度通常由加工样板进行检验。角尺用于安装垂直构件的定位,开拢尺常用来安装非垂直构件的定位,国内通常由各个船厂的工人自己制作,测量的精度也不高。

图 1.5　角度测量精度控制

(4)测量形状的工具

船体建造中需要测量边缘直线度、曲面板的形状、表面平面度、平台水平度或构架垂直度等形状偏差。常用的测量工具有粉线、线锤、直尺、样板、样箱、水平尺、水平软管、水准仪、激光经纬仪、全站仪和 API 激光三维跟踪仪等,如图 1.6 所示。

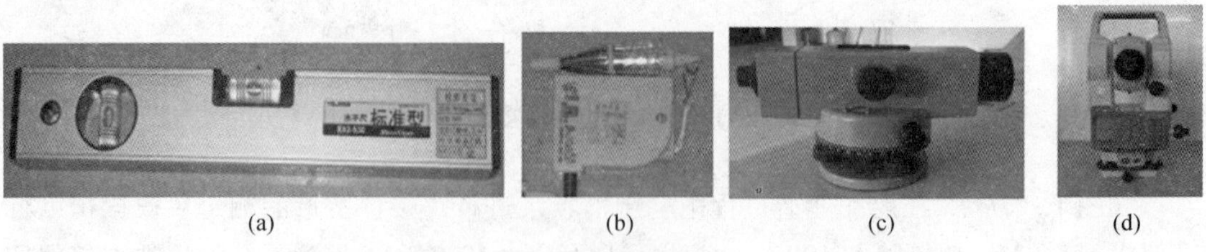

(a)　(b)　(c)　(d)

图 1.6　测量仪器

(a)水平尺;(b)线锤;(c)水准仪;(d)全站仪

粉线主要用于测量板边缘的直线度和板的局部平面度,线锤和直尺组合用于测量构架垂直度,激光经纬仪和直尺组合也可用于测量构架垂直度,如图 1.7 所示。

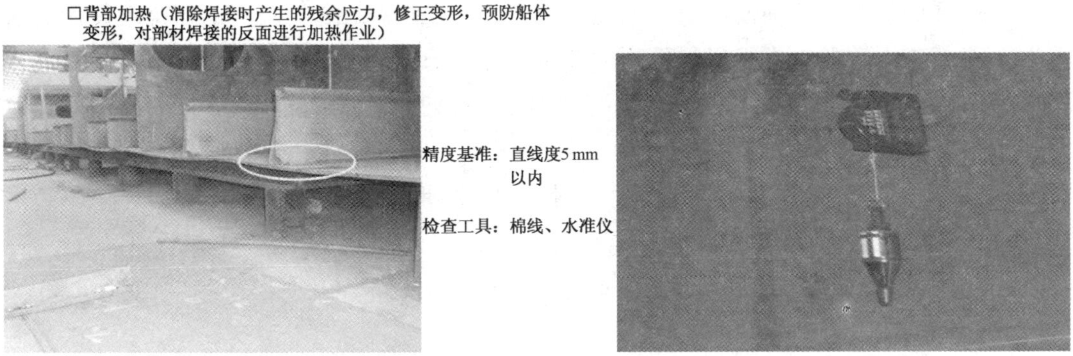

图 1.7　直线度、垂直度测量

样板是根据船体曲型单曲率外板数据定制的,通常分为活络样板和木样板。活络样板用于横向拱度小于 280 mm 的单曲率(或近似单曲率)板零件,木样板用于横向拱度大于 280 mm 的单曲率(或近似单曲率)板零件。双曲率外板通常使用样箱检验成形,样箱是根据船体线型数据手工钉制的木箱形检验工具。水平尺、水平软管、水平仪和激光经纬仪可以检测胎架或平台的水平度。全站仪和 API 激光三维跟踪仪可用于测量分段主尺寸或曲形外板的线型与船体模型的偏差,如图 1.8 所示。

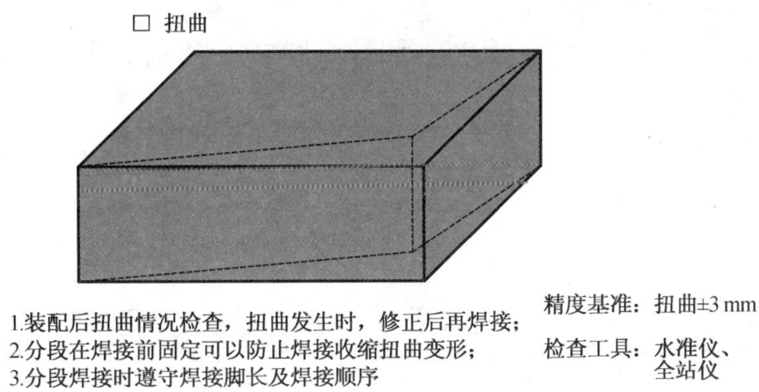

图 1.8　扭曲变形精度测量

(5)检测工具的使用注意事项

实施尺寸精度的控制,对检测量具本身精度偏差的控制至关重要,必须最大限度减低和消除检测工具相对误差的存在,以保持测量和统计数据的准确性、可靠性和各个控制阶段的精度要求。

①根据我国检测工具计量的规定,造船所用的检测工具必须经过计量,包括卷尺、游标卡尺、测厚仪、水平仪和激光经纬仪等工具。对检测量具实施定期的复核鉴定也是十分必要,这是实施精度管理必要的准备工作。

②误差值偏离精度要求的和已经损坏的量具,不准继续使用,要及时维修或更换。

量具修复后,应重新计量合格方可使用。

③应开展经常性正确使用量具的技术教育,检查和督促作业人员正确合理使用各种量具。对新工人要及时进行量具使用的技术教育。合理使用量具的内容很多,如对卷尺的使用有以下几个方面:卷尺拉长后不准折叠;卷尺使用不能乱放尺芯;长期不用的卷尺要上油保养;在刚切割完工或其他热加工后的工件上复验尺寸,必须待工件冷却后进行;测量时尺要放平,两端拉力要稳定,必要时使用拉力计。

(6) 船舶建造测量的主要研究内容

①测量船体(分段)的型长、型宽、型深。

②还原船舶设计坐标系。

③绘制吃水线和水尺。

④船舶分段建造三维放样。

⑤对隐蔽点进行测量。

⑥船舶分段空间位置计算。

⑦船舶分段建造精度检测。

⑧船底平面度测量。

在实际船舶建造的测量操作中,由于受到多种因素的影响,测量所得的量值 X 通常并不能准确地等于被测量之量的真值 A,我们将二者之差称为测量误差。测量误差按性质分为粗差、系统误差和偶然误差。

系统误差常有一定的累积性,所以在测量结果中,应尽量消除或减弱系统误差的影响。

偶然误差是测量条件中各种随机因素的偶然性影响而产生的误差。偶然误差可视为服从正态分布的随机变量。

船舶建造精度测量误差主要包括测量人员误差、仪器误差、测量方法误差、测量环境误差和材料误差五个来源。

四、船舶结构尺寸基准

船体是一个复杂的空间曲面体,船体构件的形状、尺寸和位置各式各样。为了正确测量船体结构的精度,必须明确统一的尺寸基准。只有确立了尺寸基准,才便于在工艺过程中测量和检验船体构件、部件和分段等的形状与尺寸,分析产生误差的原因,采取精度控制措施,以达到提高船体建造精度的目的。

1. 主船体的尺寸基准

在船舶设计和建造阶段,确定船体形状与位置的尺寸基准采用的是三基面体系。三基面体系是由三个相互垂直的平面组成,分别为基平面、中线面和中站面,如图 1.9 所示。基平面是过船体龙骨线与中站线的交点所做的水平面。中线面是沿着船舶纵向中线垂直于基平面的平面。中站面是过垂线间长的中垂线做垂直于基平面的平面。基平面是船体高度方向的基准,中线面是船体宽度方向的基准,中站面是船体长度方向的基准(为方便计算,现多用艉垂线作为船体长度方向的基准)。

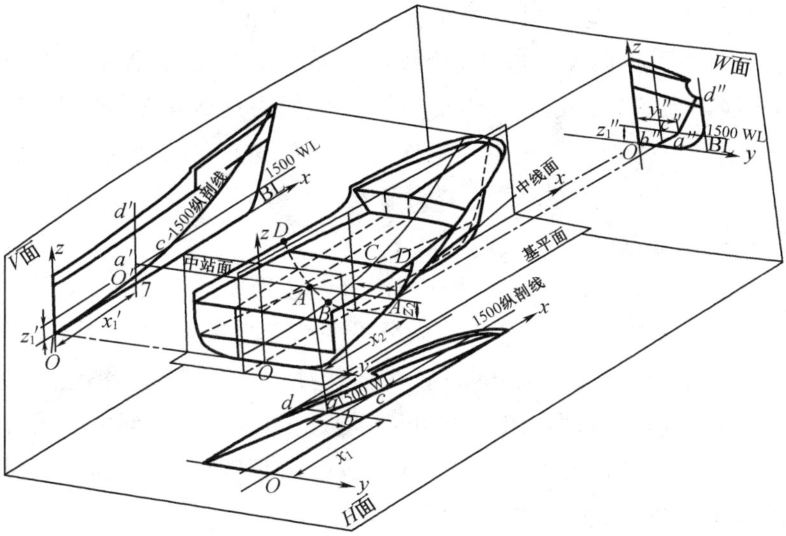

图 1.9　船体尺寸基准图

船体主尺度表示船体外形大小的主要尺度,通常包括船长、船宽、船深、吃水和干舷。在船舶建造过程中,它是作为核定船台、船坞或某个区域建造能力的标志,如图 1.10 所示。

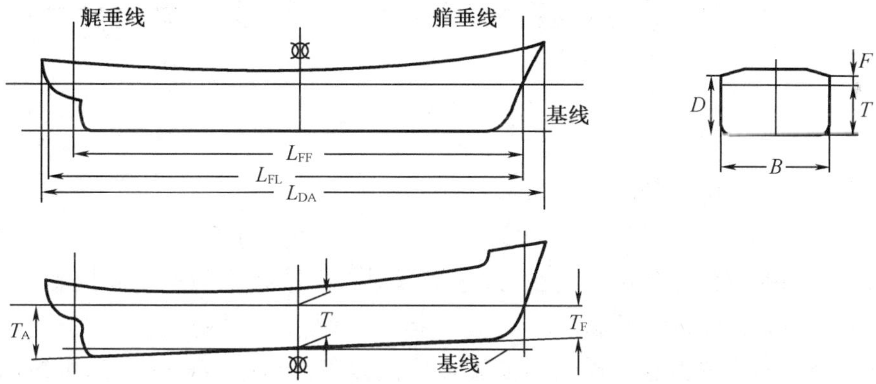

图 1.10　船体主要尺度

2. 船体零部件的尺寸基准

船体零部件有的由型钢、钢板各自单独加工而成,有的由型钢、钢板组合而成。它们的形状位置不同,尺寸基准也不同。

(1)型钢构件、组合型材的尺寸基准　构件理论线作为其外形的基准,理论线上某一点的垂线作为其长度基准,理论线与垂线组成的平面是型材平直度的基准,工艺上用样板或平台作为型钢平直度的基准。

(2)板材的尺寸基准　平直板材以相互垂直的两根直线作为板的基线,两直线组成的平面作为板平面度的基准,工艺上以平台作为板平面度的基准面。曲面板材的形状是由加工样板或样箱确定的,它的尺寸基准就是样板或样箱。

(3)肋骨框架的尺寸基准　肋骨理论线作为形状基准线,肋骨平面作为其平面度的基准面,船体中线作为其宽度方向的基准,某一水线作为其高度方向的基准。

(4)主机座的尺寸基准　机座中心线作为机座宽度方向的基准,主机轴线作为其高度方向的基准,机座中某一横隔板作为其长度方向的基准。

3. 船体分段的尺寸基准

(1)平面分段的尺寸基准　相互垂直的两直线作为尺寸基准,以及由这两根直线组成的平面作为其平面基准,工艺上用平台做分段平面度的基准面。

(2)曲面分段或立体分段的尺寸基准　它们的尺寸基准就是胎架的尺寸基准,即以胎架基准面作为高度基准,基准面上两根相互垂直的直线——胎架中心线与某一肋位线作为分段宽度方向和长度方向的基准。为了方便分段精度控制,我们在主板、桁材、肋板和骨材上都要开出 150 MK 基准线,如图 1.11 所示。

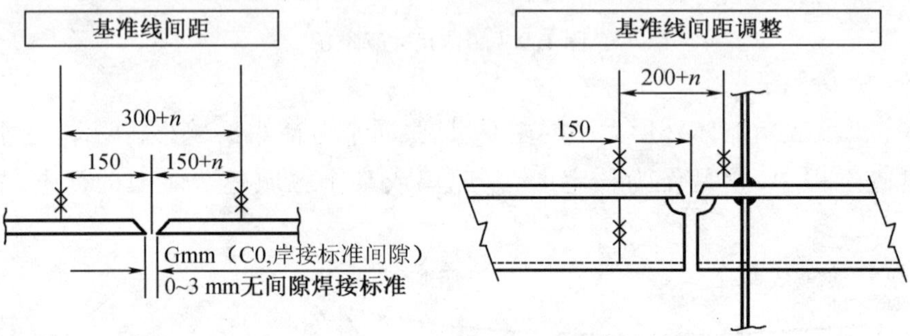

图 1.11　基准线示意图

为了在全船施工中将基准线形成统一的标准并且方便施工人员进行分段装配、总组和搭载施工,设定统一的 150MK 基准线,本尺寸为理论值。在实际工作中按照150 mm减去相应的坡口间隙值后进行施工。在总组、搭载时将基准线之间的尺寸控制在300 mm,从而对整个总组和搭载进行控制。

基准线施工的位置根据工作的需要大致按照以下部位进行施工。以机舱前舱壁为界在船首方向以船尾为基准,在船尾方向以船首为基准施工,如图 1.12 所示。

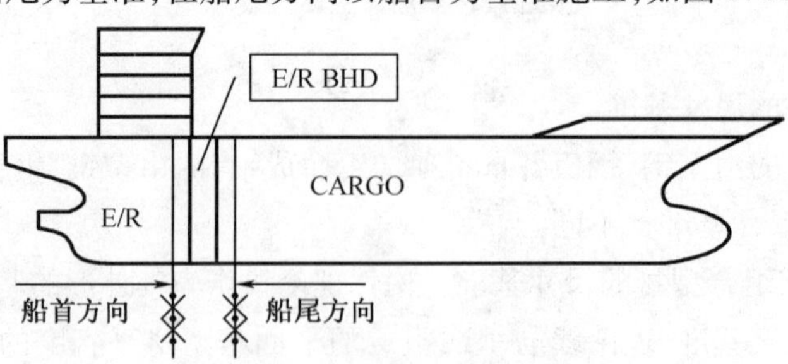

图 1.12　首尾基准线

船首、船尾方向施工基准。船左右方向的分段(甲板、双层底等)以中线和艉部为基准施工,如图1.13所示。

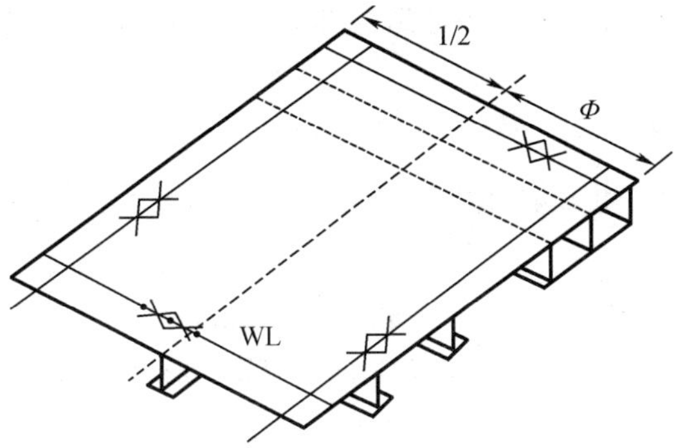

图1.13　左右分段基准线

船左右方向的施工基准。船上下方向的分段(舷侧、舱壁等)以底部和艉部为基准施工,如图1.14所示。

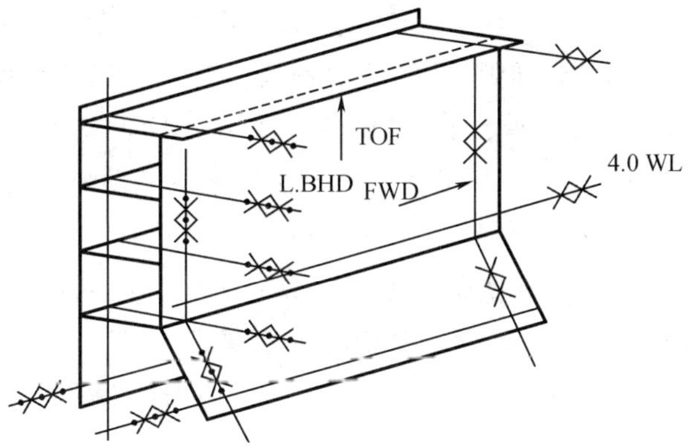

图1.14　船上下方向分段基准线

底部分段是货舱区最基本的分段形式,针对有横舱壁构架的部位,其水平度尤为重点控制项目。

舭部分段也是货舱区最基本的分段形式,特别针对带有横舱壁构架的部位需重点检测。

4. 搭载的尺寸基准

船坞(船台)的中心线作为船体宽度方向的基准,船坞(船台)高度标杆上的船体基线作为船体高度方向的基准,船坞(船台)上基准分段的定位肋骨线作为船体长度方向的基准。为方便施工,分段上的肋骨检验线、水线和直剖线等对合线也可以作为搭载的尺寸基准。

5. 名词术语定义

船体建造精度标准是船舶设计、制造与检验部门为确保船体建造质量而制订的技术

文件,又是推行船体建造精度管理,实施尺寸精度控制的依据。为了正确表述船体精度标准,对下列名词进行定义:

(1)船体分段　为方便船体结构建造合理划分的结构单元,通常为大组立而形成的中间产品。

(2)余量　对船体零件、工件和中间产品通过加工、装焊、火工矫正等多道工序,而产生的变形及收缩进行定性和定量分析后,加放的比实际变形及收缩略大的工艺量值,一般要在装配后割除。

(3)补偿量　对船体零件、工件和中间产品通过加工、装焊、火工矫正等多道工序,而产生的变形及收缩进行定量分析后,加放相当实际变形和收缩的工艺量值,一般不需再切割。

(4)基本尺寸　指图面上标注的理论尺寸,它是描述零件、工件和中间产品(部件、分段和总段)的几何形状、外形尺寸以及所处位置的量值。

(5)实际尺寸　指零件、工件和中间产品完工后测得的尺寸。

(6)标准范围　正常控制、检验尺寸偏差满足精度造船的偏差范围。

(7)允许极限　检验尺寸偏差时,允许少数偏差超出标准范围的最大偏差值。

(8)尺寸误差　是指被测实际尺寸的分散程度,工件加工后所得的尺寸和规定的尺寸不一致,这个差值就是尺寸误差,如分段长度、舵杆中心距偏差等等。

(9)形状误差　是被测单一实际要素对其理想要素的变动量,如钢板边缘的直线度、平台的平面度、压力容器的圆度等。

(10)位置误差　是被测关联实际要素对一具有确定方向或位置的理想要素的变动量,如总段两端接缝的平行度、端接缝与基面的垂直度等。

(11)表面粗糙度　是指加工表面上留下的大量小间距峰谷所组成的微观几何形状特性,如气割加工后的钢板边缘情况等。

6. 计算公式

下述的各种制图法和计算公式主要用于现场作业、精度测量、检测单原始作图,主要使用成型标记或使用计算机。

(1)求直角

①利用勾股定理求直角

$C^2 = A^2 + B^2$　所以 $C = \sqrt{A^2 + B^2}$;

$A^2 = C^2 - B^2$　所以 $A = \sqrt{C^2 - B^2}$;

$B^2 = C^2 - A^2$　所以 $B = \sqrt{C^2 - A^2}$。

②利用垂直二等分求解

先取 AB 中心点 D,然后以 A 为中心在 C 处作任意圆弧,又以 B 为中心在 C 处也作一个同样半径的圆弧,此后取交点 C,连接 C 和 D 此后得到的 $\triangle ADC$ 和 $\triangle BDC$ 为相等的直角三角形,如图 1.15 所示。

③比例或内部数乘积等于外部的乘积

例 1.1　有一个下边长为 10，高为 5 的三角形，现作一个下边长为 5，高平行于大三角的小三角形（见图 1.16），问高为多少？

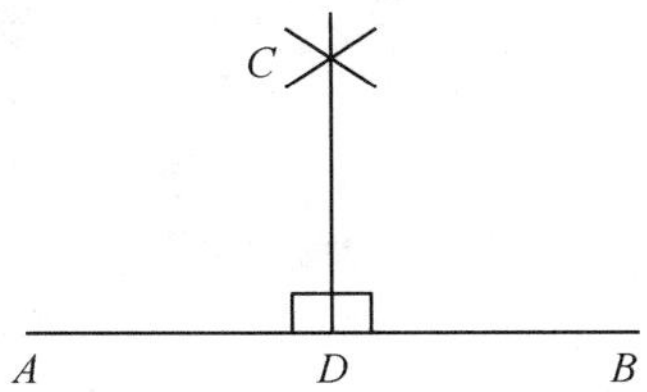

图 1.15　垂直二等分

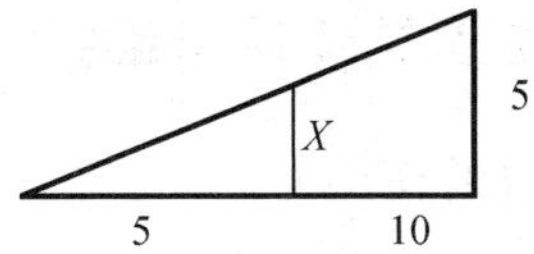

图 1.16　例 1.1 图

解：$10:5=5:X, 10:X=5\times5\rightarrow 10X=25$

所以：$X=\frac{25}{10}=2.5$

（2）应用三角函数

①直角三角形的三角函数

如图 1.17 所示，$\triangle ABC$ 中三边长分别为 a,b,c，则 $\sin A=\frac{a}{c}\sin B=\frac{b}{c}\tan B=\frac{b}{a}\cot B=\frac{a}{b}$。

②正弦法则

如图 1.18 所示，$\triangle ABC$ 的 $\angle A$，$\angle B$，$\angle C$ 和三个边长 a,b,c，及其外接圆的半径遵守下述法则：

$$\frac{a}{\sin A}=\frac{b}{\sin B}=\frac{c}{\sin C}=2R$$

例 1.2　$\triangle ABC$ 中的 $\angle A=60°$，$\angle B=30°$；且 $b=2$ 时，求 a 和半径 R（见图 1.19）是多少？

解：$\frac{a}{\sin 60°}=\frac{2}{\sin 30°}$，$a=\frac{2}{\sin 30°}\times\sin 60°=2\sqrt{3}=3.464$ 或 $\frac{2}{\sin 30°}=2RR=\frac{1}{\sin 30°}=2$，所以 $a=2\sqrt{3}$。

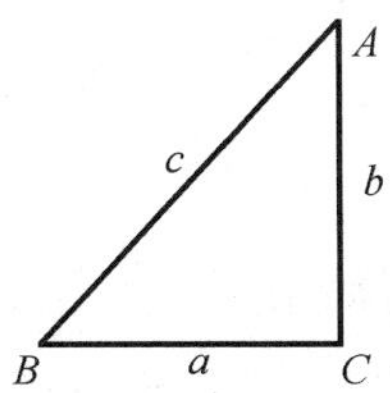

图1.17　直角三角形

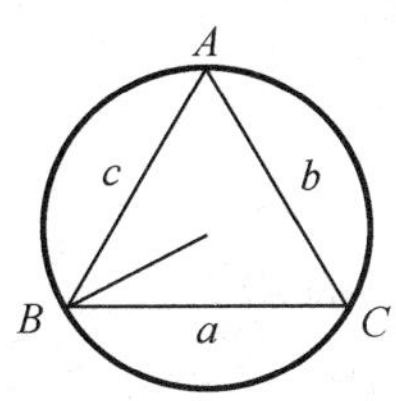

图 1.18　正弦法则

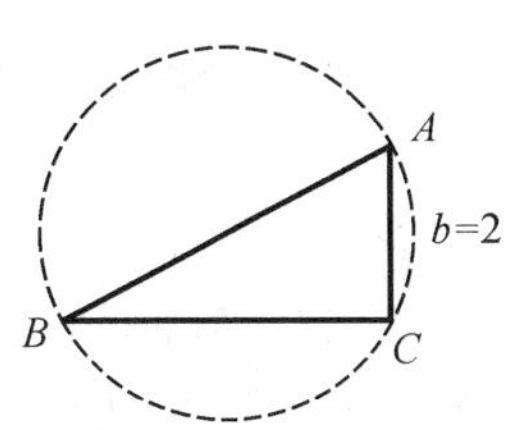

图 1.19　例 1.2 图

第二节　精度造船测量工具使用与维护

一、水准仪的使用与维护

1. 水准仪的使用方法

水准仪广泛用于建筑行业，是测量水平高低的仪器，具有精度高、使用方便、快速、可靠等优点，使用在引测、大面积场地测量、楼面水平线标志、沉降观测等。水准仪是提供水平视线的仪器，按精度分为精密水准仪和普通水准仪。水准仪通常有 DS_{05}，DS_1，DS_3 等几种。其中“D”和“S”分别为“大地”和“水准仪”首字汉语拼音的首字母，而下标是仪器的精度指标，即每千米测量中的偶然误差（以 mm 为单位）。水准仪按结构分为微倾水准仪、自动安平水准仪、激光水准仪和数字水准仪（又称电子水准仪）。利用水准管来获得水平视线的“微倾式水准仪”和利用补偿器来获得水平视线的“自动安平水准仪”，以及一种新型的水准仪——“电子水准仪”，它配合条形码标尺，利用数字化图像处理的方法，可自动显示高程和距离，使水准测量实现了自动化。

本书以 DS_3 微倾式水准仪为例介绍水准仪基本使用方法。首先，我们来介绍下 DS_3 微倾式水准仪结构，它由基座、目镜、物镜、角螺旋等部件构成，见图 1.20 所示。

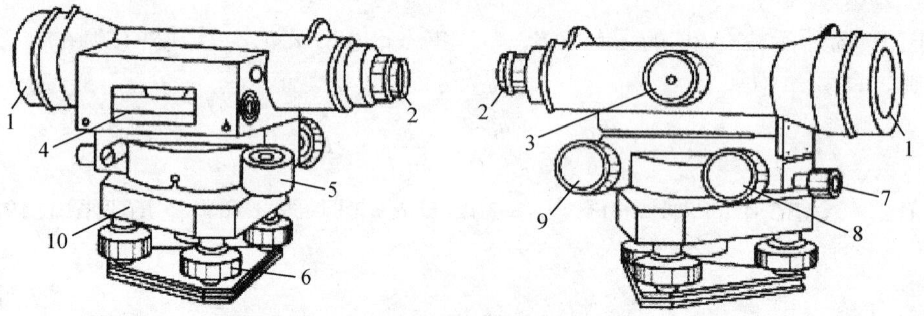

图 1.20　DS_3 微倾式水准仪

1—物镜；2—目镜；3—调焦螺旋；4—管水准器；5—圆水准器；

6—脚螺旋；7—制动螺旋；8—微动螺旋；9—微倾螺旋；10—基座

(1) 操作要点

①安置水准仪　在测站上松开架腿的蝶形螺旋，按需要调整架腿的长度，将螺旋拧紧。将三脚架张开，使架头大致水平，保证支架稳定，确保架脚的脚尖在地面上不会滑动。然后把水准仪从箱中取出，将其固连在三脚架上。

②认识水准仪　指出仪器各部件的名称，了解其作用并熟悉其使用方法；同时弄清水准尺的分划与注记。

③粗略整平水准仪　按“左手拇指规则”，先用双手同时反向旋转一对脚螺旋，使圆

水准器气泡移至中间,再转动另一只脚螺旋使气泡居中。这个过程通常需反复进行,如图 1.21 所示。

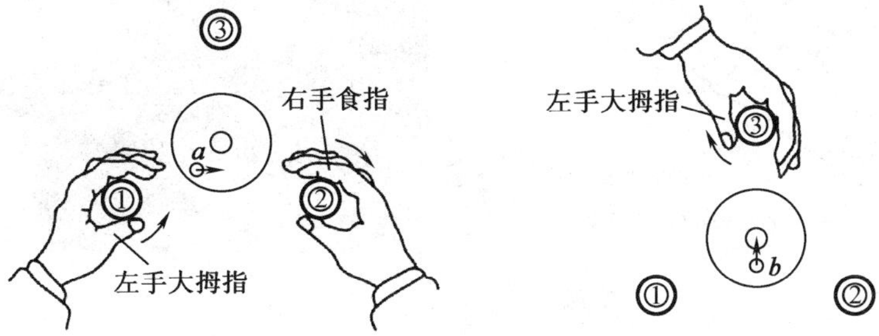

图 1.21　整平

④瞄准水准尺　瞄准水准尺的步骤是:转动目镜对光螺旋,使十字丝清晰;松开水平制动螺旋,转动望远镜,通过望远镜上的缺口和准星初步瞄准水准尺,固定水平制动螺旋;转动物镜对光螺旋,使水准尺分划清晰;旋转水平微动螺旋,使水准尺影像的一侧靠近于十字丝竖丝(便于检查水准尺是否竖直);眼睛略做上下移动,检查十字丝与水准尺分划像之间是否有相对移动(视差);如果存在视差,则重新进行目镜与物镜对光,消除视差。

⑤精确整平水准仪　转动微倾螺旋,使符合水准器气泡两端的像吻合。注意微倾螺旋转动方向与符合水准管左侧气泡移动方向的一致性。

⑥读数　用十字丝中丝在水准尺上读取 4 位读数。读数时,先估读毫米数,然后按米、分米、厘米及毫米一次读出。

(2)在船厂测量过程中,对分段进行平面度、直线度测量时,可以采用水准仪来进行操作。如图 1.22 所示,将分段的控制点选好之后,架设好仪器,在各个测站点立好标杆,利用水准仪照准、读数。通过测量数据分析,可以测定出分段平面度。对于直线度测量,也可以通过水准仪来进行测量。

2. 水准仪的使用注意事项

(1)水准仪是精密的光学仪器,正确合理使用和保管对仪器精度和寿命有很大的作用;

(2)避免阳光直晒,不许随便拆卸仪器;

(3)每个微调都应轻轻转动,不要用力过大,镜片、光学片不准用手触片;

(4)仪器有故障,由熟悉仪器结构者或修理部修理;

(5)每次使用完后,应对仪器擦干净,保持干燥。

图 1.22 水准仪船厂实践应用

二、经纬仪的使用与维护

1. 经纬仪的使用

(1)安置仪器

安置仪器是将经纬仪安置在测站点上,包括对中和整平两项内容。对中的目的是使仪器中心与测站点标志中心位于同一铅垂线上;整平的目的是使仪器竖轴处于铅垂位置,水平度盘处于水平位置。

(2)初步对中整平

用锤球对中,其操作方法如下:

①将三脚架调整到合适高度,张开三脚架安置在测站点上方,在三脚架的连接螺旋上挂上锤球,如果锤球尖离标志中心太远,可固定一脚移动另外两脚,或将三脚架整体平移,使锤球尖大致对准测站点标志中心,并注意使架头大致水平,然后将三脚架的脚尖踩入土中。

②将经纬仪从箱中取出,用连接螺旋将经纬仪安装在三脚架上。调整脚螺旋,使圆水准器气泡居中。

③此时,如果锤球尖偏离测站点标志中心,可旋松连接螺旋,在架头上移动经纬仪,使锤球尖精确对中测站点标志中心,然后旋紧连接螺旋。

(3)光学对中

用光学对中器对中时,其操作方法如下:

①使架头大致对中和水平,连接经纬仪;调节光学对中器的目镜和物镜对光螺旋,使光学对中器的分划板小圆圈和测站点标志的影像清晰。

②转动脚螺旋,使光学对中器对准测站标志中心,此时圆水准器气泡偏离,伸缩三脚架架腿,使圆水准器气泡居中,注意三脚架的脚尖位置不得移动。

(4)精确对中和整平

①整平　先转动照准部,使水准管平行于任意一对脚螺旋的连线,如图 1.21 所示,两手同时向内或向外转动这两个脚螺旋,使气泡居中,注意气泡移动方向始终与左手大拇指移动方向一致;然后将照准部转动 90°,如图 1.21(b)所示,转动第三个脚螺旋,使水准管气泡居中。再将照准部转回原位置,检查气泡是否居中,若不居中,按上述步骤反复

进行，直到水准管在任何位置，气泡偏离零点不超过一格为止。

②对中　先旋松连接螺旋，在架头上轻轻移动经纬仪，使锤球尖精确对中测站点标志中心，或使对中器分划板的刻画中心与测站点标志影像重合；然后旋紧连接螺旋。锤球对中误差一般可控制在 3 mm 以内，光学对中器对中误差一般可控制在 1 mm 以内。

对中和整平，一般都需要经过几次“整平—对中—整平”的循环过程，直至整平和对中均符合要求。

(5)瞄准目标

①松开望远镜制动螺旋和照准部制动螺旋，将望远镜朝向明亮背景，调节目镜对光螺旋，使十字丝清晰。

②利用望远镜上的照门和准星粗略对准目标，拧紧照准部及望远镜制动螺旋；调节物镜对光螺旋，使目标影像清晰，并注意消除视差。

③转动照准部和望远镜微动螺旋，精确瞄准目标。测量水平角时，应用十字丝交点附近的竖丝瞄准目标底部。

(6)读数

①打开反光镜，调节反光镜镜面位置，使读数窗亮度适中。

②转动读数显微镜目镜对光螺旋，使度盘、测微尺及指标线的影像清晰。

③根据仪器的读数设备，按前述的经纬仪读数方法进行读数。

2. 经纬仪的维护

(1)经纬仪是精密仪器，使用时要十分谨慎小心，各个螺旋要慢慢转动。不能大幅度地、快速地转动照准部及望远镜。微动螺旋的有效范围不大，不可一味单向旋进或旋出。使用时应有“轻重感”，如稍有阻滞感，就要反方向适当旋转微动螺旋，然后放松制动螺旋重新瞄准目标。

(2)进入作业区域，在架设仪器之前先仔细观察周围环境，选择相对空旷的地面进行测量。

(3)在测量分段时，严禁触碰仪器或使仪器晃动。

(4)在测量过程中严禁测量人员离开仪器，一定做到人不离机。

(5)测量完成之后应确保所有配件都齐全的情况下才能离开现场。

(6) 注意对仪器及配件的爱护使用。

3. 用经纬仪测平面度

用经纬仪测平面度，如图 1.23 所示。

(1)使用情况：

- 计测点能全部照光；
- 在海上不能使用水平仪；
- 在试装时，焊后的跟踪计测，用经纬仪；
- 在用经纬仪时，省去计测后的平面修正。

(2)依照倾斜面安装要领，将经纬仪安装在 CL 上的 PP' 的高度 H,H',P_1,P_2,P_3,P_4 各点的高度相等时固定。

(3)计测样板安在 P 点上,尺寸的刻度 0 与经纬仪相对合,便可计测各计测点的高度。

(4)各计测点的计测值就是以 H' 点为基准的 U^{DK} 的平面度,将各点的计测值写在计测图上。

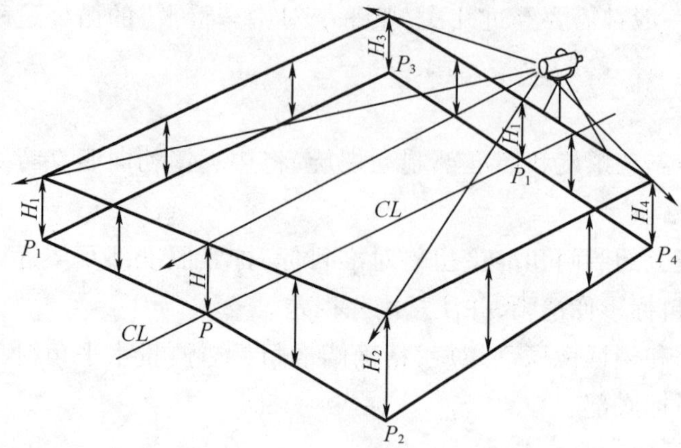

图 1.23 经纬仪测量平面度

三、全站仪的使用与维护

1. 全站仪基本知识

全站仪,即全站型电子速测仪(Electronic Total Station),是一种集光、机、电为一体的高技术测量仪器,是集水平角、垂直角、距离(斜距、平距)、高差测量功能于一体的测绘仪器系统。其类型主要有:编码盘测角系统、光栅盘测角系统及动态(光栅盘)测角系统等三种,如图 1.24 所示。

(a)

(b)

(c)

图 1.24 全站仪的几种类型

(a)拓普康 GTS - 330N 系列;(b)徕卡全站仪;(c)NTS - 342 系列

全站仪上半部分包含有测量的四大光电系统,即水平角测量系统、竖直角测量系统、水平补偿系统和测距系统。通过键盘可以输入操作指令、数据和设置参数。以上各系统通过 I/O 接口接入总线与微处理机联系起来。微处理机(CPU)是全站仪的核心部件,主要有寄存器系列(缓冲寄存器、数据寄存器、指令寄存器)、运算器和控制器组成。微处理机的主要功能是根据键盘指令启动仪器进行测量工作,执行测量过程中的检核和数据传输、处理、显示、储存等工作,保证整个光电测量工作有条不紊地进行。输入输出设备是与外部设备连接的装置(接口),输入输出设备使全站仪能与磁卡和微机等设备交互通信、传输数据。

目前,世界上许多著名的测绘仪器生产厂商均生产有各种型号的全站仪,如瑞士的徕卡公司生产的 TC 系列全站仪;日本的 TOPCN(拓普康)公司生产的 GTS 系列;索佳公司生产的 SET 系列;宾得公司生产的 PCS 系列;尼康公司生产的 DMT 系列及瑞典捷创力公司生产的 GDM 系列全站仪。我国南方测绘仪器公司 20 世纪 90 年代生产的 NTS 系列、苏一光的 OTS 系列和 RTS 系列等,在我国众多的工程单位都有广泛的应用。

2. 全站仪的特点

全站仪是由电子经纬仪、光电测距仪和微处理器组成的一种新型测量仪器。

全站仪能够在一个测站上完成采集水平角、垂直角和倾斜距离三种基本数据的功能,并通过仪器内部的中央处理器,由这三种基本数据计算出平距、高差、高程及坐标等数据。

(1)可在一个测站上同时实现多项功能,并能存储一定数量的观测数据:

- 测角度:水平角(*HR* 或 *HL*)与垂直角(*V*);
- 测距离:斜距(*SD*)、平距(*HD*)、高差(*VD*);
- 测坐标:*X*,*Y*,*Z*;
- 放样:线放样与坐标放样。

(2)可以通过传输接口把野外采集的数据与计算机、绘图仪连接起来,再配以数据处理软件和绘图软件,可实现测图的自动化。

(3)全站仪内部有双轴补偿器,可自动测量仪器竖轴和水平轴的倾斜误差,并对角度观测值施加改正。

全站仪可以完成几乎所有的常规测量工作,现已应用于控制测量、地形测量、工程测量等测量工作中。

3. 全站仪构造

全站仪构造如图 1.25 和图 1.26 所示。

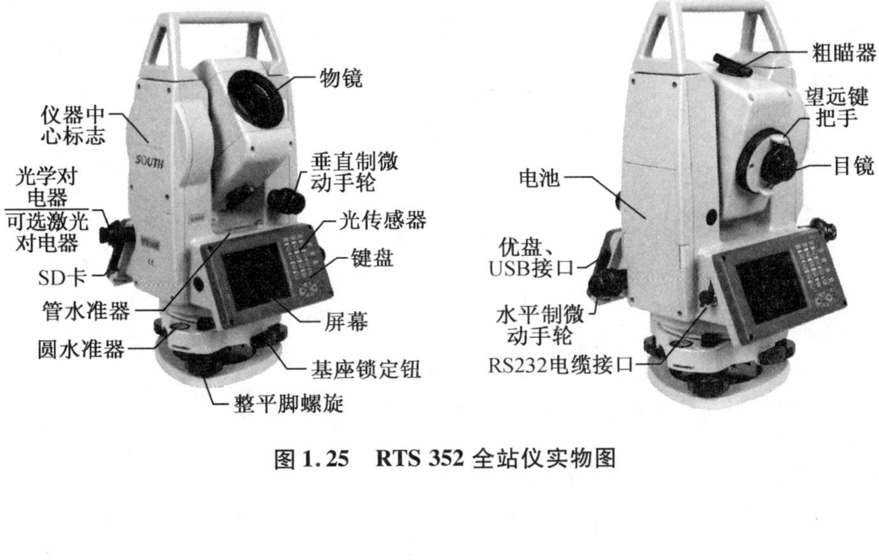

图 1.25　RTS 352 全站仪实物图

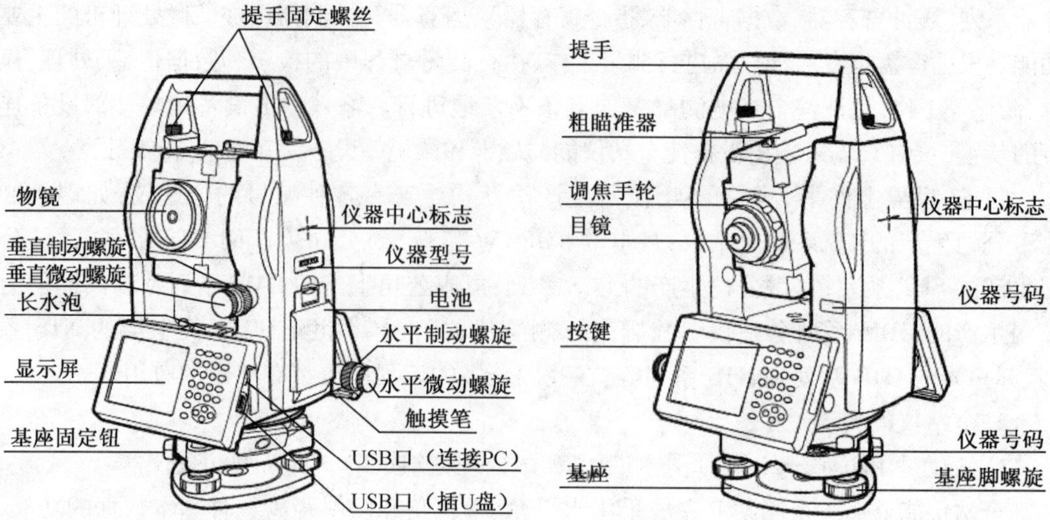

图 1.26　RTS 352 全站仪构造图

4. 全站仪操作步骤

(1)仪器的对中与整平

①安置三脚架　首先将三脚架打开,伸到适当高度,使三脚架腿等长,拧紧三个固定螺旋。三脚架头位于测点上且近似水平,三脚架腿牢固地支撑于地面之上,如图 1.27(a)所示。

②将仪器安置到三脚架上　将仪器小心地安置到三脚架上,松开中心连接螺旋,在架头上轻移仪器,直到锤球对准测站点标志中心,然后轻轻拧紧连接螺旋。在操作过程中,一手握住仪器,一手旋紧松紧螺旋,当固定好仪器才可以松开仪器,如图 1.27(b)所示。

③测点调焦　通过光学对点器目镜观察,旋转对中器的目镜至分划板十字丝看得最清楚,再旋转对点器焦环至地面测点看得最清楚。使测点位于十字丝中心,调节仪器的脚螺旋使测点位于光学对点器小圆圈中心,如图 1.27(c)所示。

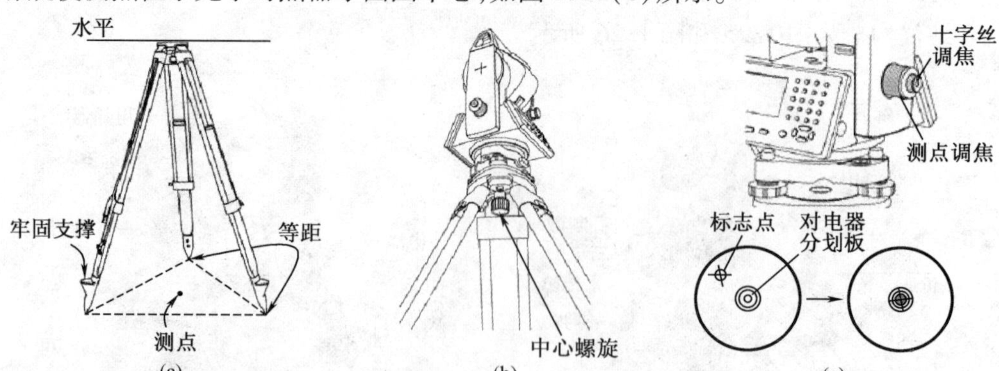

图 1.27　仪器安装

(a)架设三脚架;(b)仪器安置;(c)测点调焦

(2)水准气泡对中和整平

①使圆水准器气泡居中　缩短离气泡最近的三脚架腿,或者伸长离气泡最远的三脚架腿,使气泡居中,此操作需重复进行。

②使照准部水准器气泡居中　松开水平制动手轮,转动照准部,使长水泡平行于脚螺旋 A,B 的连线,旋转脚螺旋 A,B 使气泡居中,气泡向顺时针旋转的脚螺旋方向移动,如图 1.28(a)所示。

③旋转 90°使气泡居中　将照准部旋转 90°使照准部水准器轴垂直于仪器脚螺旋 A,B 的连线,旋转脚螺旋 C 使气泡居中,如图 1.28(b)所示。

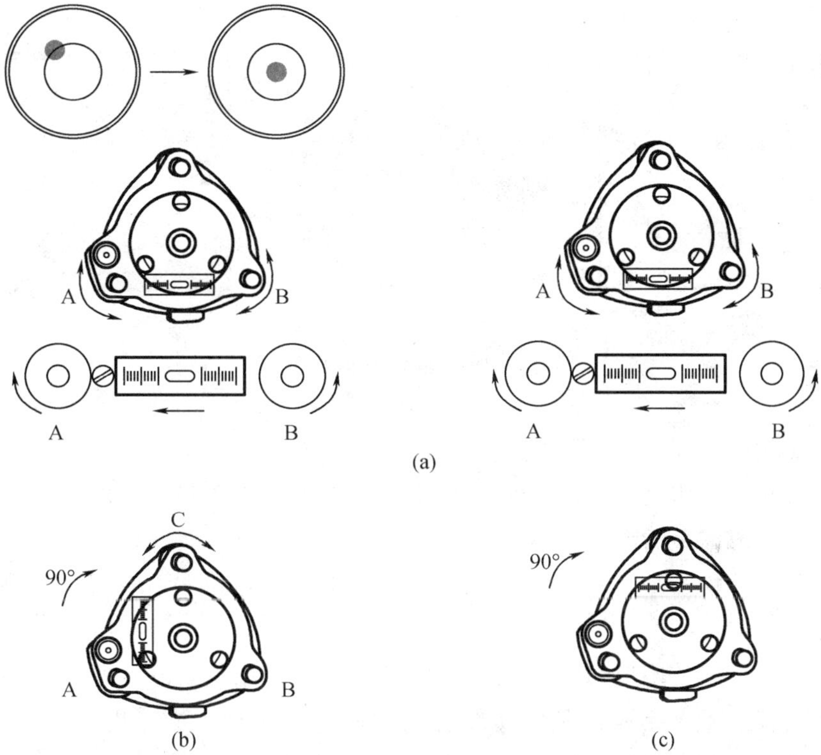

图 1.28　水准气泡对中

(a)水准器气泡居中;(b)调整长水准器气泡居中;(c)水准气泡检查

④再旋转 90°并检查气泡位置　再将照准部旋转 90°并检查气泡是否居中,若不居中按下述步骤操作(见图 1.28(a)):

a. 以等量反向旋转脚螺旋 A,B,使气泡向中心移动偏移量的一半;

b. 将照准部旋转 90°,旋转脚螺旋。

⑤检查气泡在任何方向上是否都位于同一位置　检查气泡在任何方向是否都位于同一位置,如果不是,应重复上述步骤整平。

⑥再次检查确认照准部水准器气泡保持居中　如果不居中,重复步骤③之后的操作。

(3)电子水泡

①按[ON]键开机。

②按[★]键使电子水准器显示在屏幕上,如图 1.29(a)所示。

③使原水泡居中。

④转动仪器照准部使望远镜平行于脚螺旋 A,B 连线后旋紧水平制动螺旋,如图 1.29(b)所示。

⑤旋转脚螺旋 A,B 使 X 方向倾角值为“0”旋转脚螺旋 C 使 Y 方向倾角值为“0”,如图 1.29(c)所示。

⑥按[ESC]键结束。

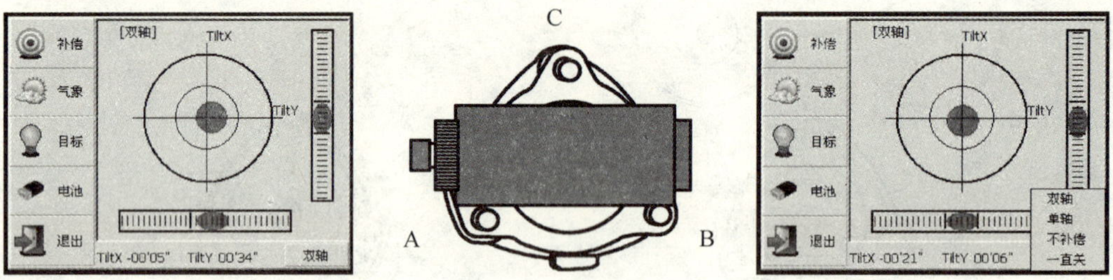

(a) (b) (c)

图 1.29 电子水泡调平

(4)物镜调焦、照准

①目镜调焦 用望远镜观察一明亮的背景。将目镜顺时针旋到底,再逆时针方向慢慢旋转至十字丝成像最清晰。

②照准目标 松开垂直和水平制动螺旋,用粗瞄准器瞄准目标使其进入视场锁紧两个制动螺旋。

③物镜调焦 旋转望远镜调焦至目标成像最清晰。用垂直和水平微动螺旋使十字丝精确照准目标。微动手轮的最终旋转方向都应是顺时针方向。再次调焦至无视差。直至使目标成像与十字丝间不存在视差,如图 1.30 所示。

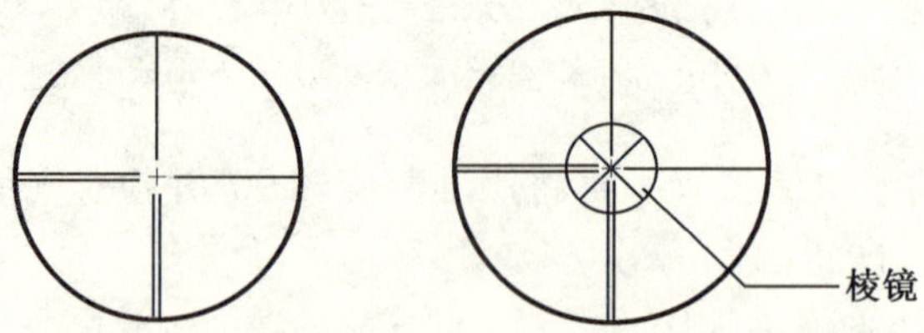

图 1.30 物镜调焦

5. 全站仪使用注意事项

(1)将仪器架设到三脚架上时,务必固紧三角基座制动控制杆和中心螺旋,以免仪器跌落伤人。

(2)架设仪器时,务必固紧三脚架的角螺旋,以免三脚架倒下伤人。

(3)禁止将三脚架脚尖对准他人,以免碰伤。

(4)架设三脚架时,应注意防止手脚被三脚架脚尖刺伤。

(5)搬拿三脚架前务必固紧脚螺旋,以免三脚架脚滑出伤及他人。

(6)禁止直接用望远镜观察太阳,以免造成眼睛失明。

(7)禁止用望远镜观察经被棱镜或其他反射目标反射的太阳光,以免损伤视力。

(8)禁止坐在仪器箱上,以免滑倒造成人员受伤。

(9)禁止将锁扣、背带或提柄一起置于已受损的仪器箱内,以免箱体或仪器跌落造成损伤。

(10)禁止挥动或抛甩锤球,以免伤人。

(11)确保固紧提柄固定螺丝,以免提拿仪器时仪器跌落造成人员受伤或仪器受损。

(12)小心轻放,避免撞击与剧烈震动,给仪器造成损伤。

(13)避免仪器曝露在高温环境下工作,否则会对仪器造成损伤。在烈日、雨天、潮湿环境下作业,必须做好仪器保护工作。

(14)当您将仪器从仪器箱取出或装入仪器箱时,请握住仪器提手和底座,不可握住显示单元的下部。

(15)使用仪器时,请穿上必要安全装备(如安全鞋、安全帽)。

(16)当测站之间距离较远,搬站时应将仪器卸下,装箱后背着走。行走前要检查仪器箱是否锁好,检查安全带是否系好。当测站之间距离较近,搬站时可将仪器连同三脚架一起靠在肩上,但仪器要尽量保持直立放置。

(17)搬站之前,应检查仪器与脚架的连接是否牢固,搬运时,应把制动螺旋略微关住,使仪器在搬站过程中不致晃动。

6. 全站仪坐标法测量原理

全站仪架设在已知点 A 上,只要输入测站点 A、后视点 B 的坐标,就可测定待定点 P 的三维坐标。如图 1.31 所示,O 为测站点,P 为放样点,S 为斜距,Z 为天顶角,α 为水平方向值,则 P 点相对测站点的三维坐标为

$$\begin{cases} X = S\sin Z\cos\alpha \\ Y = S\sin Z\sin\alpha \\ H = S\cos Z \end{cases}$$

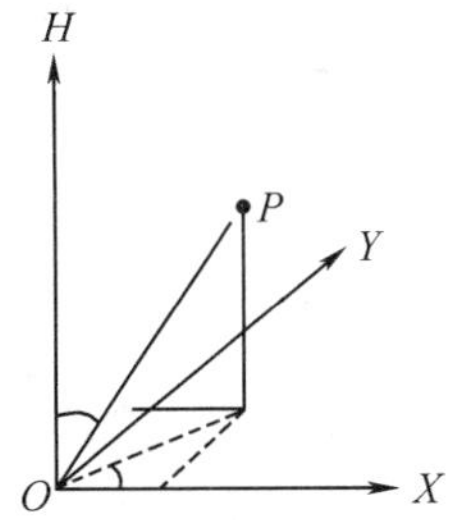

图 1.31　坐标测量原理

思考题:

1. 现代造船的工艺流程是什么?
2. 分段建造法的船体装配分几个阶段进行?
3. 船舶精度管理技术主要内容及意义是什么?
4. 船体建造精度管理体系包含哪些内容,并用组织结构图表示出来。
5. 船舶建造精度管理体系的作用是什么?
6. 测量学的内容包括哪几个部分?
7. 在工业测量中,测量工作的基本原则是什么?工程测量过程中的要素有哪些?
8. 船舶建造测量的主要研究内容有哪些?
9. 确定主船体的尺寸基准有哪些?
10. 水准仪的使用注意事项有哪些?
11. 简述经纬仪的使用步骤。
12. 简述全站仪基本概念及分类。
13. 全站仪使用注意事项有哪些?

第二章　船体钢料精度加工

钢制船体由成千上万个构件经过装配、焊接而成，这些构件是用钢材加工出来的。使用板材和型材组成船体构件的工艺过程，称为船体钢料加工。船体钢料加工分为钢料预处理、构件边缘加工和构件成型加工三大类。船体钢料精度加工是指在船体钢料加工过程中规范钢材预处理、构件边缘加工和成型加工的操作流程，通过精度测量技术采集精度控制数据，并经过精度检验确保船体钢料的加工精度的工艺方法。

第一节　钢料预处理及精度管理

一、钢材预处理

船体结构钢材在使用前，其表面常存有不平、弯曲、扭曲、波浪形等缺陷，这些缺陷使钢材在下料画线时，不可能获得所需要的下料精度，造成零件尺寸的偏差，从而影响后续工序的顺利进行。所以，钢材在下料和成形加工之前，必须对钢材进行矫正。

1. 钢材的矫正

(1) 钢材变形的原因

①钢板轧制引起的变形：在轧制钢板时，当轧辊沿其长度方向受热不均匀，或者由于轧辊弯曲，轧辊调整设备失常等各种原因，都将造成轧辊之间的间隙不一致，从而导致钢材在宽度方向的压缩不均匀，于是钢材的每根纤维沿着长度方向的延伸就不相同。

②运输、存放引起的变形：钢材在运输、存放过程中的不当也会产生局部皱曲。

(2) 钢材的矫正原理

钢材的任何一种变形都是由于其中一部分纤维比另一部分纤维缩得短些或是伸得长些所致。因此，矫正就得将较短的纤维拉长或将较长的纤维缩短而使之一样长，但实际上一般都采取拉长纤维的方法，因为压缩纤维难以实现。

(3) 钢板的矫正工艺

钢板矫正使用多轴辊矫正机。扁钢或小块板材，也可在矫正机上矫正，只要将相同厚度的扁钢或小块板材放在一块用作衬垫的钢板上（图 2.1），然后，使之通过矫正机，便能矫平（有时也需来回若干次）。

(4) 型钢的矫正工艺

型钢主要是用型材矫直机（撑床）进行矫正。机床的工作部分是两个支撑和一个推撑，支撑没有动力传动，但两个支撑之间的间距可以按照需要进行调节。推撑装在一个能做水平往复运动的滑块上，由电动机通过减速器或由气动装置来带动着做水平往复运动。

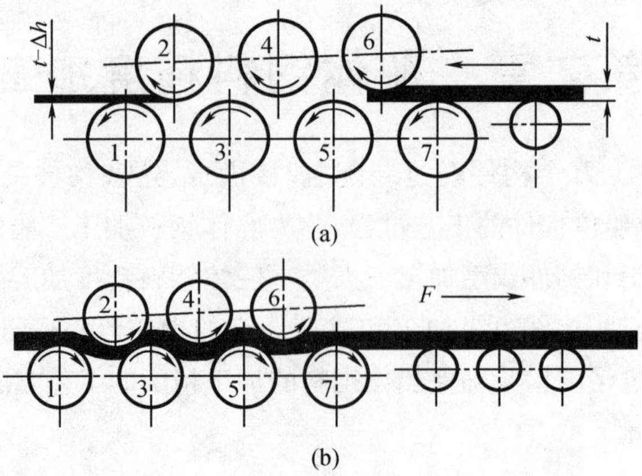

图 2.1 钢板矫正

(a)上辊调整；(b)矫正

在矫正型钢时，将型钢靠在两个支撑上，支撑之间的型钢受到推撑作用力的作用而产生变形，以实现矫正型钢的目的。机床的支、推撑的布置如图 2.2 所示。

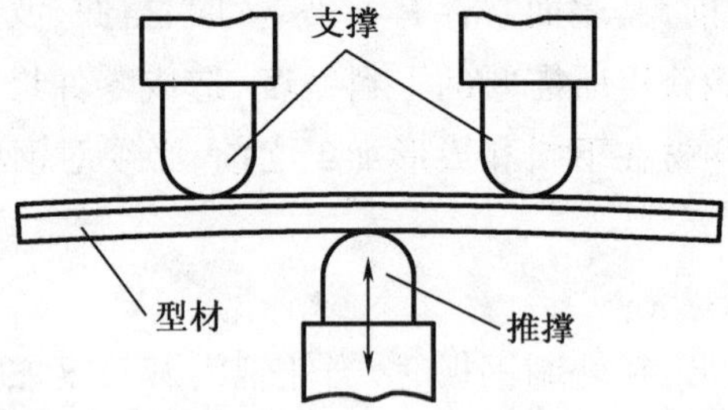

图 2.2 型钢矫直机(撑床)的工作原理

在没有专门型材矫正设备的情况下，小尺寸的型钢可在平台或圆墩上用手工敲击来矫正，如图 2.3 和图 2.4 所示；大尺寸的型钢可用水火矫正法矫正，也可以在压力机上进行矫正，但在压力机上矫正时需要配备符合型钢状态的压模。

近年来，国内外都在不断地研制矫正型钢的新设备，而且朝着一机多用的方向发展。

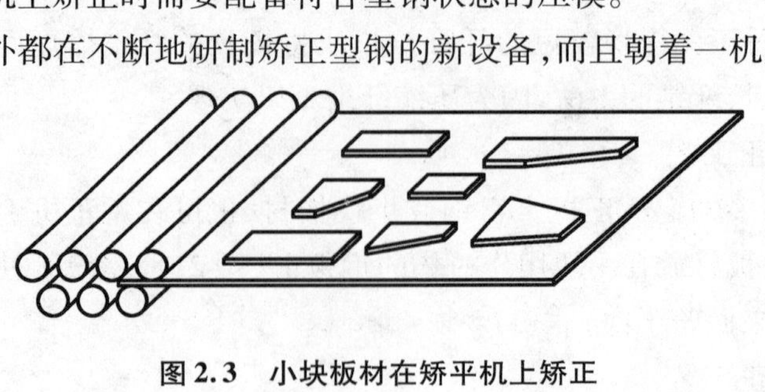

图 2.3 小块板材在矫平机上矫正

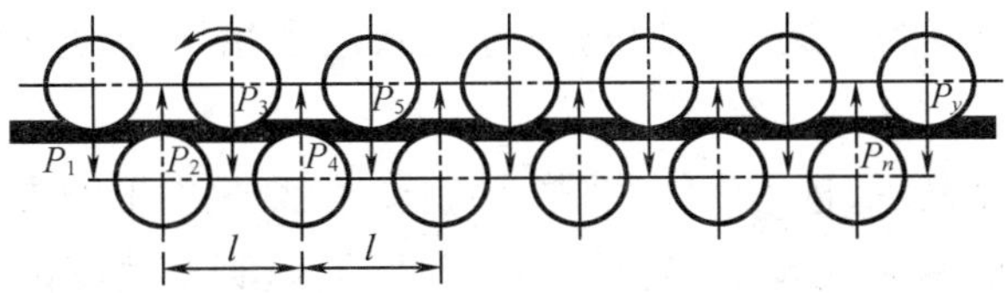

(a)

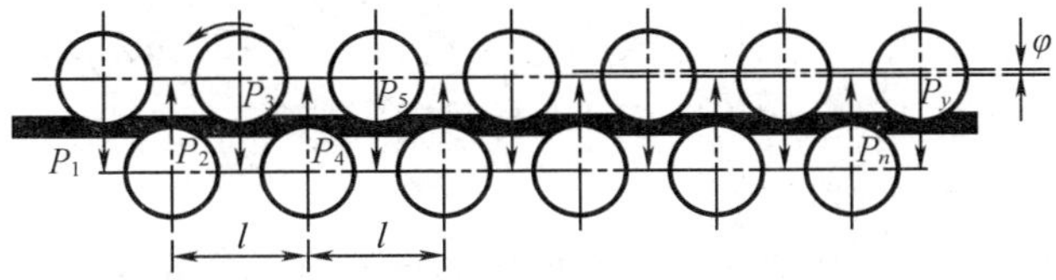

(b)

图 2.4　矫平机类型

(a)上下列辊轴平行的矫正机;(b)上下列辊不平的矫正机

2. 钢材的表面清理与防护

钢材表面清理是指清除钢材表面的氧化皮和铁锈,俗称除锈。船用钢材在钢厂热轧时,会跟空气中的氧气直接起氧化反应,在表面形成一层完整的、致密的氧化皮。在以后的运输储存中,钢材表面会吸附空气中的水分,由于钢中含有一定比例的碳和其他元素,因而在钢材的表面会形成无数的微电池而发生电化锈蚀,使钢材表面产生锈斑。

目前我国船厂中采用的钢材表面清理方式有:用于钢材预处理的原材料抛丸法和酸洗法;用于二次除锈的分段喷丸法和带锈底漆;用于修船的水力除锈法以及现在仍然保留采用的手工敲铲法等。钢材的表面防护是指经除锈后的原材料表面涂刷防锈底漆的工艺过程。

二、钢材预处理流水线

所谓钢材预处理自动流水线,是指由钢材输送、矫正、除锈、喷涂底漆、烘干等工序形成的自动作业流水线。自动作业流水线通常分为钢板预处理流水线和型材预处理流水线两种。也有在同一条生产线上既处理钢板也处理型材的情况。

1. 钢板预处理流水线的工艺流程

如图 2.5 所示,其工艺流程为:

(1)先用电磁吊或自动装卸运输车将钢材吊放到输送辊轴道上。

(2)辊道以 3 ~4 m/min 的速度将钢材送入多辊矫平机,对钢板进行矫平处理。

(3)矫平后的钢板由输送辊道送入加热炉,使钢材温度达 40 ~60 ℃,目的是去除钢板表面的水分,并使氧化皮、锈斑疏松,便于除去,同时可增加漆膜的附着性。

(4)钢板进入抛丸除锈机,抛丸装置自动地向钢板两面抛射丸粒(丸粒可回收再使用),并用热风除去钢板表面的灰尘。

(5)钢材除锈并清洁后,进入喷涂室喷涂保养底漆。喷涂作业是在半封闭的喷涂室内进行的。为了适应不同宽度的钢板,喷枪往返的行程可以调节。为了使涂层连续并保证一定的漆膜厚度，辊道的输送速度应与喷枪喷涂速度相配合，这可通过电气控制进行调整。

(6)钢板离开喷涂室后，进入干燥室进行烘干。使漆膜烘干的方法有红外线、远红外线和电加热等。无论用哪种方法，一定要有通风装置，以利于喷漆溶剂的挥发，加快干燥过程。

(7)钢板烘干后从干燥室出来，进入高速辊道，以 20 ~ 30 m/min 的速度送出预处理流水线。经质量检验合格后送入加工车间进行号料、加工。

2. 钢材预处理自动流水线的特点

(1)生产效率高，大型流水线每小时处理钢板面积达 800 m^2；

(2)劳动条件好，除锈过程封闭，全自动控制；

(3)除锈质量理想，表面粗糙度均匀；

(4)底漆附着牢固，预处理后的钢材，露天存放 10 ~ 12 个月不生锈。

应当指出，除锈室及喷涂室中充满了铁质粉尘和喷雾，为了维护良好的作业环境，并考虑防止向室外扩散有害气体，应对集尘、换气、防爆等方面予以特别注意，必须采用相应的环境保护措施和防火、防爆措施。

三、钢材号料与切割

所谓号料就是在进行过预处理的钢材上，按照实际形状与大小画出船体零件的图形，并标注其船名、构件名称、有关结构线、加工符号、装配标记、施工余量等。

号料有使用样板和草图进行的普通号料法；还有利用光学投影原理及其设备进行的光学号料法及自动号料法。号料的方法是随着船体建造工艺水平的不断革新与提高而不断地改进和简化的，特别是随着数学放样和数控切割机的发展，在船体建造工序中可以取消单独的号料工序。但是，在当前还仍然需要保留号料工序，以适应目前造船生产的需要。

普通号料法是指采用样板和草图进行号料的工艺方法。

1. 样板号料

样板号料即将号料样板（平面样板或样棒等）平放于钢板或型钢上，用石笔依照样板画出船体零件的形状及各种标记符号，并按要求加放施工余量，然后用铳头或錾子做出永久性记号，揭去油毛毡后用色漆写上文字符号。

2. 草图号料

进行草图号料时，首先在钢板上适当的位置画出相互垂直的两根坐标轴，然后根据草图上所标注的各个特殊点、过渡点以及余量点的坐标值，找点并连线，然后用铳头或錾子将切割线、加工线、装配线等敲出记号，并且用色漆写上文字与符号。

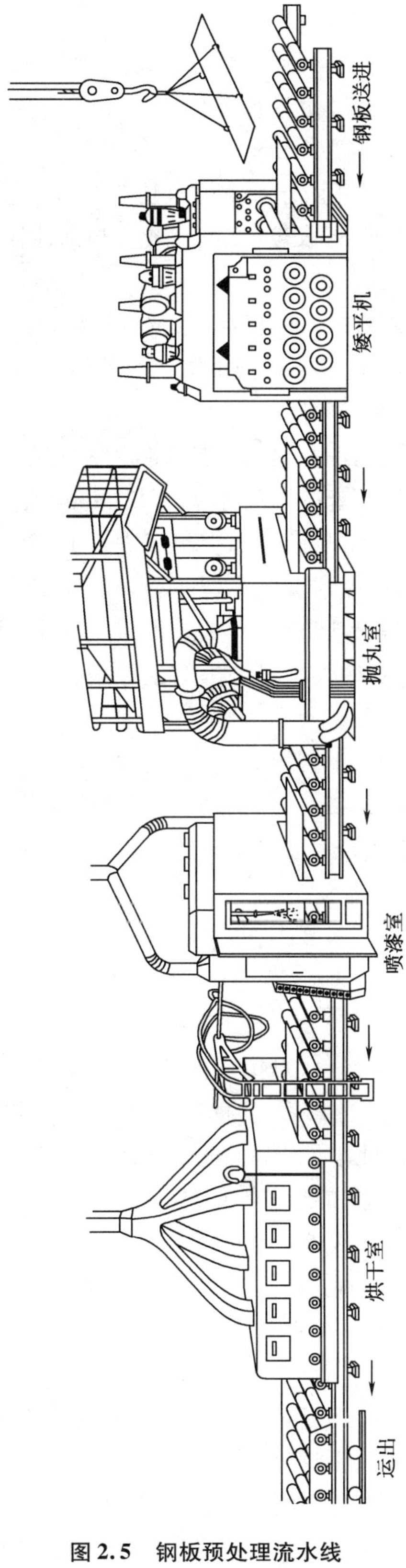

图 2.5　钢板预处理流水线

3. 号料注意事项

(1)号料前,钢板或型钢应进行预处理,矫正需符合下列技术要求:

• 钢板:板厚为5~8 mm者,每米长度内允许不平度为2.5 mm;板厚大于或等于9 mm者,每米长度内允许不平度为2 mm。

• 型钢:每米长度内不平度不大于2 mm,全长范围内的不平度不大于8 mm。

(2)号料前,应验明来料规格(长度、宽度、厚度)与钢种牌号是否符合设计要求,以免造成返工浪费。

(3)号料时,应将样板或草图上所有的线条及符号都画到钢材上,要求简明清晰不得遗漏,特别是装配定位的对合线,还有加放的施工余量线,并且用铳头及錾子敲出印痕记号,再用色漆标明。

(4)号料时,为了充分利用钢材,必须合理排料。凡是要求钢材规格牌号相同的船体零件,应尽可能在同一张钢材上套料。套料时,不仅要考虑钢材的合理利用,还应熟悉加工设备的能力、尺度及加工方法,从而考虑套料后进行加工的可能性,否则,号料后无法进行加工,图2.6(b)所示的排料情况就不便于剪切。又如型钢需用撑床进行弯曲加工时,型钢两端必须留出撑床两支点间距一半以上长度的余量(通常为200 mm),否则型钢两端就无法弯制。对需折边的构件,将铳、錾等记号敲在内侧面,不然敲在外侧面的铳、錾眼处折边时会撕裂。

(5)号料时,需气割的钢板割缝线取值一般为:板厚≤25 mm,割缝线取3 mm为宜;板厚>25 mm时,割缝线则取4~5 mm。此外,钢板边缘并非平直,所以号料时需留5 mm作为板边拉直用。对于需刨边余量应不小于3 mm。草图和样板上注明加放余量的地方,号料时需画出余量线,不得遗漏。

(6)凡左右对称的两块构件号料时,通常只做一块样板,号料时需注意正面号一块料后,将样板翻一个面后再号另一块料;草图号料时同样号一块正面的料后,把坐标轴中的任意一根反向后再号另一块料。

(7)凡是构件上的人孔、减轻孔、型钢穿孔、流水孔等切口,应在号料时一起完成。

(8)对于曲型构件(如宽肋骨),号料时应标出检验线,或按放样要求画出逆直线,以便检查构件在加工、装焊后的曲型是否符合型线要求。

(9)需要进行冷弯或热弯加工的复杂曲型构件,号料时仅作初步画线并留有充足的余量,俗称号毛料。待制成船体构件后再进行精确画线,即二次号料。

(10)号料结束后,必须认真地进行检查,注意零件尺寸、开孔位置及数量、对称性、加工线、装配线、检验线等是否正确,如有遗漏或错误,应及时补画或改正,以免造成返工或报废。

4. 二次号料

上述样板号料、草图号料以及复杂曲型构件号毛料等均为一次号料,即在原材料上画线。有些构件经过加工、装配、焊接后所制成的复杂构件、船体部件或分段,当其曲型要求很高时,例如横舱壁的边界轮廓线应保证符合船体型线,则在号料时所画的外形轮廓线暂时不切割,待板材与扶强材装焊结束后再进行二次号料,再予切割,这样可消除加工、装配、焊接中产生的误差，保证横舱壁曲型的正确性，从而保证船体型线的光顺性。又如艏柱板在一次号料时，余量不能切割，待加工装配焊接部件后，再进行二次号料割去余量，这样，在艏立体分段的装配或在船台装配中，艏柱与外板的接缝线就以艏柱边缘为基准边而在外板上画出余量线并切割之。因此，二次号料是在构件经过加工、装配、焊接后成为正确的构件和组成部件或分段时，再一次画出的切割线，故又称为装配画线。

5. 船体零件的套料

为了充分利用钢材，减少余料，在船体号料过程中已广泛地应用套料技术。

将材料等级和厚度一样的船体零件置于用一张钢板的边框内进行合理排列的过程叫作套料（图2.6）。在现代造船模式下，船厂通过生产设计对船体进行结构建模，确定船体零件的形状，再通过套料软件将这些零件图形置于钢板边框内进行合理排列，即数控套料。经过数学放样特别是数控套料后，输入数控切割机可以识别的数据文件供数控切割使用，并在切割的同时进行数控号料。

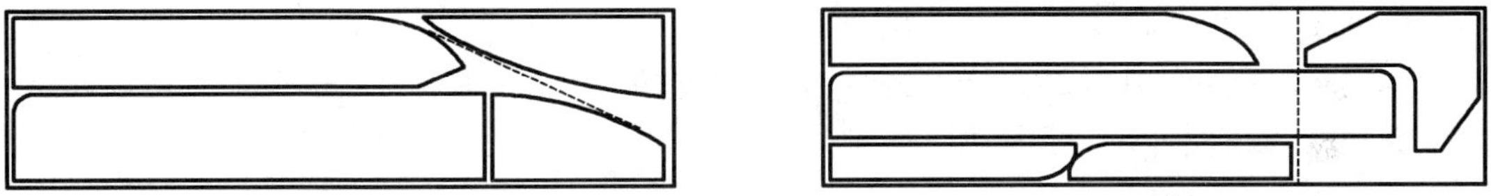

(a)　　(b)

图2.6　套料示意图

（a）便于剪切；（b）不便于剪切

第二节　板材下料精度控制

一、准备工作

1. 概念

板材下料是指板材切割、打磨、理料、发送过程，包括数控切割开坡口。板材下料处在工艺阶段的最初期，工艺流程如图2.7所示。

2. 精度控制点

（1）胎架检测：施工者每周对板材下料胎架及切割机轨道精度检测一次并记录，确保符合精度要求。

（2）设备检测：板材就位后应进行机械的精度检测，等离子和火焰切割机都应每日空走三遍，测量模拟切割尺寸。

（3）初始检测：要求在每天切割第一块板材时，随机择样，检测实际切割尺寸和坡口角度，在确认实际数据在允许误差范围之内后，方可继续切割。

（4）施工随机自检5次并记录。

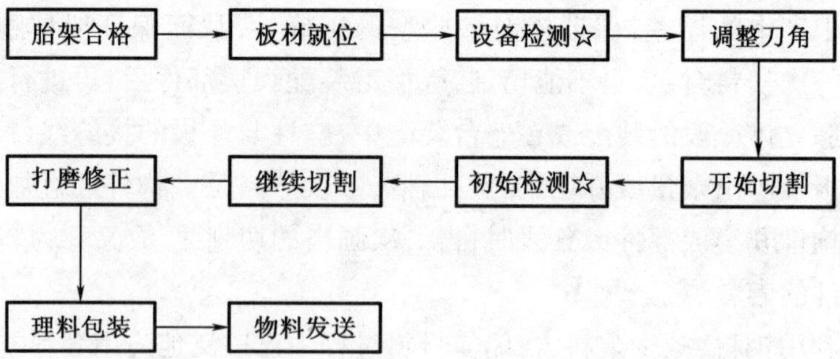

图 2.7 板材下料工艺流程

3. 专用检测工具

(1)长度、宽度检测工具为钢卷尺;

(2)内径检测工具为钢卷尺;

(3)坡口角度检测工具为角度尺;

(4)所有检测工具应具备计量证书,并定期校准。

4. 精度检验标准

板材下料精度基准技术参数见表 2.1。

表 2.1 板材下料加工精度基准 单位:mm

场所	项目	标准	允许极限	场所	项目	标准	允许极限	备注
NC气割机	1. 粗糙度	0.10		画线、半自动气割	1. 画线			
	2. 切割边直线度	≤0.4	0.20		* 长度 L	±2	±2	
	3. 坡口角度	±2°	≤0.5		* 宽度	±1	−2 ~ +1	
	4. 直角度	2/1500	±4°		* 对角线	±2	±3.0	
	5. 切割宽度	0.5			* 曲线外形	±1.5	±2.5	指矩形板
	6. 切割长度	0.5			* 直线度		≤1.2	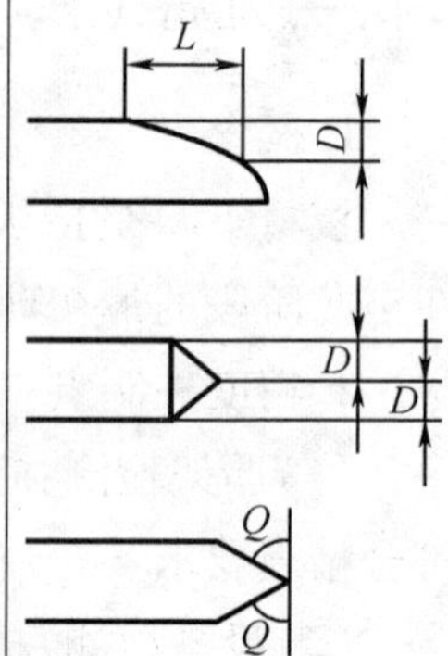
	7. 切割胎架	±10	±15		L≤4 m	≤1.0	≤1.5	
	8. 切割机轨道	±2.5	±3		4 m<L≤8 m	≤1.2	≤2.5	
					L>8 m	≤2.0		
					2. 切割面		0.2	
					粗糙度	0.1	≤2.5	
					直线度	≤1.5		
					3. 坡口面尺寸		±1.0D	
					过渡段长度 L	±0.5D	±2.0	
					坡口深度 D	±1.5	±3°	
					坡口面角度 Q	±2°		
					4. 零件尺寸		±2	
					长、宽(高)	±2		

二、板材下料精度检验

1. 检验方式和检验程序

该工序的检验以施工队自检、互检为主，精度管理办公室抽检方式为辅。具体要求：

（1）切割胎架和切割机轨道精度由施工单位自检并记录精度状况，精度管理员随机抽检，发现超差立即通知生产主管停止该工位作业，直至复检合格方可继续施工。

（2）切割设备检测由施工人员进行，设备精度不能保障时应上报组长和生产主管，由生产主管确认后通知设备动力部，修复合格后报精度管理员确认合格后方可继续施工。

（3）初始检测由施工人员进行，所在班组长复查无误后，由施工人员填写“板材下料精度检测记录表”，自检、互检人签字。

（4）精度管理办公室至少每天抽查检测一次，抽检重点为切割、加工是否符合要求，喷粉线、切割尺寸、对角线、切割角度是否符合精度要求，并与施工人员记录数据对比，发现问题，分析原因，并对施工人员进行培训，直至其掌握操作技能，责任心得到真正落实为止。

2. 成品化要求

该工序成品化要求做到以下要求，方可流入下道工序：

（1）零件尺寸和角度在规定加工误差范围之内；

（2）自由边打磨符合规定要求，板件边缘不得有割渣；

（3）理料清楚，托盘完整；

（4）不易遗失的包装，比如装入托盘或打包，并明晰标志；

（5）材料实物和清单相符；

（6）按流向流入下道工序，零件交接，清单签收。

三、数据反馈和管理

所有记录数据按以下要求进行反馈和管理：

（1）“板材下料精度检测记录表”由施工人员自检、填写并保存一周，于每周一上交精度管理办公室。如检测中发现精度不达标，应随时向生产主管和精度管理办公室反映，直到问题得到解决。

（2）精度管理办公室区域管理员抽检，应填写“板材下料精度检测记录表”，注明抽检；如存在问题，应组织相关人员共同分析，直到问题得到妥善解决，记录表随原表一同管理。

（3）所有记录保存至交船。

（4）记录和表式见表 2.2：“板材下料精度检测记录表”。

表 2.2 板材下料精度检测记录表

<table>
<tr><td colspan="3">船名/船号</td><td colspan="2"></td><td colspan="2">设备名称</td><td colspan="2"></td><td colspan="2">设备编号</td><td colspan="2"></td></tr>
<tr><td rowspan="2">日期</td><td rowspan="2">批次</td><td rowspan="2">分段</td><td rowspan="2">零件号</td><td rowspan="2">实际尺寸/mm</td><td rowspan="2">材质</td><td colspan="5">检测记录/mm</td><td rowspan="2">施工者</td><td rowspan="2">互检者</td></tr>
<tr><td>长度±2</td><td>宽度±1.5</td><td>对角线±2</td><td>坡口角度±3°</td><td>喷粉线检测</td></tr>
<tr><td></td><td></td><td></td><td></td><td></td><td></td><td></td><td></td><td></td><td></td><td></td><td></td><td></td></tr>
<tr><td colspan="2">确认声明</td><td colspan="9">上述工事经过自检、互检合格，交付给用户（下道工序）的产品满足质量要求，没有质量隐患</td><td>确认者/日期</td><td></td></tr>
</table>

注：此表一式一份，所在班组于每周一上交精度管理办公室。

四、实例分析

1. 平直主板切割材精度检测

（1）平直主板切割材精度检测，见图 2.8 所示。首先在切割主板上画出 100MARK 检验线。对板材的长度、宽度、高度、对角线进行精度检测，保证在管理基准范围内。

精度要求：长度 C：±0.5mm；宽度 D：±0.5mm；对角线：±1.5mm。

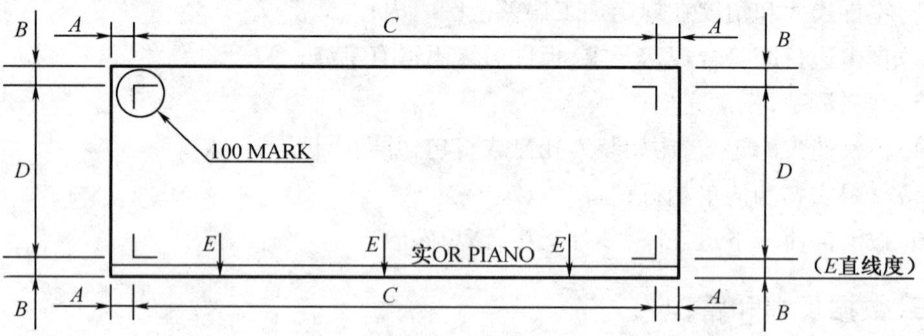

图 2.8 平直主板尺寸标注

（2）检查方法：画线长度、宽度粉墨画线的 100 mm 线的中心和构件尾端间隙尺寸用直角尺按照如图 2.9 所示的方法进行测量。

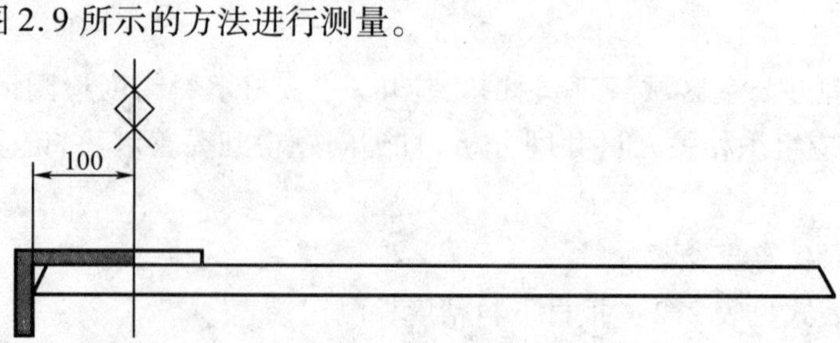

图 2.9 直角尺检测长度

• 全长、全宽（C,D）：一侧 100 mm 线基准点的中心与另一侧 100 mm 线基准点中心间距,用卷尺测量,取其最短距离。

- 直线度(E):在主板两端拉线做直线度检查或在切面两端边缘拉线并固定,然后进行测量。

2. 底板切割材料

底板切割材料的尺寸检测如图 2.10 所示,对切割板材的长度、高度、孔间距进行精度测量,满足精度基准要求。将长度 A、宽度 C 管理基准控制在 ±3 mm,对角线 B 管理基准控制在 ±3 mm,高度控制在 ±1 mm;间距尺寸 D 控制在 ±1.5 mm。

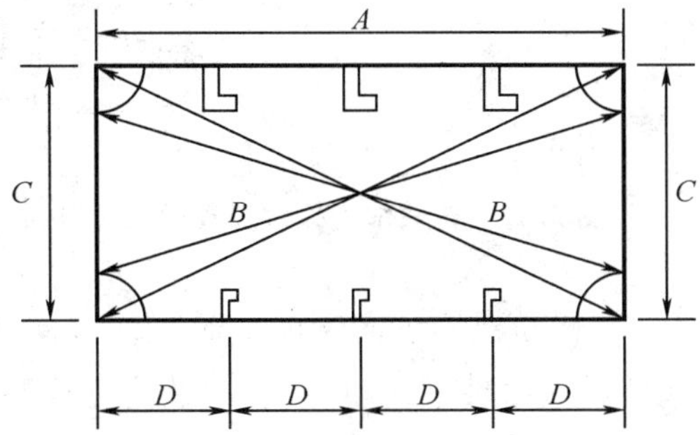

图 2.10　底板切割材尺寸标准

(1)检查项目

①长度、高度、孔间距

方法 1:给一侧始端的扇形孔邻接处的边角补上,使凸面卷尺与其另一侧的切割面边角距离最小,然后使眼睛与量尺垂直并读取数值,但使用卷尺测量时固定应取“0”,其余操作与上相同。

方法 2:在一侧边角处放好直角尺,然后使卷尺的零点与直角尺的内直角点对齐,并固定,其余操作与上相同。

②对角线(B)

方法 1:把宽度方向切割面与高度方向切割面的交点作为“0”点,测量其与对角交点之间的距离;

方法 2:若宽度方向的切割面与高度方向的切割面交点处有扇形孔时,与周边等距画平行线,然后测量对角的平行线交点的长度。

③弯曲加工板材精度检测

如图 2.11 所示,为弯曲加工板材进行精度检测尺寸基准,控制板材加工后的曲度、平面度及尺寸检查,将长度、宽度基准控制在 ±1 mm,对角尺寸控制在 ±3 mm,曲度控制在 ±3 mm。

(2)检测要领

- 长度,宽度(A):先给一侧的坡口用直角尺定基准点,然后将对接部卷尺贴紧进行测量。

- 横向弯曲值(B):用活动胎架把肋板线对接部与上下对接部对齐,对好角度后,测量未贴紧部位的间距。

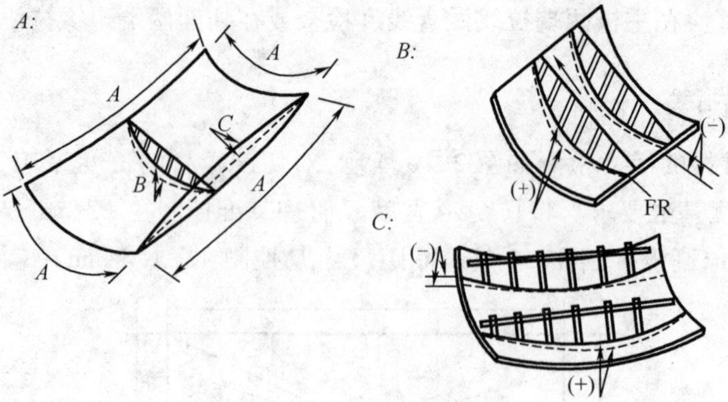

图 2.11 弯曲加工板材尺寸标注

• 纵向弯曲值（*C*）:测量较长曲板的纵向弯曲值时先使方向支架肋板的指定角度调节固定后,从一角接线（线或钢琴线）使其经过逆直线,然后进行测量,测量较短曲板的纵向弯曲值时采用与横向弯曲值相同的检测。

具体检测表格见附录 A,B 表。

第三节 型材下料精度控制

一、准备工作

1. 概念

型材下料是指型材号料、接长、冷弯、校对、开孔、断料、打磨、理料、发送等过程。基本工艺流程如图 2.12 所示。

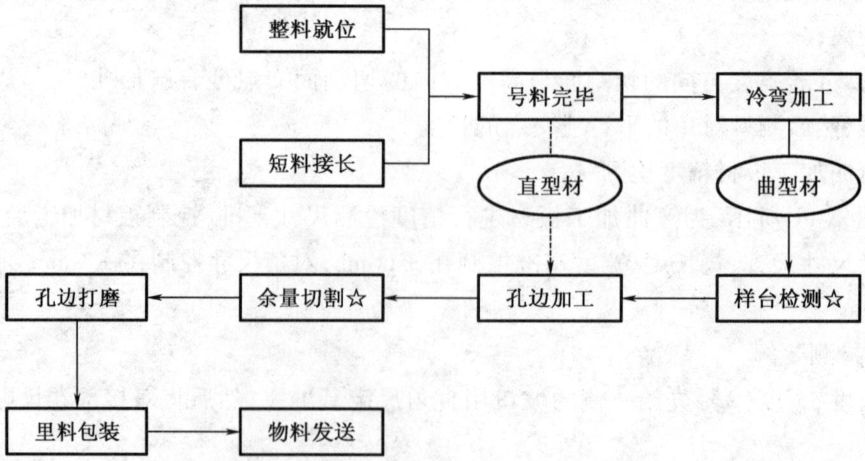

图 2.12 型材下料工艺流程

2. 专用检测工装和工具

(1)直线度检测工具为粉线;

(2)曲型材线型检测工装和工具为肋骨校样平台或样板;

(3)长度检测工具为钢卷尺;

(4)自由边光滑度检测为目测;

(5)孔内径检测工具为钢卷尺。

(6)坡口检测工具为角度尺。

3. 精度控制点

(1)样台检测 要求对所有曲型材使用校样平台或样板进行检测,检测实际加工线型和尺寸(精度管理员对校样平台和样板进行抽检)。

(2)余量检测 要求对所有型材(包括直型材和曲型材)进行长度检测,开孔位置、尺寸、坡口、切割粗糙度等进行检测,特别是坡口和过焊孔。

4. 精度检验标准

型材下料精度基准技术参数见表2.3。

表2.3 型材下料加工精度基准 单位:mm

场所	项目	标准	允许极限	备注
接长	直线度	≤2.0	≤3.0	以1~2 m长计
曲型材加工	(1)弯曲后的长度 (2)弯曲后的逆直线 (3)局部弯曲 (4)样台检测	±2.0 ±1.0 ±3.0 ±3.0	±5.0 ±5.0	
加工范围	(1)≥8M线型50 mm以下不加工 (2)6~8M线型40 mm以下不加工 (3)4~6M线型30 mm以下不加工 (4)4M以下线型20 mm以下不加工	标准同上 标准同上	极限同上 极限同上	
直型材号料	(1)长度 (2)*R*孔切割情况 (3)净料端切割、按图开坡口	±3.0 光顺 ±3.0	±5.0 ±5.0	
余量切割	(1)严格按图施工,余量切割后出车间 (2)切割后打磨光洁度	±2.0	±2.0	

二、型材下料精度检验

(1)样台检测或样板(曲型材)作为船体内业加工精度控制重点,精度管理办公室应加强检验力度,根据精度质量状况,确定检验频率和数量,至少要求达到以下最低要求:

①施工人员对所有曲型材进行检测并记录,所在班组长复查;

②精度管理办公室每个工作日必须抽检，正常情况抽检数量不得低于5根；

③所有检测数据记录在“曲型材加工检测记录表”。

(2)余量检测(曲型材和直型材)以施工人员自检、互检为主，精度管理办公室抽检，要求如下：

①施工人员每个工作日随机自检10根，所在班组长复查；

②精度管理办公室每天抽检，正常情况抽检数量不得低于5根；

③所有检测数据记录在“型材下料检测记录表”。

(3)成品化管理和余量切割要求。该工序成品化要求做到以下要求，方可流入下道工序：

①零件线型和尺寸在规定加工误差范围之内；

②按规定进行余量切割并按图开坡口；

③自由边打磨符合规定要求；

④理料清楚，托盘完整；

⑤不易遗失的包装，比如装入托盘或打包，并明晰标志；

⑥材料实物和清单相符；

⑦按流向流入下道工序，零件交接，清单签收。

三、数据反馈和管理

所有记录数据按以下要求进行反馈和管理：

(1)精度管理办公室抽查数据应与自检记录进行对比，发现问题，分析原因，并对施工人员进行培训，直至其掌握操作技能，并责任得到真正落实为止。

(2)自检记录由施工人员保存一周，于每周一上交精度管理办公室。如检测中发现精度不达标，应随时向精度管理办公室反映，直到问题得到解决。所有记录由精度管理办公室保存至交船。

(3)记录和表式：

表2.4为“曲型材加工样台检测记录表”，表2.5为“型材下料检测记录表”。

表2.4 型材加工样台检测记录表

<table>
<tr><td rowspan="2">日期</td><td rowspan="2">船号</td><td rowspan="2">分段</td><td rowspan="2">件号</td><td colspan="5">检测项目</td><td rowspan="2">施工者</td><td rowspan="2">互检者</td></tr>
<tr><td>长度</td><td>样台检测
±5.0</td><td>逆直线
±5.0</td><td>局部弯曲
±3.0</td><td>过焊孔偏差±3.0</td></tr>
<tr><td></td><td></td><td></td><td></td><td></td><td></td><td></td><td></td><td></td><td></td><td></td></tr>
<tr><td></td><td></td><td></td><td></td><td></td><td></td><td></td><td></td><td></td><td></td><td></td></tr>
<tr><td colspan="9">上述产品经过自检、互检合格，交付给下道工序的产品满足质量要求，没有质量隐患</td><td>确认者/日期</td><td></td></tr>
</table>

注：此表一式一份，所在班组于每周一上交精度管理办公室。

表2.5 直型材下料检测记录表

日期	船号	分段	件号	检测项目				施工者	互检者
				净料长度	开孔位置 √　×	开孔尺寸	坡口切割 √　×		
上述产品经过自检、互检合格，交付给下道工序的产品满足质量要求，没有质量隐患。								确认者/日期	

注：此表一式一份，所在班组于每周一上交精度管理办公室。

第四节　型板加工精度控制

一、准备工作

1. 概念

型板加工是指对板材进行线型加工，使之符合设计要求，包括冷热加工及其管理过程。

2. 基本工艺流程和精度控制点

（1）液压加工：液压基本工艺流程如图 2.13 所示。

完工检测：由施工人员对加工零件折边宽度、腹板高度、折边角度、折边方向直线度、腹板方向直线度进行自检，使之达到标准要求。

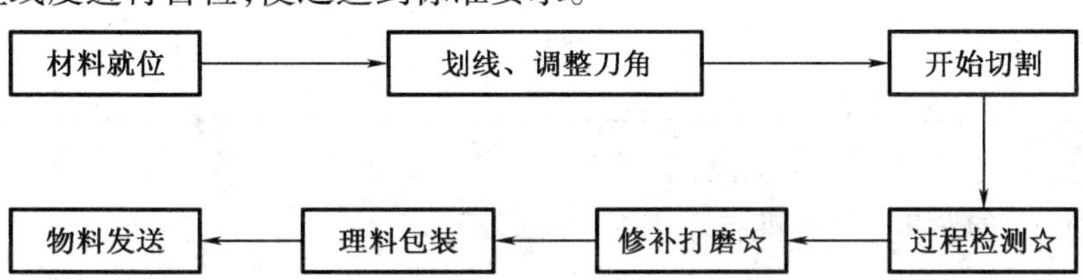

图 2.13　型板液压加工工艺流程

（2）滚压/热加工：基本工艺流程如图 2.14 所示。

①热加工过程检测：要求根据不同材质，按照标准规定温度进行加热和冷却。

②完工检测：要求对加工成型的型板曲面与样板的间隙、三角样板检验线的直线度、拉线与样板上基线的偏差、肋位方向与样箱的间隙、长度方向与样箱的间隙等进行自检，使之达到标准要求。

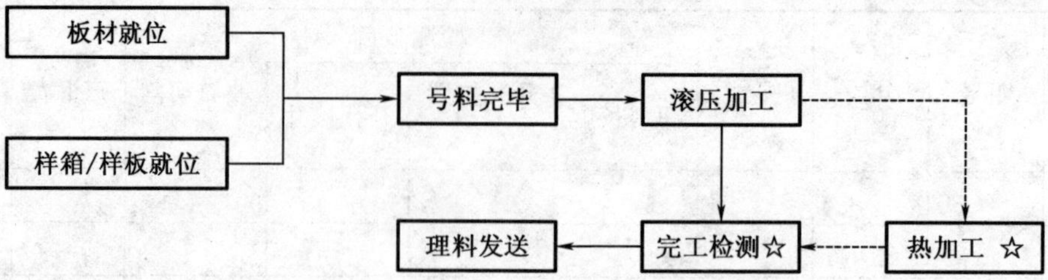

图 2.14　型板滚压/热加工工艺流程

3. 专用检测工装和工具

(1)温度检测工具为点温计;

(2)型板线型检测工装为样箱/样板;

(3)间隙检测工具为钢直尺;

(4)直线度检验工具为粉线;

(5)角度检测工具为角度尺。

4. 技术文件和技术参数

(1)液压加工精度基准技术参数见表2.6。

表 2.6　液压加工精度基准　单位:mm

<table>
<tr><th>场所</th><th>项目</th><th>标准</th><th>允许极限</th><th>备注</th></tr>
<tr><td rowspan="6">液压加工</td><td>折边:</td><td></td><td></td><td rowspan="6">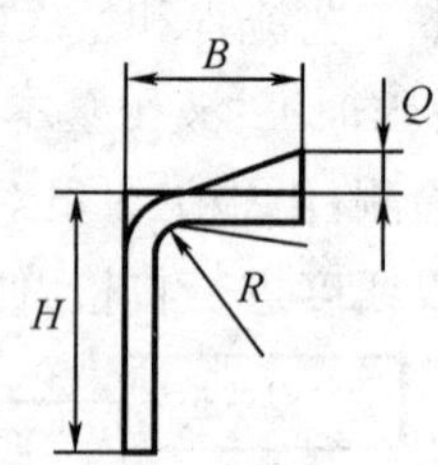</td></tr>
<tr><td>* 折边宽度 B</td><td>±3.0</td><td>±5.0</td></tr>
<tr><td>* 腹板高度 H</td><td>±2.0</td><td>±3.0</td></tr>
<tr><td>* 折边角度 Q</td><td>±2.5°</td><td>±4.5°</td></tr>
<tr><td>* 折边方向直线度</td><td>≤1.0</td><td>≤1.5</td></tr>
<tr><td>* 腹板方向直线度</td><td>≤5</td><td>≤10</td></tr>
</table>

(2)热加工加热和冷却基准技术参数见表2.7。

表 2.7　加热和冷却要求

<table>
<tr><th colspan="3">项目</th><th>标准范围</th><th>允许极限</th><th>备注</th></tr>
<tr><td rowspan="3">表面最高加热温度</td><td rowspan="3">高强度钢 $C_{eq}>0.38\%$</td><td>加热后立即水冷时</td><td>650 ℃以下</td><td>650 ℃</td><td rowspan="3">碳当量计算公式:
$C_{eq}=C+\frac{Mn}{6}+\frac{Cr+Mo+V}{5}+\frac{Ni+Cu}{15}$</td></tr>
<tr><td>加热后空气冷却时</td><td>900 ℃以下</td><td>900 ℃</td></tr>
<tr><td>加热后空气冷却后再水冷时</td><td>900 ℃以下空冷下降到
500 ℃以下水冷</td><td>900 ℃(空冷)
500 ℃(水冷)</td></tr>
</table>

(3)滚压/热加工精度基准技术参数见表2.8。

表 2.8　滚压/热加工精度基准　　单位:mm

项目		标准范围	允许极限	备注
单曲度板	曲面与样板空隙	≤2.5	≤5.0	每挡肋距内
	三角样板检验线的直线度	≤2.5	≤5.0	
双曲度板	拉线与样板上基准线的偏差	±2.0	±3.0	每挡肋距内
	肋位方向与样箱的空隙	≤4.0	≤5.0	
	长度方向与样箱的空隙	≤3.0	≤5.0	

二、型板加工精度检验

(1)液压加工

液压加工由施工人员自检,不做检测记录。

(2)滚压/热加工

①热加工过程检测:要求按照检测表,对所有高强度钢进行热加工时记录加热和冷却相关数据,数据记录在“高强度钢热加工过程记录表”。

②完工检测:型板滚压/热加工直接关系到后续工序生产进度和产品质量,为此必须对每件产品进行检测并记录,精度管理办公室应加强检验力度,根据精度质量状况,确定检验频率和数量,至少要求达到以下最低要求:

a. 施工人员对所有型板进行检测,所在班组长复查;

b. 精度管员每个工作日必须抽检;

c. 所有检测数据记录在“型板滚压/热加工检测记录表”。

(3)成品化管理和余量切割要求

该工序成品化要求做到以下要求,方可流入下道工序:

①零件线型和尺寸在规定加工误差范围之内;

②理料清楚,托盘完整,并明晰标识;

③不易变形的存放和运输;

④材料实物和清单相符;

⑤按流向流入下道工序,零件交接,清单签收。

三、数据反馈和管理

所有记录数据按以下要求进行反馈和管理:

(1)自检记录由施工人员保存一周,于每周一上交精度管理办公室。如检测中发现精度不达标,应随时向区域主管和精度管理员反映,直到问题得到解决。所有记录由精度管理办公室保存至交船。

(2)精度管理办公室抽查数据应与自检记录进行对比,发现问题,分析原因,并对施工人员进行培训,直至其掌握操作技能,并责任得到真正落实为止。

(3)记录和表式。

表2.9为“高强度钢热加工过程记录表”,表2.10和表2.11为“型板滚压/热加工检测记录表”(分单曲度和双曲度)。

表2.9 高强度钢热加工过程记录表

<table>
<tr><th rowspan="2">日期</th><th rowspan="2">船号</th><th rowspan="2">分段</th><th rowspan="2">件号</th><th colspan="2">过程记录</th><th rowspan="2">施工者</th><th rowspan="2">互检者</th></tr>
<tr><th>加热温度</th><th>冷却方式</th></tr>
<tr><td></td><td></td><td></td><td></td><td></td><td></td><td></td><td></td></tr>
<tr><td></td><td></td><td></td><td></td><td></td><td></td><td></td><td></td></tr>
<tr><td></td><td></td><td></td><td></td><td></td><td></td><td></td><td></td></tr>
</table>

注:此表一式一份,所在班组自行保存备查。

表2.10 型板滚压/热加工检测记录表(单曲度)

<table>
<tr><th rowspan="3">日期</th><th rowspan="3">船号</th><th rowspan="3">件号</th><th colspan="8">检测项目</th><th rowspan="3">施工者</th><th rowspan="3">互检者</th></tr>
<tr><th colspan="4">曲面与样板间隙</th><th colspan="4">三角样板检验线直线度</th></tr>
<tr><th>F</th><th>F</th><th>F</th><th>F</th><th>F</th><th>F</th><th>F</th><th>F</th></tr>
<tr><td></td><td></td><td></td><td></td><td></td><td></td><td></td><td></td><td></td><td></td><td></td><td></td><td></td></tr>
<tr><td></td><td></td><td></td><td></td><td></td><td></td><td></td><td></td><td></td><td></td><td></td><td></td><td></td></tr>
<tr><td></td><td></td><td></td><td></td><td></td><td></td><td></td><td></td><td></td><td></td><td></td><td></td><td></td></tr>
<tr><td colspan="11">上述产品经过自检、互检合格,交付给下道工序的产品满足质量要求,没有质量隐患。</td><td>确认者/日期</td><td></td></tr>
</table>

注:此表一式一份,所在班组于每周一上交精度管理办公室。

表2.11 型板滚压/热加工检测记录表(双曲度)

<table>
<tr><th rowspan="3">日期</th><th rowspan="3">船号</th><th rowspan="3">件号</th><th colspan="9">检测项目</th><th rowspan="3">施工者</th><th rowspan="3">互检者</th></tr>
<tr><th colspan="3">拉线与样板上基线的偏差</th><th colspan="3">肋位方向与样箱的间隙</th><th colspan="3">长度方向与样箱的间隙</th></tr>
<tr><th>F</th><th>F</th><th>F</th><th>F</th><th>F</th><th>F</th><th>F</th><th>F</th><th>F</th></tr>
<tr><td></td><td></td><td></td><td></td><td></td><td></td><td></td><td></td><td></td><td></td><td></td><td></td><td></td><td></td></tr>
<tr><td></td><td></td><td></td><td></td><td></td><td></td><td></td><td></td><td></td><td></td><td></td><td></td><td></td><td></td></tr>
<tr><td></td><td></td><td></td><td></td><td></td><td></td><td></td><td></td><td></td><td></td><td></td><td></td><td></td><td></td></tr>
<tr><td colspan="12">上述产品经过自检、互检合格,交付给下道工序的产品满足质量要求,没有质量隐患。</td><td>确认者/日期</td><td></td></tr>
</table>

注:此表一式一份,所在班组于每周一上交精度管理办公室。

(4)实例分析。

如图 2.15 所示,型钢(加工材料)尺寸进行精度控制时,主要控制项目有:长度 A、高度 C、距离 B 以及直线度 D。

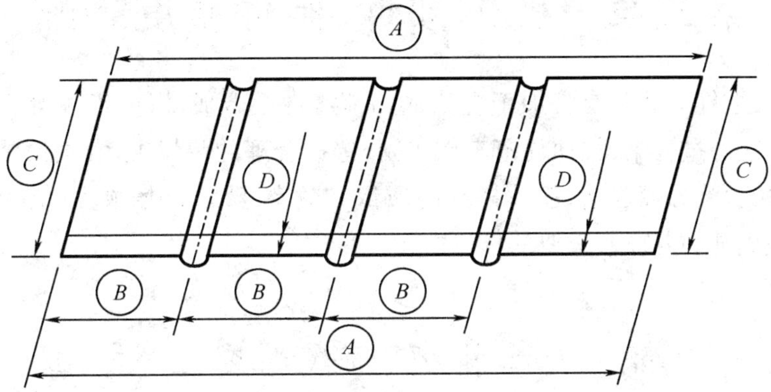

图 2.15　加工型钢尺寸标注

检查项目:

- 长度,高度(A,C):采用一般的尺寸检查要领测量。
- 距离(B):检查方法同上,但基线取两个相邻折角点的中心线,然后以型钢中心线进行测量。
- 直线度(D):采用一般直线度检查方法。

思考题:

1. 简述钢材变形的原因以及钢材的矫正原理。
2. 简述型钢的矫正工艺。
3. 钢材预处理自动流水线的特点是什么?
4. 钢材为什么要进行二次号料?
5. 板材下料的概念是什么?
6. 简述板材下料精度检验方式和检验程序。
7. 板材下料精度检测记录表包含的主要内容有哪些?
8. 型材下料精度控制点有哪些?
9. 曲型材加工样台检测记录表和型材下料检测记录表包含的主要内容有哪些?
10. 简述型板加工的概念。精度控制点有哪些?
11. 高强度钢热加工过程记录表的主要内容有哪些?

第三章　船体部件、组件精度装配

船体部件、组件的装配是将加工合格的船体零件组合成部件、组件等小组立结构的工艺过程。在这一过程中，如何规范工作步骤，选择合理的装焊工艺，确保装配精度和焊接质量，对提高后续分段建造、船体搭载的质量和效率，降低市场成本、缩短建造周期和改善劳动条件等都起着极其重要的作用。

第一节　拼板、画线精度工艺

精度拼板工艺，是指船体平面板架的施工程序实施先单板切割下料后拼板焊接组装的无余量拼板工艺方法。具体地说，精度拼板的工艺流程就是用数控切割机进行锌粉号料的切割，达到一次性单板无余量下料加工，然后再将无余量的单板进行组装成板架。由于精度拼板采用机械化、自动化的先进施工手段代替传统的手工操作方式，所以在高效率、高精度等方面有一定的优越性并具有以下特点。

1. 生产流程的改变

从图 3.1 新旧两种不同拼板工艺流程的比较可以看出，两者的根本区别在于号料和余量切割的时机不同。由于新工艺的号料和余量切割是在拼板之前，拼板是在无余量状态下进行，故其流程更能符合平面流水线的布局。

钢板预处理→单板刨包加工→拼板→FCB 焊→手工画线→切割余量

(a)

钢板预处理→单板数控下料→刨焊接坡口→拼板→FCB 焊→切割端接缝坡口

(b)

图 3.1　新旧拼板工艺流程比较

(a)旧的拼板工艺流程；(b)精度拼板工艺流程

2. 号料方法的改变

精度拼板工艺采用数控切割机锌粉号料的方法取代传统工艺拼板后手工画线和半自动化的方法，这是提高生产效率和施工精度的根本改变。

3. 相关生产设计方式的改变

原先采用的生产设计平面板架图，一张施工图纸上要表达流水线生产所需要的各项内容，包括板材的刨边加工、拼板、焊接、手工下料画线和构架安装等工作所需要的所有工位信息，其图形主要满足传统的生产方式要求和技术条件。而精度拼板工艺的实施，则将原先采用的整块板架的手工画线图,改变为单张钢板的数切零件图,并提供数控切割机的工作指令(数切磁盘),而为拼板工位提供的拼板图,仅仅是拼板本身所需的简单信息。

4. 实施有效的精度控制手段

为避免各道工序产生的误差累积造成最终较大的精度偏差,最有效的方法就是推行精度控制技术,即按工位实施精度检测和按流程的信息跟踪手段,如图 3.2 所示。通过实施阶段性的精度控制和检测,不仅可以使下道工序了解上道工序施工的质量情况,而且可随时纠正偏差。

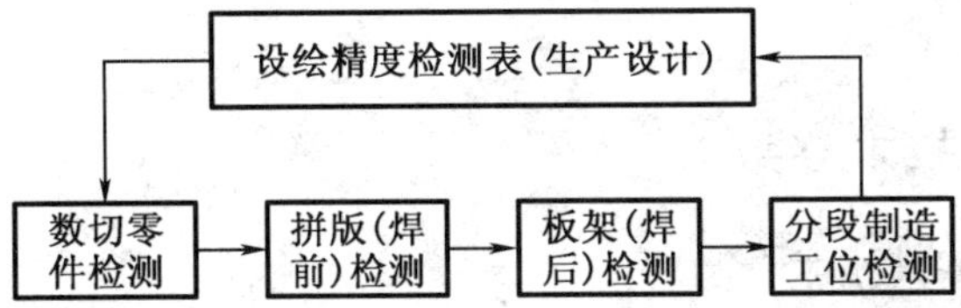

图 3.2　精度拼板精度控制信息跟踪网络示意图

船体建造过程中通过画线工艺来确定不同规格的型材和板材之间位置关系。画线要满足图纸要求,线斑外观尺寸及对角线要满足精度要求,要画距离端面切割边 100 mm 切割检验线,对中心线、切割检验线及肋检线要画到板的反面并且对其作样冲标记,同时确保样冲标记清晰准确,画线完成后要做统一检查并做记录。画线要考虑不同方向的精度补偿量的设定。装焊完成后进行余量画线(要考虑温度的影响)。

拼板画线是指对几件零件板的拼装焊接、画线及切割过程,本章节含部件、组件画线。

一、基本工艺流程和精度控制点

1. 基本工艺流程

基本工艺流程见图 3.3。

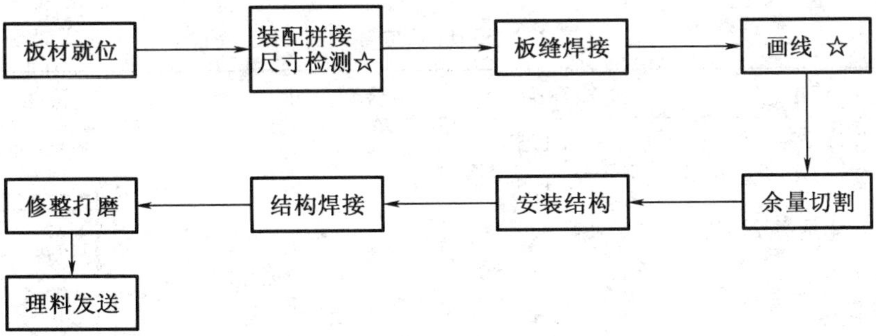

图 3.3　拼板画线的基本工艺流程

2. 精度控制点

(1)装配拼板　板材就位后要求对板件尺寸进行复测合格后方可进行装配拼接,并对对接缝间隙、坡口方向、净料端直线度及整体尺寸进行检测。确认各项数据合格后方可进行焊接作业。如发现超差,应立即停止作业,上报区域主管和精度管理员,在问题得到解决,并经再次检测精度合格后,方可焊接作业。

(2)画线检测　全船实行无余量合龙,画线精度直接影响下道工序产品质量和整体精度造船状况。因此要求画线前对板件外形尺寸进行复查,并仔细研究图纸和相关资料,严格按要求做好结构线、对合线、肋检线、中心线的画线,并做冲印标记,报精度管理员专检合格后方可进入下道工序。

(3)组件画线　为满足下道工序需求,要求所有组件画线近合龙口处必须画出边缘线及检验线。

二、技术文件和技术参数

1. 装配拼板精度基准技术参数

装配拼板精度基准技术参数见表3.1。

表3.1　装配拼板精度基准表

单位:mm

场所	项目	标准	极限标准	备注
拼板	* 长度 L	±2	±5	划线切割后 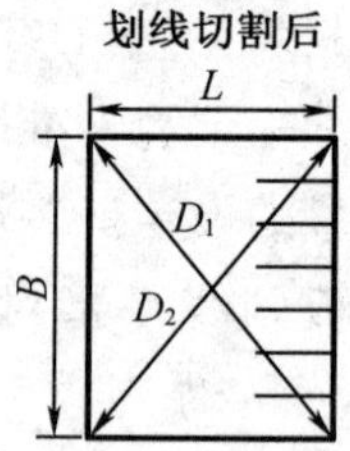
	* 宽度 B	±1.5	±3	
	* 对角线差 $D_1 \sim D_2$	3	<4	
	* 装配间隙	2	2	
	* 对合线	±1	±2	

2. 画线精度基准技术参数

画线精度基准技术参数见表3.2。

表3.2　画线精度基准表

单位:mm

场所	项目	标准	极限标准	备注
拼板	* 长度 L	±1.5	±2.5	画线切割后 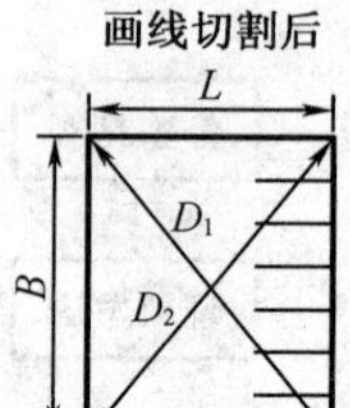
	* 宽度 B	±1.5	±2	
	* 对角线差 $D_1 \sim D_2$	3	<4	
	* 检查线	±1	±1	
	* 中心线	±1	±1	
	* 肋检线	±1	±1	

三、检验方式和检验程序

1. 装配拼板检测

由施工人员自检,检测数据记录在“装配拼板检测记录表”。

2. 画线检测

直接关系到后续工序生产进度和产品质量,为此必须对每件产品进行检测并记录,报精度管理员专检,合格后方可进入下道工序。

四、专用检测工装和工具

专用检测工装和工具为钢差尺。

五、成品化管理和余量切割要求

1. 工序或品化要求

该工序成品化要求做到以下要求,方可流入下道工序:

(1)装配误差在规定误差范围之内;

(2)冲印及要求标记完整;

(3)严格按图施工,余量切割完毕,坡口修正处理完好;

(4)不易变形的存放和运输;

(5)材料实物和清单相符;

(6)按流向流入下道工序,零件交接,清单签收。

2. 记录数据处理

所有记录数据按以下要求进行反馈和管理:

(1)装配拼板检测自检记录由施工人员自行保管备查。如检测中发现精度不达标,应随时向区域主管和精度管理员反映,直到问题得到解决。

(2)画线检测自检记录连同报验单一同提交精度管理办公室进行专检,所有自检记录及报验单原件由精度管理办公室保管。

(3)画线专检数据应与自检记录进行对比,发现问题,分析原因,并对施工人员进行培训,直至其掌握操作技能,并责任得到真正落实为止。

(4)全船拼板完工后,精度管理办公室对单船拼板数据进行记录和统计分析,输出以下数据、图表和说明:

①对全船拼板按板厚进行分类;

②记录典型类型拼板焊前、焊后尺寸及焊接过程中的各项焊接参数;

③按板厚分类统计焊接收缩量平均值;

④工艺改进和工程管理改善的意见等。

以上统计和分析应由精度管理办公室形成书面材料,同时提交船研所、船加部、质管部等部门,作为优化设计和管理的基础,该材料由精度管理办公室归档,原则上永久保存。

六、记录和表式

填写“装配拼板检测记录表”“画线检测记录表”“焊接过程记录表”等（见表3.3、表3.4、表3.5），示例如下：

表3.3 装配拼板检测记录表

单位：mm

日期	船号	分段	件号	检测记录					施工者	互检者
				长 ±5	宽 ±3	对角线差 <4	装配间隙 2	对合线 ±2		

注：此表一式一份，所在班组自行保存备查。

表3.4 画线检测记录表

单位：mm

日期	船号	分段	件号	检测记录						施工者	互检者
				长 ±2.5	宽 ±2	对角线 差<4	检查线 ±1	中心线 ±1	肋检线 ±1		
							确认/日期				

注：此表一式一份，连同报验单一同提交精度管理办公室报专检。

表3.5 焊接过程记录表

<table>
<tr><td>船名船号</td><td></td><td>部件名称</td><td colspan="3"></td></tr>
<tr><td>焊接设备</td><td></td><td>母材/厚度</td><td></td><td>焊接方法</td><td></td></tr>
<tr><td rowspan="2">焊接材料</td><td>牌号</td><td></td><td>规格</td><td colspan="2"></td></tr>
<tr><td>保护气体</td><td></td><td>气体流量</td><td colspan="2"></td></tr>
</table>

草图

焊缝编号	焊接电流	焊接电压	焊接速度	焊缝间隙	坡口形式	坡口角度	焊接层数	焊前尺寸	焊后尺寸
记录人					确认人				

第二节　T型材精度加工工艺

一、T型材的类型

T型梁由腹板和面板组成。船体结构中强肋骨、强横梁、舷侧纵桁、舱壁桁材和单底船的肋板、中内龙骨都是T型部件。T型梁可分为直T型梁和弯T型梁两类:凡是面板平直的为直T型梁,面板弯曲的为弯T型梁。一般都在平台上进行装焊,直T型梁多采用倒装法,弯T型梁则采用侧装法。有些较宽腹板的T型材,腹板上还装有一定数量的角钢或扁铁扶强材。对具有腹板扶强材的T型直梁,待腹板与面板组装妥后,按其扶强材的位置线来安装腹板扶强材。T型材的种类和装配方法见图3.4所示。

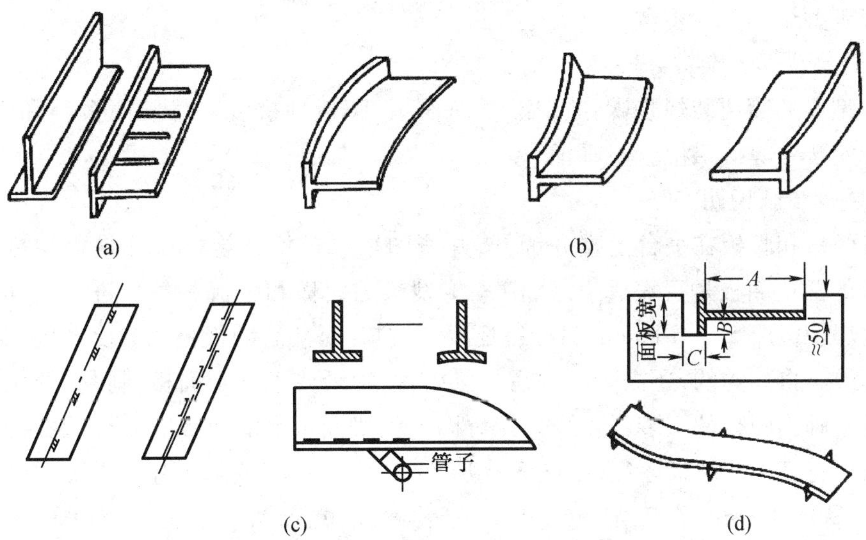

图3.4　T型材的种类和装配方法

(a)直T型材;(b)弯T型材;(c)直T型材装焊;(d)弯T型材装焊

T型材加工是指将腹板、面板、加强肘板等零件装焊成T型部件及焊后校正、打磨、理料、发送等过程。

T型梁的面板在同腹板的焊接过程中的变形是T型梁的缩短和在腹板平面内的挠曲。因此T型梁的长度及端部可在其焊接完成后再经预修整获得,而由纵向收缩变形引起的挠度,则必须在装焊过程中加以控制。

T型材加工的基本工艺流程如图3.5所示。

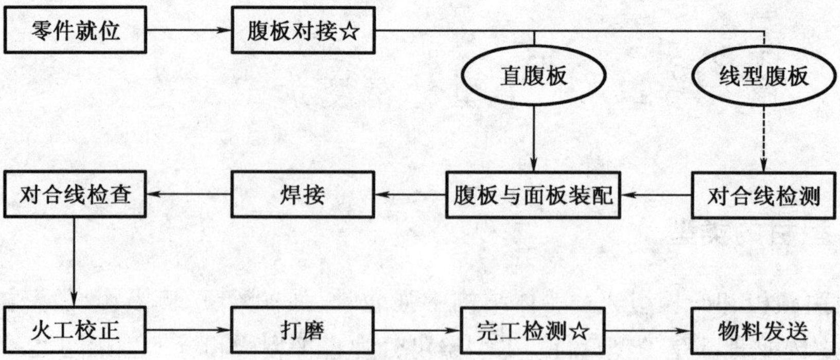

图 3.5　T 型材加工的工艺流程

二、T 型材的装焊方法

1. 直 T 型梁的装配步骤

(1)简要装焊步骤

直 T 型梁的简要装焊步骤:胎架准备→面板、腹板预拼装→吊装面板→在面板上画线→腹板安装→焊接→检验→矫正。

(2)装焊步骤说明

先将面板和腹板在平台上整齐铺开,并按图纸要求检查规格尺寸是否相符,用来装配 T 型材的两块面板是否完成边缘加工。T 型梁的面板和腹板需各自拼接的,应在组装前先予拼焊。板厚大于 6 mm 的对接缝还要开坡口、拼接后的板材如有变形则需矫正,采用自动焊或半自动焊的,还需除净铁锈。然后,按图纸要求确定面板与腹板的相对位置,并在面板上画出腹板的安装位置线。如对称 T 型梁面板上的腹板安装线,距离面板边线为 1/2 面板宽度 1/2 腹板厚度,如图 3.6 所示。一般只需弹(画)出一条线,再标上厚度记号,不对称的 T 型梁,按工作图纸尺寸,弹(画)出位置线,一般也是弹(画)出一条线,并标上厚度记号。

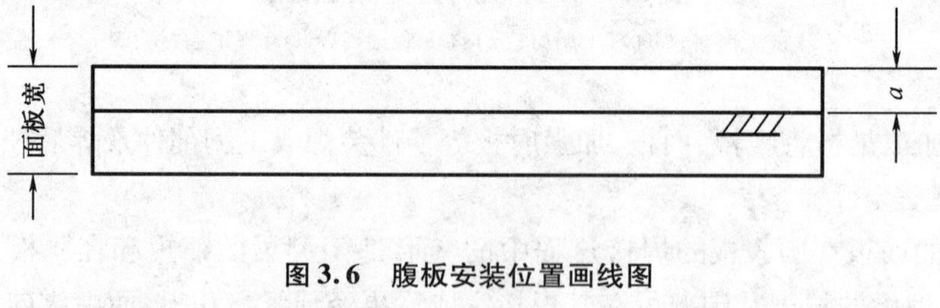

图 3.6　腹板安装位置画线图

直 T 型材一般是采用倒装法来装配的,在倒装过程中,在腹板与面板定位焊一侧,须先加放一定的反变形,使夹角成“开尺”(大于 90°),以抵消定位焊引起的角变形,还可将面板预先轧出反变形角度,以消除焊接角变形,这些反变形数值一般凭经验确定。为了消除装配时可能出现的腹板与面板间的间隙,可在面板下面垫一根钢管,上面垂向对齐安放腹板,这样从一端向另一端边滚动边定位焊。直 T 型材也可以采用侧装法装配,这时只要当面板与腹板间的夹角经测量符合要求即可进行定位焊，并在面极与腹板间焊上临时加强材作为加强，以免焊接、吊运时引起部件的角变形，然后焊接，面板与腹板间的角焊缝一般为双面交错间断焊，采用手工电弧焊完成。特殊情况下，亦有单面或双面连续焊的，如果宽腹板上有扶强材，则须将腹板与面板装焊完后，再焊接扶强材与腹板的连接焊缝。

在船体结构上，T 型梁的面板与腹板端头往往不在一个断面上，而是互相错开的，如图 3.7 所示，因此须标明错位尺寸的标记。在组装时，若是垂直形状的 T 型梁，定位焊后应用铁角尺检查它的垂直度，若是倾角形状的 T 型梁，定位焊后必须用角度样板测定倾角。为了控制焊接变形，在 T 型材装配定位焊后，应加设临时支撑马板，如图 3.8 所示。

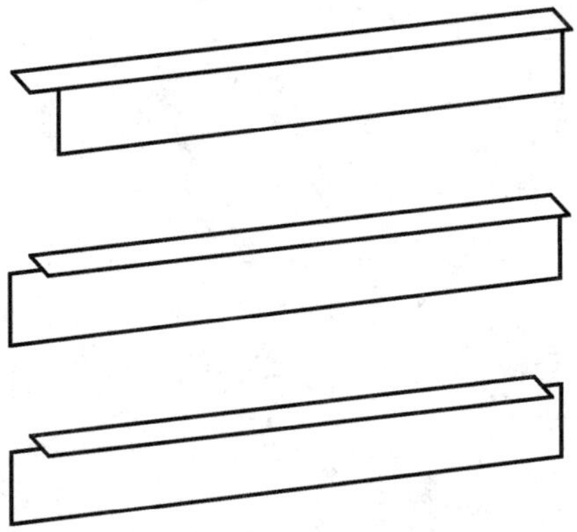

图 3.7　面板与腹板的相对位置

图 3.8　支撑马板示意图

2. 弯曲 T 型梁的装焊步骤

(1)简要装焊步骤

弯曲 T 型材的形式见图 3.4(d)，其简要装焊步骤为：胎架准备(马板)→铺腹板→面板上画线→面板安装→焊接→检验→矫正。

(2)装焊步骤说明

T 型弯梁大多采用侧装法，并需按照 *T* 型部件的形状制作搁架马板，图中 *A* 的尺度一般比腹板宽度小 5 ~6 mm，*B* 的尺度等于面板安装线宽度，*C* 的尺度则比面板厚度大 10 ~15 mm，马板的尺度还应按实际情况，考虑部件拼装后取出方便，并使马板具有足够的刚性。装配时，先将腹板铺在马板上，然后将面板插入，利用铁楔压紧，即可进行定位焊。为了保证部件的正确曲型，便于矫正焊接变形，在腹板号料时应作辅助检验线，并打上标记,这样经过装配焊接后,只要按标记检验其直线度,即可判别部件曲型正确与否。面板与腹板的角焊缝形式与T型直梁相同,焊脚高度视板厚而定。

T型材的焊接应采用分段退焊法,以减少焊接变形,施焊后腹板上相应标记能连成直线时,则说明T型部件的型线正确;否则,应进行矫形。其方法是;一种是火工矫正,根据焊接变形情况,选择正确加热位置、火焰加热形式和大小,如图3.9(a)所示;另外一种是机械矫正如图3.9(b)所示。如腹板上有扶强材的,则应最后焊接扶强材。

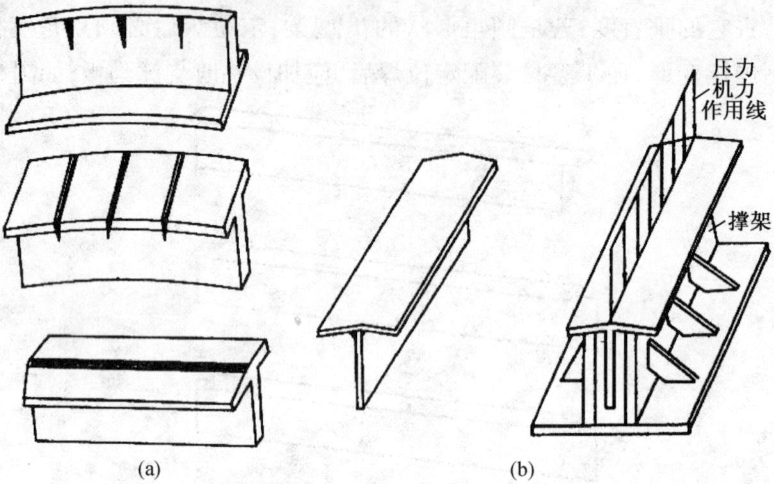

图3.9 T型材变形矫正

(a)火工矫正;(b)机械矫正

3.精度控制点主要体现在以下两点

(1)腹板对接检测:要求对每件对接腹板进行直线度或对合线检测,在确认实际数据在允许误差范围之内后,方可进行装配。由施工人员自检。

(2)完工检测:要求对每件T型材进行焊后直线度、面板倾斜度和曲型对合线检测,检测实际加工后线型,超差部件火工校正,合格后方可进入下道工序。

检验方式和检验程序的具体要求:

(1)施工人员每件必检,所在班组长复查。

(2)精度管理办公室每天抽检,并与施工人员记录数据对比,发现问题,分析原因,并对施工人员进行培训,直至其掌握操作技能,并责任得到真正落实为止。

所有检测数据记录在“T型材完工检测记录表”。专用检测工装和工具主要有:

①对合线和直线度检测工具为粉线;

②长度检测工具为钢卷尺;

③面板倾斜检测工具为直角尺;

④打磨光滑度检测为目测。

三、曲面型板精度加工工艺

外板是整个主船体船壳表面层的封闭曲面板,是由多块形状不一的钢板拼接而成的。船体外板形式比较多，按线型的复杂程度分为平直、单向曲度、双向曲度或严重双向曲度。根据船体曲外板的形状，分为单向曲度外板和双向曲度外板两类。

1. 单向曲度外板

(1)纵向曲度外板是只有纵向曲度而无横向曲度的单向曲度外板。纵向曲度外板的肋骨线为互相平行的直线，即使理论肋距相等，肋骨线的间距也不相等。

(2)横向曲度外板是只有横向曲度而无纵向曲度的单向曲度外板。有横向曲度而无纵向曲度的外板的各肋骨线在肋骨型线图上的投影重合为一根直线。

2. 双向曲度外板

双向曲度外板是不但有横向弯曲而且有纵向弯曲的外板，它在肋骨型线图上有以下四种情况：

(1)各肋骨线在肋骨型线图上的投影近似互相平行的曲线；

(2)各肋骨线在肋骨型线图上的投影近似互相为彼此不平行的曲线，呈扇形；

(3)各肋骨线在肋骨型线图上的投影近似互相为彼此不平行的折线；

(4)各肋骨线在肋骨型线图上的投影弯曲复杂，组成严重双向弯曲的外板。

外板展开就是将这些不规则的曲面外板展开平摊成近似真实的平面形状尺寸，然后经过号料、切割、加工成船体的曲面板，并符合船体型线要求。

根据这两种典型曲外板可知，单向曲度外板都可以按尺寸精确地摊平，称为可展曲外板，而具有双向曲度外板是不能摊平的。为了求得它的真实形状，仍然采用几何作图法近似地将这类外板展开成平面，在号料时用加放余量的方法对展开误差予以补偿，对于严重双向弯曲外板，一般采用定制样箱的方法来解决。

对于不可展的曲外板，按不同程度的曲率，采用不同的展开方法。基准线作法不同，展开的方法也不同，广泛采用的有测地线法和十字线法，此外还有定线法、轴线法等。

各种展开方法的作图步骤虽然不相同，但有四个相同的展开的基本要素：

(1)求作曲面上的准线位置；

(2)求空间曲线的实际长度；

(3)判定和求取基准肋骨冲势及肋骨型线长度；

(4)作展开图。

用测地线展开法求外板端接缝线，是采用以端接缝上、下端点和中法线上的交点画圆弧的方法而确定。当中法线处于板材中间位置时，展开板中间冲势误差较小，板中间向其首、尾过渡时，冲势误差随肋板逐档增大，过大的误差会影响外板间的吻合，对菱形板的影响会更大一些。

船体曲外板的展开是船体建造的一个重要组成部分，展开后平板的形状在成形时需要较小的收缩量。船体外板展开的过程可视为水火弯板成形的逆过程，在展开过程中要计算出成形过程必要的收缩量，以便于水火弯板过程设计。船体曲外板展开过程如下：

(1)确定外板的展开基准线，依照基准线对外板曲面进行网格划分；

(2)用撑线法将各小网格向基准线两边展开；

(3)将展开图形拼接起来,就得到了带有缺口的外板展开图形,这些缺口就是钢板在用水火弯板工艺加工时,所需要收缩的区域(如图 3.10),根据收缩区域可以得到曲外板加工成型的收缩量数据,对曲外板号料工序提供合理的加放补偿量。

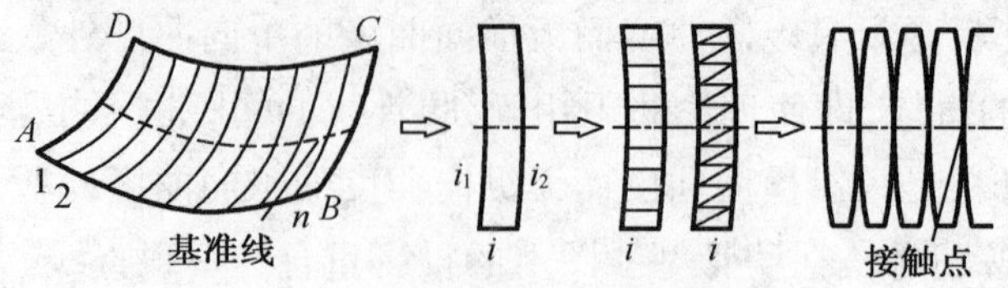

图 3.10 曲面外板的精确展开

船体曲外板号料工艺流程如图 3.11 所示。

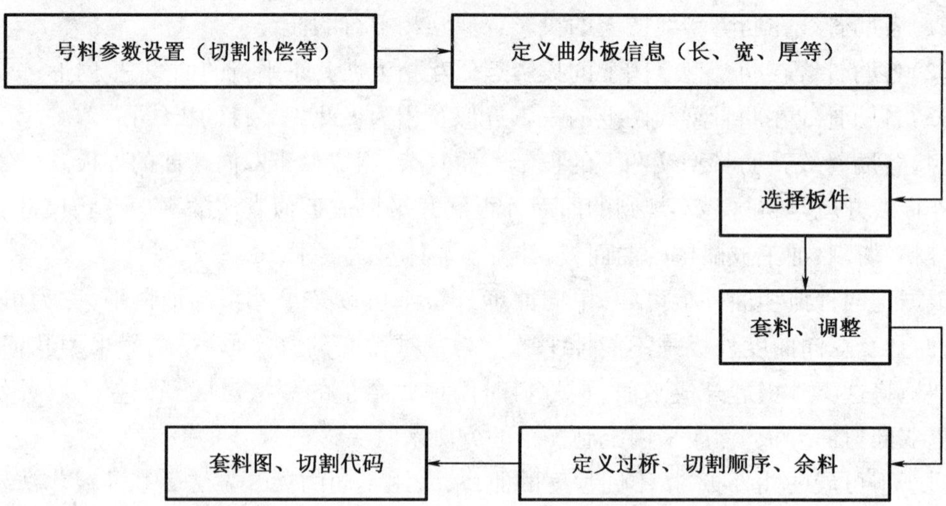

图 3.11 船体曲外板的号料工艺

用切割方法切割船体板件边缘时,要进行切割补偿量的设置,共边缘线的工件,并且需切割号料时,给出号料切割补偿。补偿量大小与板材厚度、割嘴形状有关。另外,对需要检查几何精度的边缘割缝,号料时应同时画一根与边缘平行的检查线。

冷加工板材号料精度控制。根据曲外板的纵横向曲度、扭曲度以及板厚等因素,按辊压、液压的不同加工方式,在外板的不同部位给予不同量的冷加工补偿量,主要考虑辊压板的冷加工和液压板的冷加工补偿量。

热加工板材号料精度控制。需经火工加工的板材,若按正常加工方法展开和号料,经火工加工后尺寸定会收缩而小于放样尺寸。因此,对于火工外板的展开,除按原来尺寸给定补偿量外,还需根据外板的纵横向曲度、扭曲度以及板厚等因素,在不同部位给予不同量的火工补偿量。因此,对于需要火工加工的板材,补偿量不但包括冷加工补偿量,还有火工补偿量。船体曲外板展开及号料中的主要精度控制点及控制要求见表 3.6。

表3.6　曲外板展开及号料中的主要精度控制点及控制要求

精度控制点/内容/项目	精度控制方法及要求
展开基准的选择	端接缝上、下端点和中法线上的交点画圆弧的方法
切割补偿的设置	与切割方法有关
边缘检查线的设置	号料时应同时画一根与边缘平行的检查线
冷加工补偿量的设置	通过控制加工设备来保证加工补偿量，布置合理的加工线
火工补偿量的设置	与板厚、纵横向收缩及扭曲度有关

所有记录数据按以下要求进行反馈和管理：

(1)自检记录由施工人员保存一周，于每周一上交精度管理办公室。如检测中发现精度不达标，应随时向区域主管和精度管理员反映，直到问题得到解决。所有记录由精度管理办公室保存至交船。

(2)精度管理办公室抽查数据应与自检记录进行对比，发现问题，分析原因，并对施工人员进行培训，直至其掌握操作技能，并责任得到真正落实为止。

(3)最后进行记录和表式，主要有以下几种：

“高强度钢热加工过程记录表”，见表3.7；

“型板滚压/热加工检测记录表”(分单曲度和双曲度)，见表3.8、表3.9。

表3.7　高强度钢热加工过程记录表

日期	船号	分段	件号	过程记录		施工者	互检者
				加热温度	冷却方式		

注：此表一式一份，所在班组自行保存备查。

表3.8　型板滚压/热加工检测记录表(单曲度)

日期	船号	件号	检测项目								施工者	互检者
			曲面与样板间隙				三角样板检验线直线度					
			F	*F*	*F*	*F*	*F*	*F*	*F*	*F*		
上述产品经过自检、互检合格，交付给下道工序的产品满足质量要求，没有质量隐患。											确认者/日期	

注：此表一式一份，所在班组于每周一上交精度管理办公室。

表 3.9 型板滚压/热加工检测记录表(双曲度)

<table>
<tr><td rowspan="3">日期</td><td rowspan="3">船号</td><td rowspan="3">件号</td><td colspan="9">检测项目</td><td rowspan="3">施工者</td><td rowspan="3">互检者</td></tr>
<tr><td colspan="3">拉线与样板上基线的偏差</td><td colspan="3">肋位方向与样箱的间隙</td><td colspan="3">长度方向与样箱的间隙</td></tr>
<tr><td>F</td><td>F</td><td>F</td><td>F</td><td>F</td><td>F</td><td>F</td><td>F</td><td>F</td></tr>
<tr><td></td><td></td><td></td><td></td><td></td><td></td><td></td><td></td><td></td><td></td><td></td><td></td><td></td><td></td></tr>
<tr><td></td><td></td><td></td><td></td><td></td><td></td><td></td><td></td><td></td><td></td><td></td><td></td><td></td><td></td></tr>
<tr><td></td><td></td><td></td><td></td><td></td><td></td><td></td><td></td><td></td><td></td><td></td><td></td><td></td><td></td></tr>
<tr><td></td><td></td><td></td><td></td><td></td><td></td><td></td><td></td><td></td><td></td><td></td><td></td><td></td><td></td></tr>
<tr><td></td><td></td><td></td><td></td><td></td><td></td><td></td><td></td><td></td><td></td><td></td><td></td><td></td><td></td></tr>
<tr><td colspan="12">上述产品经过自检、互检合格,交付给下道工序的产品满足质量要求,没有质量隐患。</td><td>确认者/日期</td><td></td></tr>
</table>

注:此表一式一份,所在班组于每周一上交精度管理办公室。

四、肋骨框架精度装焊工艺

在大型船舶的首尾单壳船体上,船中肋板,底边舱、底边舱肘板等结构上具有许多肋骨框架结构,在小型船舶上肋骨框架分布广泛。在船舶生产过程中,预先将各肋骨框架装焊起来再与其他构件相连是提高船舶建造速度和精度的有效途径。

肋骨框架是由横架、肋骨、肋板和肘板等组合成的环形框架。首尾立体分段或小型总段倒装时,用肋骨框架作为内肋架来保证立体分段或总段型线的。散装法正造船体时,也是利用肋骨框架作为内胎架来保证船体型线的。

肋骨框架装配前,应该先在钢板平台上画出左右对称的全宽的肋骨型线图,如图3.12所示。其型值由放样台提供,平台上的型线作为装配焊接时定位和检验的依据。在肋骨框架拼装前还必须熟悉框架的结构形式及数量,如由角钢型材拼装的肋骨框架,由T型材拼装的宽板框架,另外要考虑特殊结构的框架,如反横梁(横梁与肋骨角钢筋相反),左右不对称的和半框架等。框架所需的零件应按肋号整理好,堆放在肋骨线型的附近。并且准备好辅助材料,作为肋骨框架的临时加强用,一般可用角钢,也可用槽钢,具体根据框架的大小而定。框架装配前须检查横梁的拱度和肋骨的弯势是否符合线型,如发现横梁和肋骨不符合线型时,不宜强制成形,需重新加工矫正后再行装配,免得整个框架在解除固定后,发生回弹而出现变形。

1. 普通肋骨框架的装焊

普通肋骨框架的结构简单而数量多,如图 3.13 为典型的普通肋骨框架,其装配方法是:

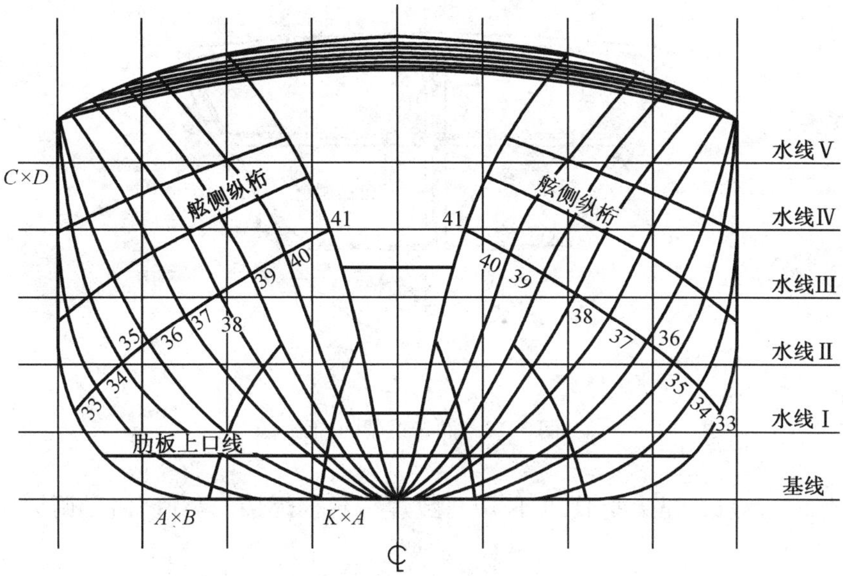

图 3.12　铁平台上肋骨型线图

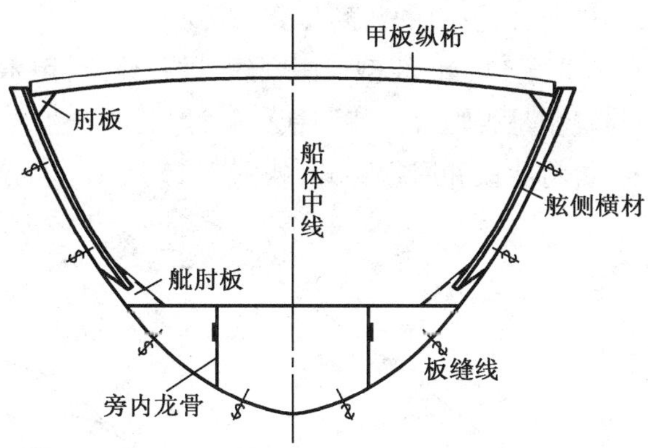

图 3.13　普通肋骨框架装配

(1)肋板定位　将肋板放在肋骨型线上，对准船体中心线，肋板边缘放对型线轮廓线。

(2)肋骨定位　肋骨定位须对准肋骨型线，可以用马板，也可用定位焊进行固定。

(3)横梁定位　横梁按肋号对准中心线，上口放对型线上的梁拱线。

(4)安装肘板　安装横梁肘板和舭肘板，把横梁、肋骨和肋板连成整体。拼装时应注意框架表面的平整、舭肘板与肋骨贴合紧密、整个框架平整无扭曲现象。

(5)框架画线　肋骨型线上的中心线、舷侧桁材、甲板纵桁、旁内龙骨、外板接缝线等记号，应用记号笔画在肋骨框架上。这些标记供分段装配定位和安装构架用。

(6)框架加强　为了保证分段线型的正确，防止肋骨框架变形，须在肋骨框架上进行临时加强，如图 3.14 所示。加强材应避开框架上画好的各种线。

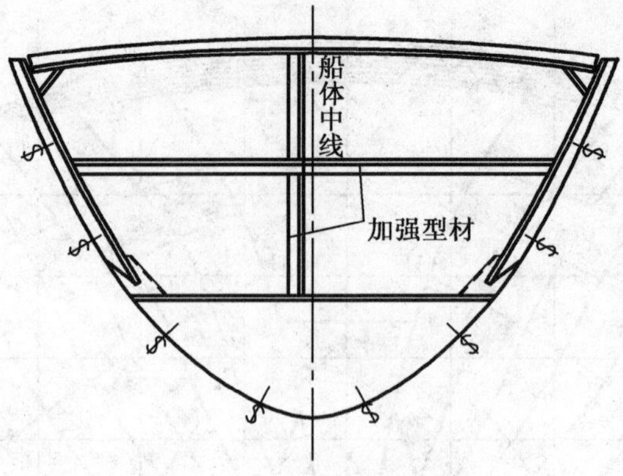

图 3.14 肋骨框架的加强

(7)焊接 为减少焊接变形,可采用双数焊工对称焊接,焊好一面后调运翻身,再对称焊另一面。

2. 强肋骨框架的装配

强肋骨框架的装配与普通肋骨框架不同。强横梁、强肋骨、肋板都是对接的,所以都要经过余量画线切割,再进行合龙,它的装配步骤如下:

(1)将肋板、横梁肘板先放到肋骨线型上画断线,进行修割,用木楔搁平,使腹板呈水平状态,用铁角尺检查与线型是否吻合。待肋板、横梁肘板与线型吻合后,用角尺将两端断线驳画到肋骨线型上,再将肋板和肘板移开,如图 3.15 所示。

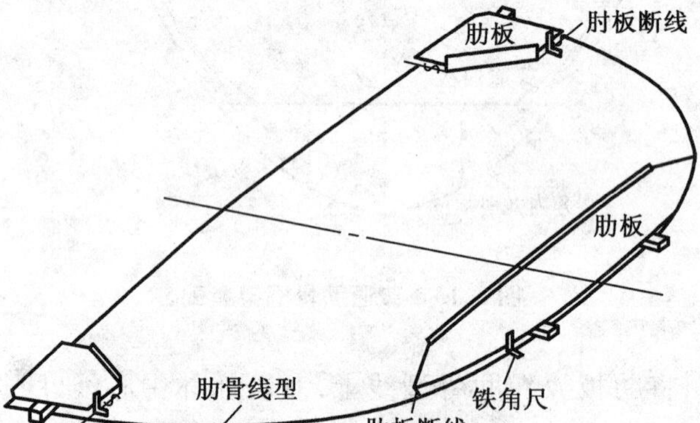

图 3.15 标出肋板、肘板的断线

(2)强横梁与强肋骨的定位画线方法与上述肋板定位相仿,随后在面板两端进行定位焊,再将肘板、肋板的断线驳画到强横梁与强肋骨上,切除余量,如图 3.16 所示。

(3)嵌装肋板与横梁肘板。用角尺复验肋骨框架的外形是否与线型吻合,如有误差,须再进行调整。安装临时加强材后,再用角尺将中心线、构架线驳到框架上,如图 3.17 所示。

各种框架的外形应与线型吻合,允许误差为 ±2 mm。框架拼接时应保持平整,整个框架保持在同一平面,不得有歪斜。

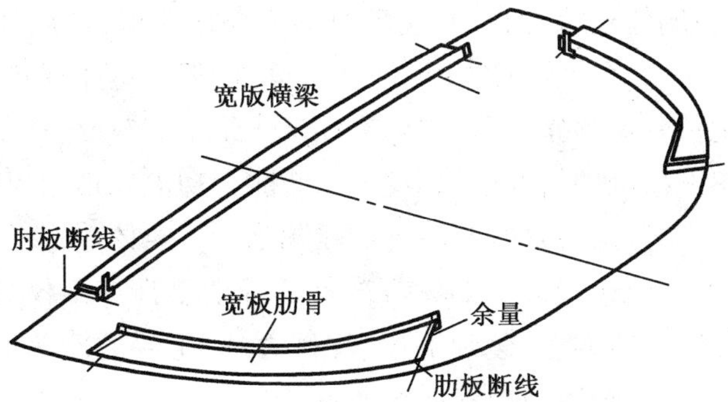

图 3.16　强横梁与肋骨的定位

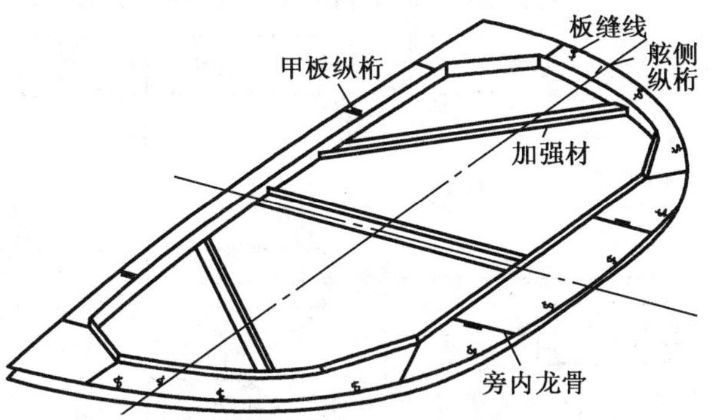

图 3.17　整个框架的拼合

(4)焊接。强肋骨框架的焊接方法同普通肋骨框架。考虑到焊接收缩的问题,装配时应将零件放置在肋骨型线的外缘,使其收缩后仍能符合型线要求。

肋骨框架拼装时应保持平整,不应有歪斜,肋骨框架装焊后,在吊运翻身时产生的变形,则需进行矫正,并再次按肋骨型线进行复检,合格后才能吊离。

五、部组件精度控制点

组件、部件精度控制点主要体现在加工上。加工余量包括切割余量、热加工余量、板材冷加工余量、型材冷加工余量,因加工方式和使用设备的不同而产生不同的加工余量。

(1)目前船体零件切割补偿量一般由生产切割车间统计确定,由切割工按照反馈控制原理现场加放,通过每个零件尺寸抽查反馈和割嘴类型,微调补偿量值。

(2)对于双曲率板的火工加工,应根据生产经验给出改进后的余量值。

(3)冷加工余量一般根据加工设备的要求决定,对于加工直边足够的卷曲板材可以不放量,板材折边加工不留余量。

(4)型材冷加工余量应根据型材加工设备要求和型材加工半径的大小选取加工余量。

全面采用精度控制技术是实现现代化造船的“里程碑”。如果从船体零件下料开始,以“补偿量”取代“余量”,将简化造船生产的工艺流程,节约大量的工耗、物耗,加快造船速度。据调查显示:在船体建造过程中,装配时的主要作业仅占总装配工时的1/6,而用于调整作业的工时占1/2,作业后的清理占1/3。因此,船厂应用船体建造精度控制方法的目标是最大限度地消除调整作业量,减少清理工作量,以节约生产工时,并节省材料和能源。从船体建造精度控制的技术层面上看,如何能合理准确地给出船体零部件的补偿量,是船体建造精度控制方法需要研究的重要课题之一。船体建造过程是一个及其复杂的过程,引起船体变形的因素很多。船体零部件的补偿量计算不仅与船形差异,结构形式、分段划分方式、分段建造方法、装焊顺序、焊接方法、工件的冷热加工属性等有关,而且还受到船厂生产条件、组织体制和管理水平的影响。

部件加工是指两个或两个以上零件装焊过程。组件加工是将零件与部件或部件与部件的装焊过程。其基本工艺流程和精度控制点如下(见图3.18):

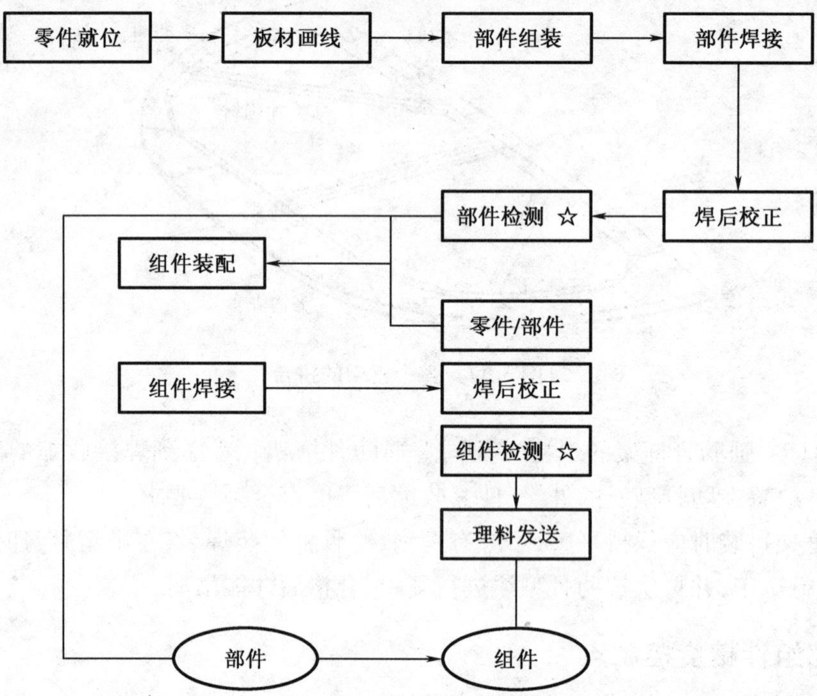

图3.18 部件加工工艺流程

1.精度控制点

(1)部件检测 要求对零件安装对位状况、肘板倾斜、安装尺寸、焊后平整度等严格控制。确认实际数据在允许误差范围之内后,方可焊接。如发现超差,应立即修正,并经再次检测精度合格后,方可继续施工,填写“部、组件检测记录表”。

(2)组件检测 对组件安装尺寸和焊后精度进行检测包括肋距、对位、端头节点、焊后校正、垂直度和加排等工序,并填写“部/组件检测记录表”,精度检测判定是否为合格品依据见表3.10。

表 3.10　部/组件精度检查基准表

场所	项目	标准	允许标准	备注
部件组件加工	板 * 长度　L * 宽度　B * 对角线差 $D_1 \sim D_2$	 ±1.5 mm ±1.5 mm 3 mm	 ±2.5 mm ±2 mm <4 mm	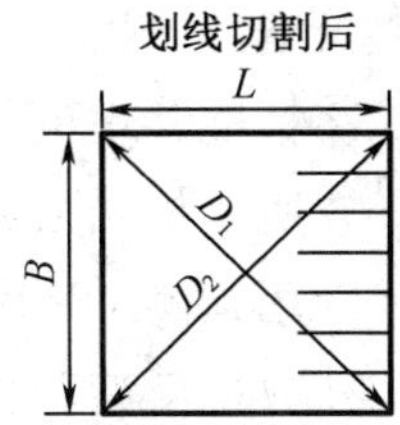
	纵肋骨 * 局部平整度　B * 纵骨端对正 * 纵骨倾斜 * 纵肋骨间距	4 mm -2 ~ 0 mm 2 mm/200 5 mm/600 ±2 mm	 5 mm -3 ~ 0 mm ±3 mm	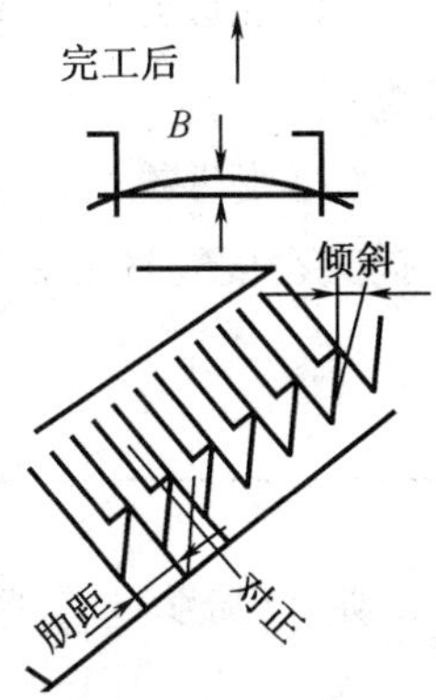
	肋板 * 肋板端对正 * 肋板倾斜 * 肋距	-2 ~ 0 mm 3 mm/m ±1.5 mm	-3 ~ 0 mm 4 mm/m ±3 mm	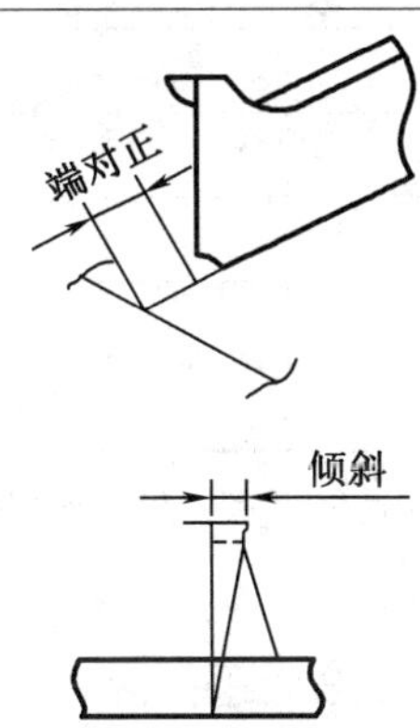
	大弯曲校正	5 mm	8 mm	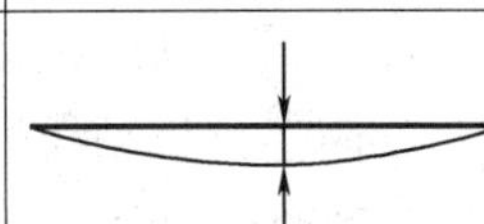
	加排状况	视具体情况，对易变形结构进行加排，加排位置距边缘 200 ~ 300 mm		

2. 检验方式和检验程序

(1)部件检测　以施工人员自检为主，检测数据记录在“部组件检测记录表”。精度管理员抽检。

(2)组件检测　直接关系到后续工序生产进度和产品质量，为此必须对每件产品进行检测并记录，报精度管理员抽检，精度管理办公室应加强抽检力度，根据精度质量状

况,确定检验频率和数量,至少要求达到以下最低要求:

①施工人员对所有组件和部分部件进行检测并记录,所在班组长复查后提交精度管理办公室。

②精度管理员每天抽检。

③所有检测数据记录在“部/组件检测记录表”。

专用检测工装和工具为钢卷尺、直角尺、线锤和粉线。

3. 数据反馈和管理

(1)部件检测　施工人员自检、互检记录在“部/组件检测记录表”(见表3.11),自存备查;

(2)组件检测　由施工人员自检、互检,检测数据记录在“部/组件检测记录表”,每周一提交精度管理办公室。所有记录保存至交船。

表3.11　部/组件检测记录表

日期	船号	分段	件号	检测项目				施工者	互检者
				尺寸 ±2.0	垂直度 ±2	结构对位 ±2	平整度 ±4		
						*			
						确认/日期			

注:此表一式一份,于每周一交精度管理办公室。

思考题:

1. 什么是精度拼板工艺,有何优点?
2. 简述拼板画线的基本工艺流程和精度控制点。
3. T型梁的分类以及各类T型梁的特点是什么?
4. 简述直T型梁的装焊步骤以及特点和注意事项。
5. 简述弯曲T型梁的装焊步骤以及特点和注意事项。
6. T型材的精度控制点主要体现哪些方面?
7. 船体曲外板号料工艺流程是什么?
8. 船体曲外板展开及号料中的主要精度控制点及控制要求是什么?
9. 简述普通肋骨框架的装配方法及注意事项。
10. 简述强肋骨框架的装配方法及注意事项。
11. 部组件加工的定义,精度控制点是哪些?

第四章　分段精度建造工艺

船体分段建造是船舶建造的关键环节，所谓的分段精度建造工艺，就是以分段建造精度标准为基本原则，通过科学的管理方法和先进的工艺技术手段，对分段全过程的尺寸分析与控制，以达到最大限度减少现场修整工作量，提高工作效率，降低建造成本，保证产品质量的分段建造方法和过程。在分段精度建造过程中，通过应用现代化测量技术和信息技术，采集分段三维数据，进行数据采集和比照分析，确保分段建造精度和质量。船体分段精度建造工艺的应用，不仅有利于修正船体加工、部件装配等前道工序中出现的精度偏差，同时也解决了总装搭载前容易出现的建造问题，提高了总装搭载的效率，并大幅度降低船台（船坞）使用周期。

第一节　识读分段划分图

一、船体的分段划分

船体分段划分受到船体本身结构特点和船厂生产条件等许多因素的影响，是一项复杂、细致的工作。在长期生产实践中，总结出划分船体分段的一些原则。

1. 分段质量的选择

分段的质量和尺寸划分得越大，分段的数量就越少，这就使船台装配工作量减少到最小的程度，从而使外场和高空作业量下降，达到提高工效和改善劳动条件的目的。但是，由于船厂起重运输能力（包括船台起重能力、装焊车间起重能力、从车间将分段运往船台的运输方式及其负载能力、分段翻身条件和能力等）的限制，使分段不能按要求划分得那样大。否则制造好的分段就会吊不动、运不走。因此，船厂起重运输能力便成了决定分段划分的主要因素。船体分段的划分，应以分段质量（包括分段上安装的舾装件以及临时加强材的质量在内）不超过船厂起重运输设备的最大允许负荷为原则。

但是，单从船厂起重运输能力划分船体分段并不总是合理的，因为船上各部分结构强弱不同，其单位面积质量差别很大，如果都以船厂起重运输设备的最大允许负荷来选择分段质量，则有时会造成某些分段尺寸过大，影响施工工艺的合理性和工序间负荷的平衡，影响分段结构的刚性或引起起重机的工作幅度不足等。例如，甲板分段一般都以结构刚性为主要影响因素，而起重能力则为次要因素。

2. 生产劳动负荷的均衡性

分段的划分和生产管理方面的关系，主要是使所划分的分段保持各个建造阶段劳动负荷的均衡性，要特别注意分段数量和位置要与船台装焊顺序和进度计划相符合。例如，一般都是选择机舱或邻近机舱的底部分段为定位分段，因此，应以定位分段为界，使其尾部分段数量比首部少，使尾部船体的船台装配焊接工作提前结束，便于提前安装电气设备、轮机设备等，使首、尾部船台工作量达到均衡。在采用岛式建造法时，分段划分的位置，应保证上层建筑或桥楼不至跨越两个岛和落在嵌补分段位置上，便于提前吊装上层建筑分段和开展舱室舾装工作。

3. 船体结构强度的合理性

分段划分的结构强度的合理性，乃是船体结构特点对分段大接头提出的强度要求。其实质是在船舶运行时，焊接接头能否具有与基本金属相同的各种工作性能。否则，就得根据焊接接头的特点对分段大接缝的布置做出一些限制，以保证船舶的航行安全。

在容易产生应力集中的区域，例如，舱口角隅处、机座纵桁末端、上层建筑端部、双层底向单底结构过渡部分等处，因其应力比其他区域大得多，对焊接接头中存在的残余应力和热影响区特别敏感，因此，分段大接缝必须避开这些应力集中区域。

4. 施工工艺的合理性

分段划分应创造良好的施工条件，以达到便于施工、减轻劳动强度和降低生产成本的目的。关于分段划分的施工工艺合理性要求，主要有以下几个方面：

(1)扩大分段装配焊接的机械化、自动化范围。它是改善劳动条件，提高装配焊接生产效率的主要手段。因此，在分段制造中，装配工作的自动化程度，自动焊使用范围的大小，是分段划分完善程度的标志之一。

目前，平面分段机械化生产线已在许多船厂中逐步建立和完善，在分段划分时，应尽量增加平面分段的数量，这对提高分段装焊机械化程度具有很大的作用。因此，只要船体结构上允许，应尽量将船体的平直部分和曲形部分划开，而且应使平面分段的尺寸不超过平面分段机械化生产线所允许的最大尺寸。其次，即使承造厂没有平面分段机械化生产线，也应尽量扩大平面分段的数量，以便得到良好的施工条件和扩大自动焊使用范围。

(2)分段大接缝布置的合理性。分段大接缝是指船壳外板接缝与内部纵骨架在相对位置上的一致性。分段大接缝布置的合理，不仅保证了船体结构的强度和连续性，而且可以简化船台装配工作和获得良好的施工条件。

(3)分段接头形式的合理性。根据分段大接缝处的结构特点和船台装配要求，必须采用不同的接头形式，以简化船台装配工作。常用的接头形式有平断面接头和阶梯形接头两种。平断面接头处的板和骨架都在同一个剖面内切断；阶梯形接头处的板和骨架是互相错开的，其错开距离不宜过长，横向大接缝的整个阶梯形接头布置在一档肋骨间距内，否则，就会恶化船台装配的施工工艺性。

(4)分段划分时应充分利用钢材。分段划分时必须掌握所用钢材的规格，如果使用的钢板规格和外板展开图上规定的钢板规格一致，分段纵向大接缝应尽量选用外板展开图上所画列板的纵接缝。若钢板规格不同时，应首先对外板展开图重新排版，然后选用其新的列板纵接缝。分段的长度应等于外板展开长度或外板展开长度的倍数并留有余量。余量多少应视船型及该分段在船体中的中部位来决定。平行中体部分,因分段长度等于实长,只要留有按规定加放的余量值即可。

(5)扩大预舾装。在船体建造的同时,进行安装分段或总段内管子、电缆、各种设备等舾装件,这种与船体建造工程同时并进的工艺施工方法,通常称为预舾装。船舶舾装件的施工特点是数量多而分散,生产管理难度高,而传统的舾装件上船台进行安装的作业方法延长了船舶的交货期,因此现代造船高效率化的研究已由船壳转向舾装。现代造船中分段划分的原则,不仅需考虑船壳施工工艺的合理性,而且要研究舾装作业的合理性,扩大分段和总段的预舾装,见附图 65K 散货船分段划分图。

二、船体分段划分图的识读

1. 认识分段划分图

船体分段划分图是表示全船分段划分情况的图样。当船舶的设计进行到一定阶段,整个船舶的基本结构图已经完成,船台装配方式已经确定之后,就需着手研究船体分段的划分。船体分段划分是否合理,关系到能否有效地利用工厂的设备能力,提高劳动生产率,改善劳动条件,提高建造质量和降低成本。分段划分是一项复杂而细致的工作,需要经过反复分析研究,才能得到合理的分段划分方案,从而绘制出分段划分图。

在生产实践中,我们常常利用分段划分图来表示全船分段的数量、各分段的分段接缝位置和分段的理论质量以及船台装配余量的数量和加放部位。某些分段划分图还可以表示各分段在船台上的定位吊装顺序,船体分段划分图还是其他结构图样绘制分段接缝位置的依据,也是船台装配时分段吊装、定位以及起重、运输配备设备的依据。分段划分图主要由标题栏、一组视图、船体分段明细栏和主尺度等组成。

2. 识读分段划分图

识读分段划分图主要了解船体分段划分情况、分段位置、分段的数量及分段的质量和大小。

(1)了解船体的分段划分概况

根据明细栏,结合侧面图、甲板图、舱底图和分段号可知,本船尾部及机舱区域有 17 个分段、中部货舱区域有 84 个分段、艏部区域有 6 个分段、上建及甲板室有 12 个分段,另外还有 5 个舱口围分段、4 个克令吊底座分段、1 个挂舵臂和 1 个舵叶,共计 130 个分段。这样可对整个船体的分段划分情况有个概括的了解。

(2)具体了解各分段的位置

根据各个视图,再结合分段号逐段了解各分段的具体位置,分段的位置由分段的接缝线位置来决定。识读时,可从艉向艏,自下向上逐段进行。如图中货舱双层底 302C 分段,可在双层底视图中找到。船长方向是自 52 号肋位向艉 200 mm,至 66 号肋位向艏 200 mm,记为 FR52 - 200 ~ FR66 + 200(距相近肋位向艏为“ + ”向艉为“ - ”);船宽方向对称跨中,分段半宽为 3 800 mm;高度方向自船底基线至内底板。又如货舱顶边舱 504P

分段,可在侧视图和上甲板视图中找到。船长方向是自85号肋位向艉200 mm,至104号肋位向艏200 mm,记为FR85 - 200 ~ FR104 + 200;船宽方向位于船体左舷,距舯9 320 mm至弦侧;高度方向自距船底基线7 780 mm至主甲板。通过这样的逐段识读,就能搞清全船分段的具体位置和关系。

(3)了解各分段的质量和外形尺寸

由于分段质量和外形尺寸与起重运输设备及工艺装备的选用有直接关系,因此需查阅明细栏了解各分段的质量和外形尺寸。并应知道全船分段中哪个分段最重,哪个分段外形尺寸最大。如图中明细栏所列,结合各个视图,可知最重的为507S分段,重为144.08 t,外形最大尺寸为15 900 mm×11 120 mm×6 810 mm。了解分段的质量和外形尺寸就可配置适当的起重运输设备及工艺装备等。

第二节 船体分段精度装焊工艺

一、船舶焊接方法

1.焊接工艺规程

焊接工艺规程是指导焊工按法规要求焊制产品焊缝的工艺文件。一份完整的焊接工艺规程应列出为完成符合质量要求的焊缝所必需焊接工艺条件、工艺参数、工艺措施。其中包括:

(1)焊接方法的确定;
(2)焊接材料;
(3)坡口形式与加工;
(4)构件的定位焊;
(5)预热;
(6)拼缝状态检查;
(7)焊接工艺参数的确定;
(8)焊接方向和焊接顺序;
(9)引弧和收弧;
(10)清根工作;
(11)衬垫焊;
(12)部分焊透的焊接;
(13)焊层间的叠缝要求;
(14)层间温度和焊后热处理;
(15)天气气温及其他;
(16)超差的处理;
(17)焊接接头的外形尺寸及控制等内容。

2. 船舶焊接的特点

船舶是一座水上浮动结构物，而作为其主体的船体则由一系列板架相互连接又相互支持构成的。船体结构焊接与其他焊接金属结构相比具有以下特点：

(1)零部件数量多，1 艘万吨级货船船体的零部件数量在 20 000 个以上。

(2)结构复杂、刚性大、整体性强，船体中各种纵横构件相互交叉又相互连接，艏艉部分还有曲线型构件。这些构件用焊接方法连成一个整体，使整个船体成为一个刚性的焊接结构物。一旦某一焊缝或结构件衍生小裂纹，就会扩展到相邻构件，造成部分结构乃至整个船体发生破坏。因此，在设计时要尽量避免结构不连续和应力集中等因素。在制造时要正确装配，保证焊接质量，并注意零件自由边的质量，构件端头和开孔处应实施包角焊等。

(3)钢材加工量和焊接工作量大，焊接工时一般占船体建造工时的 30% ~40%。因此，设计时要考虑结构的工艺性，要考虑到采用高效焊接的可能性，并尽量减少焊缝的数量。

(4)使用的金属材料品种多，如船用碳钢、高强钢、奥氏体不锈钢、双相不锈钢、低合金高强钢、铝合金等。

3. 船体结构的焊接顺序

焊接顺序在船体结构的焊接中是十分重要的工艺内容，是保证焊接质量，减少焊接残余变形和焊接残余应力的主要措施之一。如果考虑不周，会造成结构中局部应力集中或应力过大，导致船体结构和焊缝脆性断裂，同时也易使船体结构产生较大的变形，增加了其矫正的工作量。焊接顺序的原则有以下几点：

(1)保证钢板和焊接接缝一端有自由收缩的可能性。

(2)先焊接对其他焊缝不起刚性拘束的焊缝。

(3)在构架和板接缝相交的情况下，既有对接缝也有角接缝。此时应先焊接对接缝，然后再焊角焊缝。

(4)当分段、总段焊接时，尽可能由双数焊工从分段中部逐渐向左右、前后对称地施焊，以保证结构件均匀地收缩。

(5)处在大接头同一断面的各种构件，应先焊大接头的对接焊缝，再焊其他构件的对接焊缝，后焊其他构件的角焊缝，以利于大接头产生残余压应力(至少可以减少大接头的残余拉应力)。

(6)靠近大接头的肋骨和隔舱壁的角接缝，一般应在大接头施焊后再进行施焊。

二、某造船厂 65000DWT 散货船焊接工艺(节选)

1. 焊前准备

(1)构件的坡口加工，装配顺序，定位尺度及装配间隙要符合工艺和图纸要求，避免强制装配而增加构件的内应力。

(2)焊缝坡口区域的铁氧化皮、水、油漆等杂物必须清除，并保持清洁和干燥。

(3)焊接设备应处于完好的工作状态，设备上使用的各种仪表应完好无损，并在规定的检查期内，刻度需准确。

(4)焊机地线与工件应有完好的联结，不允许随意搭接，焊机输出端线联结应可靠无松动。气体保护焊机的气路不应有泄漏和堵塞现象，流量计也应准确可靠。

(5)所有焊钳、电缆应完好无裸露，不在使用状态的电焊钳不允许夹有焊条，以防短路和产生电弧伤及母材。

(6)所有无余量焊缝的端部，应装好引弧板和熄弧板。手工焊的引弧板和熄弧板的尺寸为 50 mm×50 mm，自动焊的尺寸为 100 mm×100 mm，引弧板和熄弧板的材质、板厚应与母材一致。船检对此有严格要求。

(7)露天作业严禁在雨、霜、雪气候条件下施焊，否则应有良好的防范措施，特别是二氧化碳焊，必须有防风措施。

(8)船体各部位焊接的焊工必须持有相应级别的焊工合格证。

(9)必须在焊前调整好焊接电流，严禁在船体构件、板材上调试电流。

(10)焊接前碱性焊条(J507 系列)需用烘焙箱烘焙，350 ℃烘焙 1 h 后降温至 100 ℃保存，要做到随用随取。

2. 焊接材料的选用

(1)焊接材料和辅助材料必须与使用部位相一致。本船在舾装件和管系部分采用的不锈钢材料，应严格按照不锈钢材料的焊接和焊接材料的选用，并严格按照不锈钢材料的焊接工艺要求进行焊接。

(2)焊接材料的等级和焊接材料的选用见表 4.1。

表 4.1 焊接材料等级及选用参考表

焊材级别	船体结构钢板	焊材牌号
1 级	用于 A 级钢和 B 级钢的焊接	CJ422，CJ421Fe
2 级	用于 A，B 级钢与 E 级钢组合件之间的焊接	CJ506，CJ507
3 级	用于 E 级钢的焊接	H08A 配药剂 HJ431

(3)所选用焊接材料均须有 BV 产品证书。

3. 焊接工艺

(1)所有焊缝均须进行外观检查，焊缝表面成型均匀，并平缓地过渡到母材，焊缝表面不应有裂纹、未焊透、未填满、焊瘤和咬边等缺陷。

(2)对较长的焊缝应从焊缝中间向两端施焊，或采用分段退焊法，以减小结构局部的内应力和焊接变形。

(3)对于定位焊，在保证结构有足够的稳性的情况下，数量应量少，其焊材及质量要求与焊缝质量相同，有缺陷的定位焊应在施焊前清除干净，必要时用绑码或临时支撑固定。

(4)在进行多道焊接时，应在下道焊缝焊接之前，必须将焊渣清除干净。焊缝末端收口处应填满弧坑，以防产生弧坑裂纹。

(5)对要求全焊透的焊缝，在焊接第二面焊缝前必须清根，并有适当的坡口以便封底焊。

(6)在去除临时焊缝，如定位焊、焊缝缺陷等，在清根时均不应伤及母材。

(7)对接焊缝,其两块对接板板厚相差 4 mm 以上,厚板应加工成坡度为 1:3 的斜坡形。

(8)构件的连续角焊缝与板缝相交时,应将板缝增高量磨平,但不允许低于母材。

(9)当角焊缝与构件相交时,在构件上开过焊孔,当角焊缝与水密构件相交时,在构件上开切角,焊缝通过后用电焊填满。构件穿越水密舱壁时,在构件上距水密边界不小于 100 mm 处开半圆式止漏孔。要保证半圆孔处有良好的包角焊,孔与水密边界之间焊角尺寸加大 10%。

(10)构件距分段合龙接头 300 ~ 500 mm 处,暂不施焊,以便大合龙时调顺,对艏艉线型变化较大的板缝留 300 ~ 500 mm 暂不焊,合龙调顺后加绑码固定再施焊。

(11)推广二氧化碳气体保护焊,平直的板缝采用埋弧自动焊,充分发挥高效焊接的优点。

(12)进行二氧化碳气体保护焊时要按气体流量调整,防止气路泄漏,在室外作业,要注意风速的干扰,如风速超过蒲氏三级,要有挡风措施。

(13)二氧化碳保护焊应由熟练的焊工施焊,还应掌握焊接规范,现提供焊接规范表(表 4.2)做施工参照。

表 4.2　焊接规范表

焊缝位置	焊丝直径/mm	电流/A	电压/V	速度/(cm/min)	气流量/(L/min)
平焊	ϕ 1.2	180 ~ 230	28 ~ 31	8 ~ 12	18 ~ 20
立焊	ϕ 1.2	120 ~ 150	24 ~ 26	6 ~ 8	18 ~ 20
横焊	ϕ 1.2	150 ~ 200	26 ~ 28	13 ~ 15	18 ~ 20

(14)进行陶瓷衬垫二氧化碳气体保护焊时不允许在焊缝上搭焊,板缝上的两块板是靠绑码加以固定,绑码尺寸以 200 ~ 300 mm 为宜。

(15)CO_2 陶瓷衬垫焊,15° ~ 20°坡口不留钝边,间隙 8 ± 2 mm,骑码应设在内口,并具有一定的强度,对线型曲率大的地方骑口码应割成相符线型。为避免焊缝出现勾头现象。

(16)采用埋弧自动焊时,焊机宜采用直流反接法。

(17)由于科进船业公司船厂下水船台有 2.862°的倾斜,为保证埋弧自动焊的外观质量,埋弧自动焊的焊接方向应由低向高烧焊。

(18)为了确保油舱的特涂,货油舱区域的内底板、边舱内侧板和甲板的板缝都应烧埋弧自动焊(平直部分)。并需保证焊缝的良好成形,以减少补焊打磨等焊后工作量。

(19)本船分段焊接时应从中间向四周对称辐射焊接,尽量采用双数焊工对称施焊。

(20)焊接顺序是先立焊后平角焊。特别注意纵骨与肋板的包角焊应圆滑过渡,所有包角焊应一次焊接完成。

(21)焊接时施焊电流应适中,避免大电流施焊(不允许用直径 5 mm 的焊条)。

(22)电焊接缝的表面应保持清洁、干燥、无氧化物,无油脂和杂物。以保持焊缝质量。在进行多道焊时,每道熔敷金属和周围在下道焊之前应予彻底清洁、去除熔渣。

(23)板缝在焊缝背面进行手工焊、封底焊之前应刨根出白，船体构件的对接焊缝均应保持焊透。

(24)船体的角接焊缝(艉楼除外)均采用双面连续焊，在各种构件的切口、切角和开孔的端部应采用连续包角焊。

(25)无论手工焊、埋弧自动焊还是 CO_2 气体保护焊都必须严格按照《焊接规格表》和《焊接原则工艺》执行。

(26)本船的分段合龙吊码应采用 CO_2 气体保护焊或碱性低氢焊条施焊，吊码材质的选用应与船体材质相匹配。吊码 1 000 mm 区域内的船体结构焊接需加强，其焊角高度在原规定基础上增加 2 mm。

三、船体分段装焊工艺

1. 构架装配方法

分段建造一般采用胎架，有的正造，有的反造，有的侧造。对于一些结构较强、钢板较厚的平直分段，也可以不用胎架，放在平台上建造。分段的装配程序一般是先铺板，然后画线，再安装构架。根据安装构架的先后顺序可以分为下列几种装配方法：

(1)放射法。先装纵骨，再装中间肋板和间断桁材，并交叉进行，最后吊装中桁材。一般适用于大型船分段、双层底比较高的混合骨架结构分段，如图 4.1(a)所示。

(2)插入法。先装间断桁材，再插装肋板，最后吊装中桁材。一般适用于中型船横向骨架结构分段，如图 4.1(b)所示。

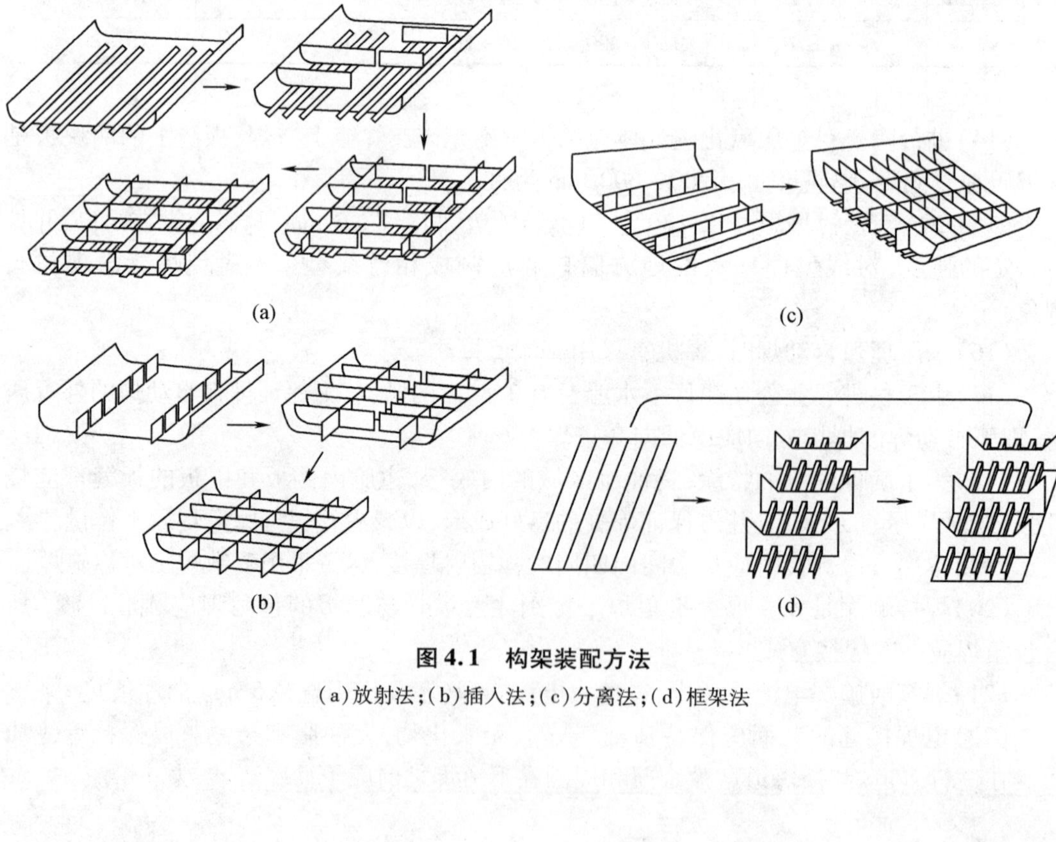

图 4.1 构架装配方法

(a)放射法；(b)插入法；(c)分离法；(d)框架法

(3)分离法。先装纵骨、间断桁材、中桁材,最后插入肋板。一般适用于平直的纵骨架结构分段,如图4.1(c)所示。

(4)框架法。分段铺板焊接和画线在分段制造场地上进行,而构架在专用组装平台上制造,经过纵材和横构架的中组装,将框架装焊成一个整体后吊上分段进行安装和焊接,如图4.1(d)所示。

2. 平台和胎架

平台和胎架是分段建造的主要工艺装备。

(1)平台

平台是一个大而平坦的工作台。一般由型钢和钢板组成,并固定在专门的水泥基础上。它主要用于装配焊接船体部件、平面分段和带有平面基面的立体分段等的一种工作台,也可作为设置胎架的基础。为了保证船体部件和分段的制造质量,要求平台的基础牢固,具有足够的结构刚性,平台的四角水平偏差不得超过 ±5 mm,平面不平度每米内不得超过 ±3 mm。用于船体装配的平台通常有钢板平台、型钢平台、水泥平台、钢板蜂窝平台、辊柱式输送平台、圆盘式输送平台6种。

①钢板平台(即实心平台)　主要用于绘制船体全宽肋骨型线图,并装焊肋骨框架等部件,如图4.2所示。

②型钢平台(即空心平台)　既可用于拼板和装焊平面分段,也可作为胎架的基础,如图4.3所示。

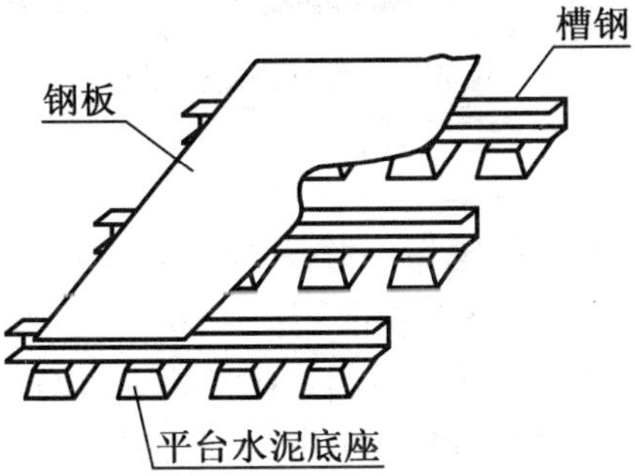

图4.2　实心平台

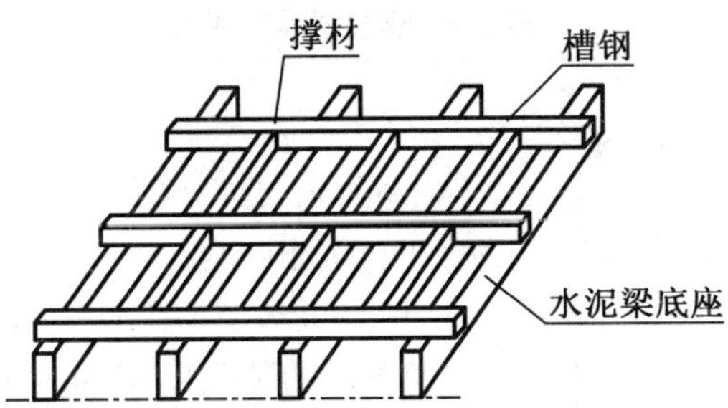

图4.3　空心平台

③水泥平台　它用途广泛,更适合做胎架基础,主要缺点是受高温易爆裂,预埋的钢材易锈蚀,如图4.4所示。

④钢板蜂窝平台　主要用于主、辅机基座等精度要求较高的部、组件的装焊和部件、外板的热弯成形加工或变形矫正,如图4.5所示。

⑤辊柱式输送平台　它主要作用于平面分段机械生产线的拼板工位,如图4.6所示。

⑥圆盘式输送平台　主要用于平面分段机械化生产线中分段的传送,如图4.7所示。

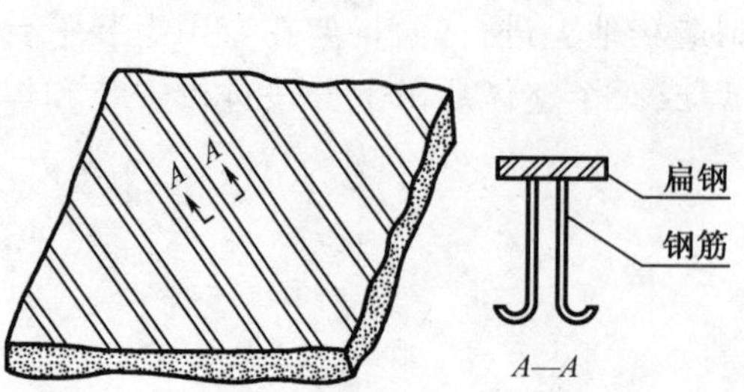

图 4.4　水泥平台

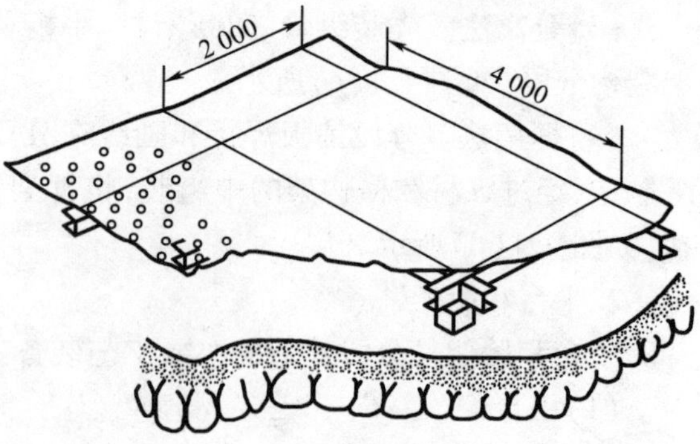

图 4.5　钢板蜂窝平台

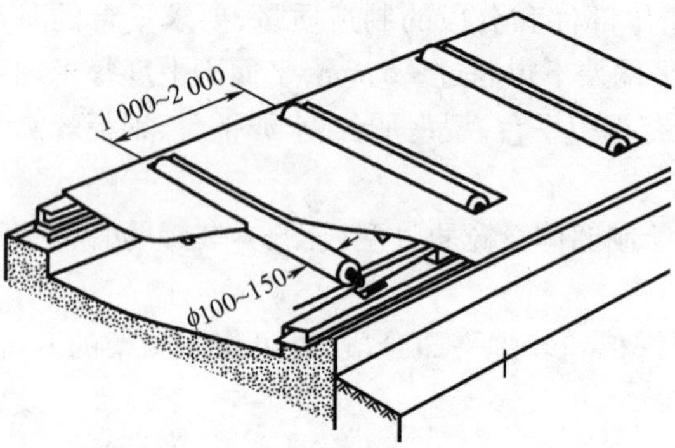

图 4.6　辊柱式输送平台

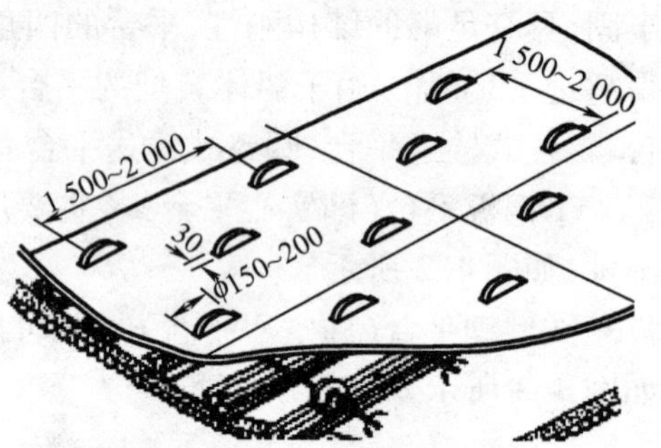

图 4.7　圆盘式输送平台

(2)胎架

胎架是船体分段装配中的重要专用工艺装备,在船体制造时作为分段外模用,它的表面线型与分段的外表面相吻合。船体分段的外形大部分带有曲型。不同部位的分段有不同的曲形,而且相差很大,如艏、艉部位的舷侧分段外形和形体中部的舷侧分段外形。如何使这些曲型分段的装配胎架的表面型线,既满足分段装配的要求,又能最大限度地改善分段的施工条件,扩大自动焊、半自动焊的使用范围,降低胎架制造成本,这些与胎架基准面的切取有很大的关系。常用的胎架基准面的切取方法有正切、单斜切、正斜切、双斜切四种,如图 4.8 所示。胎架结构通常由坚固的基础、各种形式的胎架模板(简称模板)、拉马角钢、纵向牵条组成。

胎架按结构形式分为框架式、单板式和支柱式胎架。

①框架式胎架　胎架模板采用框架式模板、拉马角钢、纵向牵条装成胎架,如图 4.9 所示。

②单板式胎架　采用单板式模板组装成的胎架,这种胎架刚度大,控制分段焊接变形的性能好,但这种胎架需要以整块钢板割出,耗费材料较多,因此,仅用于舰艇、线型要求高以及薄板结构的分段,也用于批量生产的分段,如图 4.10 所示。

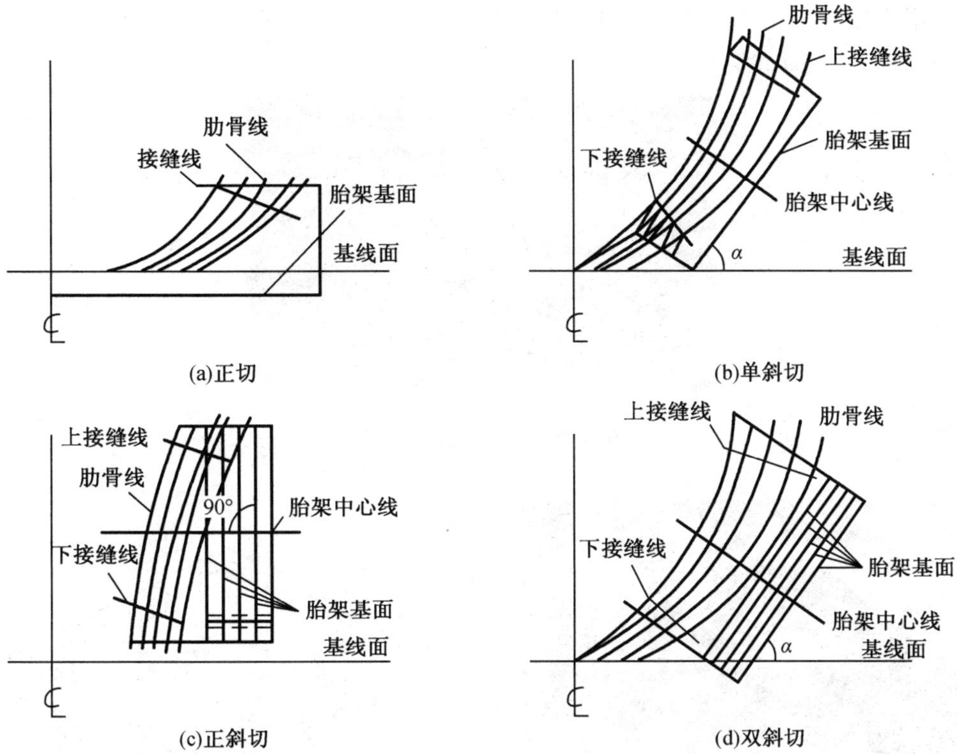

图 4.8　胎架基准面的切取

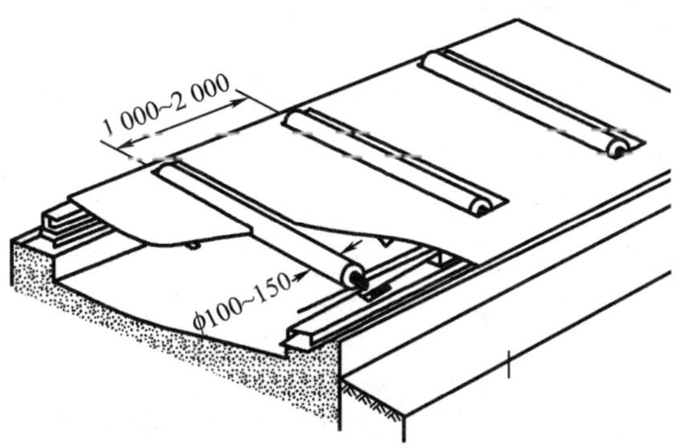

图 4.9　框架式胎架

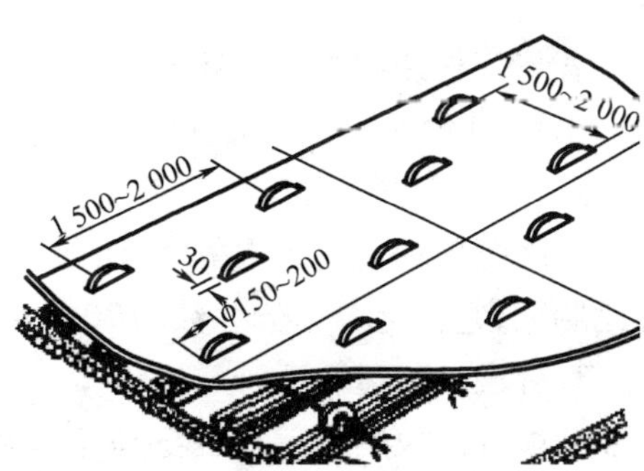

图 4.10　单板式胎架

③支柱式胎架　根据支柱高度可否调节，支柱式胎架又可分为固定型（图 4.11）和升降型（图 4.12）两种。

胎架按用途分类，常见的有底部胎架、舷侧胎架、甲板胎架和艏艉柱胎架等。

①底部胎架用于船体底部分段的装配。通常此类胎架的基准面与船体基线面是平行的即正切，但在艏艉部升高较大的底部分段装配中，胎架基线面可选用正斜切形式。

②舷侧胎架　用于船体舷侧分段的装配。位于平行中体部位的舷侧分段，其胎架基准面可取正切；在艏艉部位的舷侧分段，为了降低胎架模板的高度，根据分段的曲型，胎架基准面可取正斜切、单斜切或双斜切。

③甲板胎架　用于甲板分段或以甲板为施工基面进行反造的立体分段的装配,如艏艉立体分段、上层建筑分段等。

图 4.11　固定型支柱式胎架

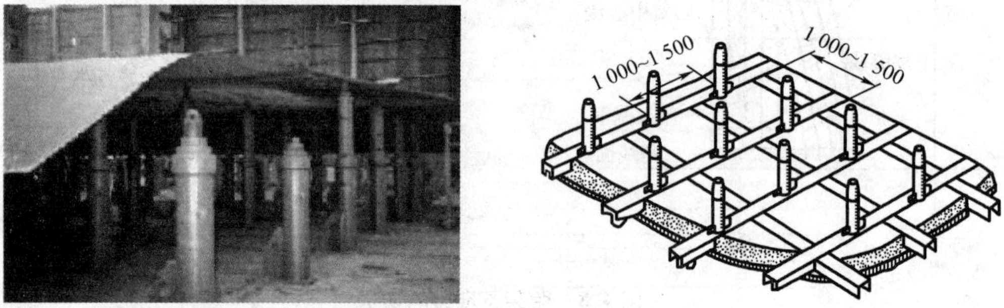

图 4.12　升降型支柱式胎架

④艏艉柱胎架　用于艏艉柱的装配。胎架基面通常采用平行纵中剖面的正切基准面(侧造法)和垂直于纵中剖面的正斜切基准面(正造法)。

此外,根据同一胎架使用范围的大小和次数的多少又可分为通用胎架和专用胎架。如由升降型坐标支柱组成的胎架,平行中体部位的底部反造胎架和舷侧胎架,都可称为通用胎架,它占全船胎架总数的 70% 左右。

3. 分段的吊运和翻身

分段和总段的吊运与翻身是船体建造过程中的一项重要工作。在分段和总段吊运翻身过程中,一般要考虑以下几方面的问题:

(1)分段和总段的加强措施;

(2)分段和总段质量大小(包括舾装件与加强材)及吊车的许可负荷;

(3)吊运翻身方式;

(4)吊环数量、强度及其安装位置;

(5)钢索的许可负荷和钢索间的夹角。

为防止总段和分段在外力的作用下失去稳定性,因此,刚性差的总段和分段必须适当加强。加强材的布置根据分段和总段的形状、结构特点及翻身方式决定。吊运前,应尽可能正确估算出分段和总段本身、舾装件、起吊工具(吊环、钢索、卸扣等)和加强材等的质量。当分段和总段质量在吊车的许可负荷能力内,才是安全的。此外,还应注意留有必要的吊运翻身场地的面积,以确保翻身安全(图 4.13)。翻身吊运的方式有两种:空中翻身(图 4.14)和落地翻身(图 4.15)。

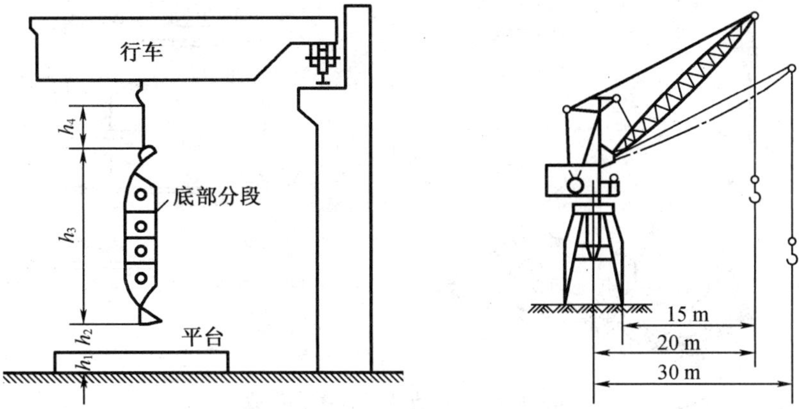

图 4.13　起重机械的起重高度

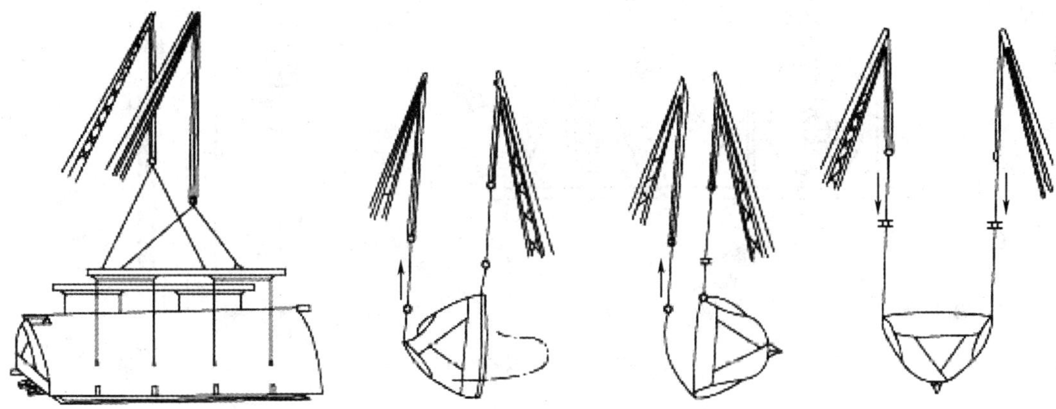

图 4.14　底部分段的空中翻身

吊环是分段吊运和翻身的主要属具,一般由钢板制作,它主要包括有肘板和无肘板两类,如图 4.16 所示。吊环的数量应根据分段形状和吊运翻身方式来决定。对于立体分段、总段和大型分段,一般安装 6 个以上的吊环。

钢索是系吊分段的主要属具,吊运前需要知道钢索所受之力 T。钢索所能承受的重力 P 可按下式求得

$$P = T \times k$$

式中,k 为安全系数。

钢索长度视分段尺寸而定,一般不应使夹角大于 90°。

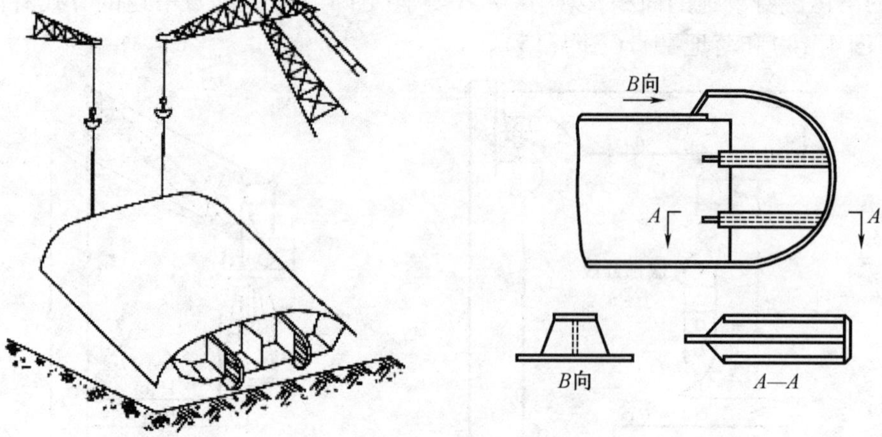

图 4.15 落地翻身和滚翻装置

图 4.16 吊环形式

第三节 胎架精度控制

胎架是精度造船的基础,是各组立分段装配的依据。胎架如果出现几毫米的误差,实施到分段上就可能是十几或几十毫米的偏差,尤其是艏艉分段的建造。胎架的设计除了模板制造尺寸要求精确、总体尺寸要保证、线型要光顺吻合之外,还应有足够的连接刚性和整体四角水平。对目前广泛应用的活络胎架,每两个活络胎架之间纵、横向要有加强连接,以满足整个装配过程中分段不出现偏差和变形。另外装配时板与胎架要紧密贴合,使线型平整和光顺,分段制作达到型线设计要求。

胎架设计是船体生产设计中的一项主要工作。通常情况下,外板(非平直部分)分段如果以外板为基础进行分段建造时,都必须在胎架上进行。胎架布置图的设计合理与否,将直接影响分段的施工质量、精度以及现场作业的方便性,而胎架的种类有很多,应根据工厂的设备、场地及分段的实际情况来进行设计。

1. 胎架设计应遵循的原则

(1)胎架材料来源,往往决定了胎架的形式。如有废钢板或钢板边料时可采用单板式胎架,也可用型钢和小胎板组成衔架式或角钢支柱式胎架,或用钢管制作成高度可任意调节的胎架。

(2)尽可能降低胎架的高度,平衡胎架的前后及左右的高度位置,这样既能有利于安全施工,还有利于提高分段的制作精度。

(3)外板拼板缝的坡度应尽可能小,纵向控制在45°内,横向控制在30°内,以便于可以使用单面焊双面成形的焊接方式,从而保证焊接质量。一旦坡度过大,只能采用手工两面焊,既增加工作量,对焊接质量也不能很好控制。

(4)对于较大的分段及精度要求较高的分段,四周应以槽钢进行固定,从而保证分段的精度。而对于较小的分段,用1m为间隔的胎架时不能满足分段宽度方向的精度控制时,须在胎架之间再加上一排临时用的胎架,来保证分段的精度。

(5)胎板位置及胎架边缘结构形式要注意分段吊环和翻身时钢索穿越的方便性。

(6)在保证质量的前提下,要简化胎架结构,以减少辅助材料的消耗。

(7)尽量扩大以平台、内底、隔壁为基准的通用胎架使用面,减少用木质胎架样板画线成型的装配法。

(8)应考虑到胎架的场地布置,分段的建造周期,以及分段内构造伸出胎架的尺度等其他因素,确保留有行人安全通道。

2. 胎架的设计程序

(1)首先要根据制作要领确定分段的施工方法,施工方法不同,胎架形式也会不同,这是胎架设计的依据。

(2)胎架基面的选择。基面就是用来确定胎架工作曲面的基准。胎架的基面主要根据分段的线型进行选择,常见的有三种切取方法:

①正切法　胎架基面平行(或垂直)于船底基线面,同时垂直于肋骨平面;这种胎架基面一般用于纵、横线型较为平直,变化缓和的底部分段及舷侧分段。

②正斜切法　胎架基面和船底基线面成一角度,但与肋骨平面垂直;这种胎架基面都用于船体横向线型变化较大,而纵向线型变化不大的舷侧分段。

③双斜切法　胎架基面和船底基线面及肋骨面都成一角度;这种胎架基面用于肋骨线型横向变化较大,纵向线型变化较大的艏、艉及机舱分段。

精度管理标准见表4.3。

表4.3　胎架设计精度管理标准表

	管理基准/mm	允许范围/mm	检查位置
尺寸(长、宽、高、对角线)	±3	±5	
水平	±4	±5	甲板、外板
垂直度	±3	±4	GIR、FR、外板首尾端部
端差	±1	±2	合龙口
直线度	±4	±5	平台板、纵壁及内部材

表 4.3(续)

	管理基准/mm	允许范围/mm	检查位置
坐标	3 以内	5 以内	
检查线	±0	±0.5	
内部材间隙	±1	±2	
背部加热	±3	±4	
球钢角度	±3	±4	

3. 胎架布置图的制作

在完成胎架基准面的选取后，根据分段结构的特点和胎架场地基础，绘制胎架布置图。胎架图上应绘制出分段的外形，胎架的位置和间距，各板缝交点，板缝和强肋位的交点的位置及高度等，完成后交付现场使用。

胎架布置图的出图形式有两种，分别为图表格式和图形格式，示例如图 4.17、图 4.18。

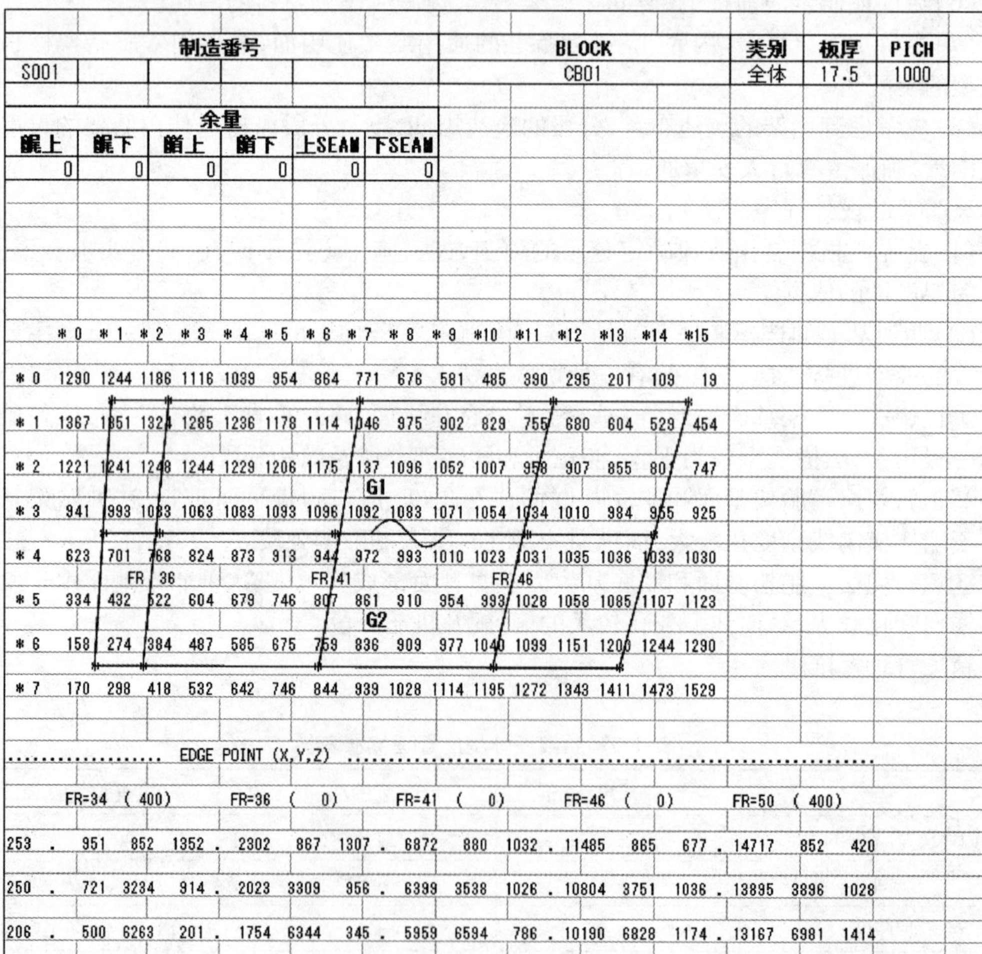

图 4.17 图表格式胎架布置图

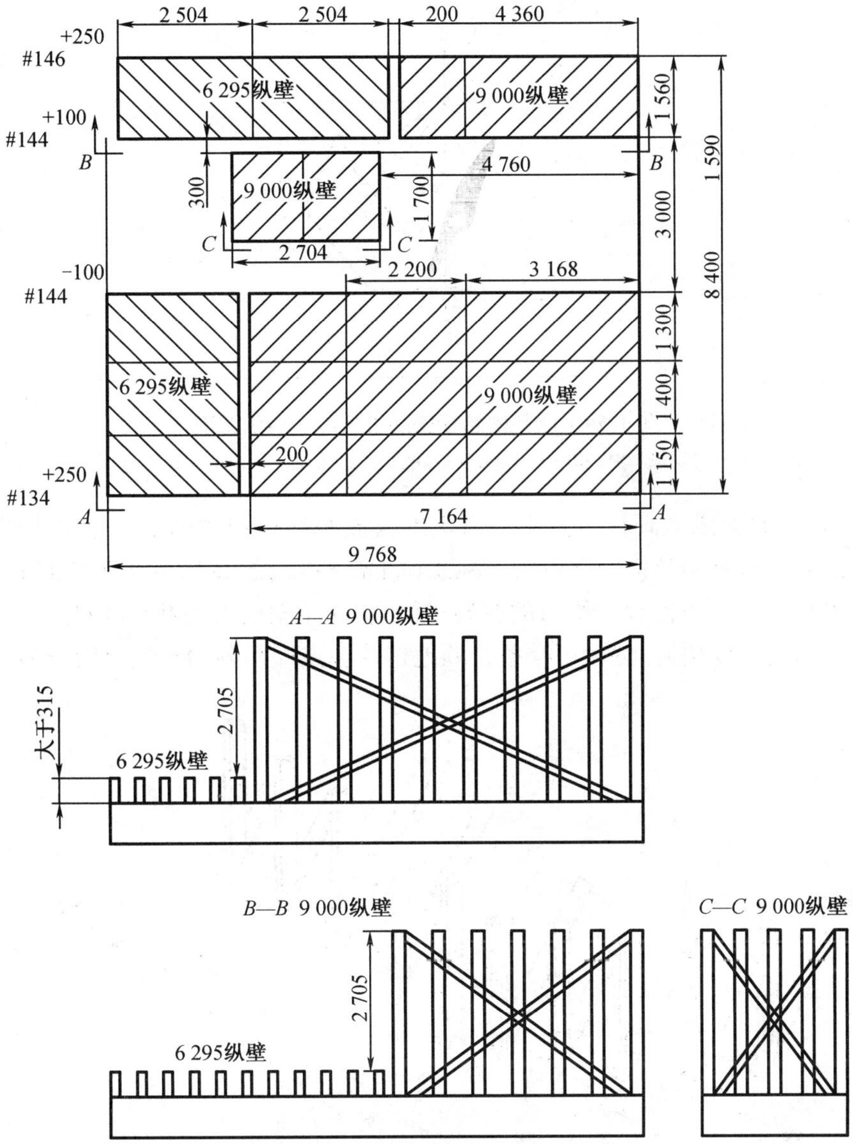

图 4.18　图形格式胎架布置图

图 4.19 为分段制造用胎架的胎板安装位置线画线示意图。其画线方法与在放样中绘制格子线相同,不过精度要求可稍低一些。图中 1 为激光经纬仪,5 为五棱镜,这两者的配合可使此项工作能很快地完成。操作过程大致如下:首先绘制分段中心线(或假定中心线),这可由已整平的经纬仪自图中 A,B,…,E 逐点在激光束光斑处做上记号,再用直尺或弹粉线连接各点即可得中心线;沿中心线上量出各肋位对应点;将经纬仪和五棱镜等高地置于中心线上(其中心对准中心线),且五棱镜还应逐点地位于中心线上的肋位点上,当经纬仪发射的激光束经五棱镜折转 90°后,转动五棱镜沿肋位可得到一系列激光束光斑,连接各光斑即可得各肋位胎板位置线。如果有必要,还可进一步作数根平行于中心线的直线及其他辅助线。

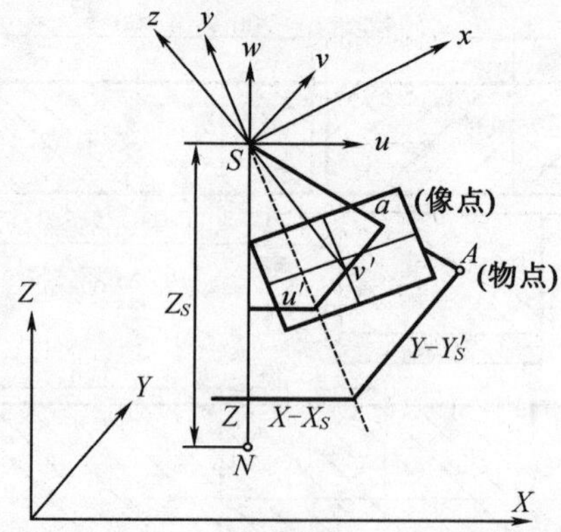

图 4.19 胎架的胎板安装位置线画线示意图

1—激光经纬仪;2—激光束;3—基线;4—经纬仪中心线;5—五棱镜

图 4.20 为胎架线型画线示意图。由水准仪或经纬仪扫描构造一水平光学平面,将该光学平面光斑与胎架模板的交点做上标志(如光学平面的高度不合适可借助直尺等移动到实际水平面上);根据放样给出的胎架型值表,在胎架模板各相应位置量出相对于上述所作水平面的高度型值,然后用样条光顺地连接各点即得各胎板处分段线型。

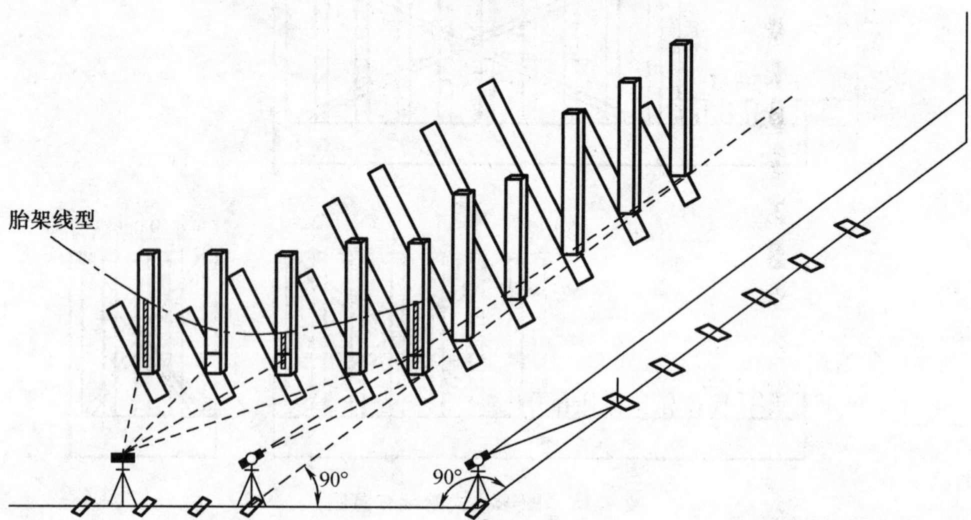

图 4.20 胎架型线画线示意图

胎架检测判定是否为合格品依据见表 4.4。

表 4.4 胎架制作精度基准表

检验内容	精度标准		检验方法
	标准	允许	
模板位置偏差	≤2.0	≤3.0	按胎架图尺寸检测
模板垂直度	1/1000	2/1000	用线锤检测

表 4.4(续)

检验内容	精度标准		检验方法
	标准	允许	
模板中线或水线基准线偏差	≤1.0	≤2.0	用线锤检测
平线四角水平	≤2.0	≤3.0	用水准仪或水平软管检测
模板型线与样板型线偏差	±1.0	+1.0 -3.0	用胎架画线样板检测
模板上外板接缝线偏差	±1.5	±3.0	用胎架画线样板检测

第四节　拼板画线精度控制

腹板与面板按理论尺寸下料，定位安装后，焊接后面板上翘，反变形背烧腹板后，造成组合型材收缩短尺，应进行精度补偿。现阶段一般只对端口与该分段所对应板材端口相同的补偿量，而板材相对收缩较小，就造成组合型材与板材主尺度不同步。通过大量测量数据积累找出规律。

通过监控各阶段板材焊接收缩量，优化板材之间焊接间隙，合理利用平均补偿，并完善精度补偿体系，避免多次切割，提高工作效率。分析因坡口角度、板厚、焊接间隙、电流大小和环境温度等原因造成的焊接收缩，总结出板材拼接的最佳补偿值。

图 4.21 为分段纵、横构架(或骨架)位置线画线示意图。分段中心线可由经纬仪将胎架中心线转绘。各肋位线可由经纬仪，也可由经纬仪和五棱镜配合绘制(这特别适宜较大型且较平直的分段绘制纵、横构架位置线)。

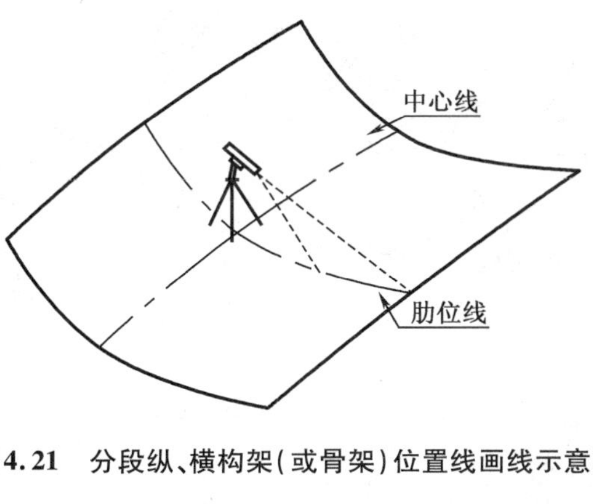

图 4.21　分段纵、横构架(或骨架)位置线画线示意图

一、在底板上画纵横骨架线

根据胎架中心线在分段的两端标出中心点，连接该两点即得分段中心线。然后画出

肋骨线,肋骨线的画法有下列几种:第一种是激光经纬仪法,即把胎架中心线复画到底板上后,用样棒或根据草图用钢卷尺在分段中心线上标出每档肋骨点后,过每一肋骨点架好激光经纬仪,校好水平,对准分段中心线,读取水平度盘角度 α,然后旋转 90°,固定水平度盘,发射激光束,转动竖直度盘求得许多激光点,顺点连线即为肋骨线。这种画法因要经常搬动仪器而显得不方便,如果把激光经纬仪与五棱镜结合画线就方便得多了。五棱镜及其支座就是专用于配合激光经纬仪画线的。

其支座可上下、左右、前后进行调节,由激光经纬仪发射的激光束进入五棱镜箱的进光口后,折射 90°从出光口射出。五棱镜箱可旋转 360°。支座的底脚装有磁铁开关,固定位置后打开开关就能使整个支座连同五棱镜牢固地吸附于钢板上。因此,只要把五棱镜及其支座放到中心线上某肋骨点处,激光经纬仪置于中心线上,发射的激光束投至五棱镜时,光束按 90°折射到底板上,转动五棱镜,即可在底板上得出数点,连接各点即为肋骨线,如图 4.22 所示;第二种是拉线架吊线锤法,即从胎架拉线架上的已知肋位处拉根钢丝,在钢丝上吊线锤找出若干底板上的点,再用样条将这些点连接起来即得肋骨线;第三种是基准线对线法,即将胎架基准面上标出的基准肋骨线用线锤复到底板上口边,以该点为准,用肋骨间距在上口线的展开样棒来画出上口线上的各肋骨点,打上标记,然后沿对应点子拉出钢丝,用吊线锤的方法找出若干点子,即可画出肋骨线了;第四种是拉线交面法,即利用肋骨平面画出肋骨线的方法。这种方法是已知底板上口线及中心线上的各肋骨点后,用两根粉线进行画线的,即一根咬住一舷底板上口线及中心线上的对应肋骨点,并绷紧固定,另一根的一端咬住另一舷底板上口线的相应肋骨点,使另一端靠着绷紧的粉线移动,其线头与底板相交点的连线为肋骨线。

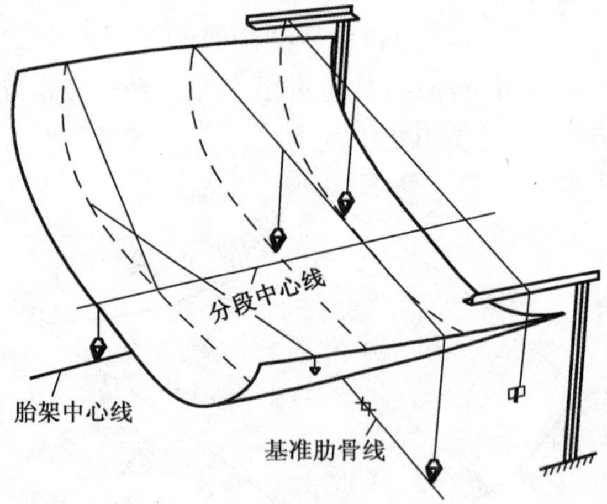

图 4.22 底板横向骨架画线法

纵向骨架线的画法是在基准肋骨线上画出纵向骨架点,将激光经纬仪对准该点,以肋骨线为准,旋转 90°后固定水平度盘,转动竖直度盘并发射激光束,在底板上定出若干点,然后顺点连线即得纵向骨架线。同样,画纵向骨架线也可将五棱镜放在基准肋骨线上某一纵向骨架点处,激光经纬仪置于基准肋骨线上,发射的激光束经五棱镜成 90°折射后找出若干点，再顺点连线画出纵向骨架线。或者根据草图展开尺寸或利用展开样棒在各肋骨线上标出点子，然后连接各对应纵骨架点即得纵向骨架线。以上画线方法，根据实际情况任选一种。纵横骨架线画妥后，需进行复查，并做出标记。

二、舷部纵横骨架画线

正斜切舷侧胎架上的画线通常有下列几种方法，任选其中一种即可。

1. 激光经纬仪法

在胎架外的平台上作垂直相交的两根直线 AO 和 OB，如图 4.23 所示，且使 AO 平行于胎架中心线，OB 与胎架中心线相交于 C 点，过 C 点架设激光经纬仪即可在外板上画出中心线。在 OB 线上以 C 点为准，可找出纵向构件位置点 D,E,F,G 等，用同样的方法，可以过这些点画出外板上的纵向骨架线。在中心线上用伸长肋距样条或草图、卷尺可找出各肋骨位置点。同理，在各纵向骨架线和分段纵缝线上也找出各肋骨位置点，用样条将相同肋号的点连接起来即为各肋骨线。

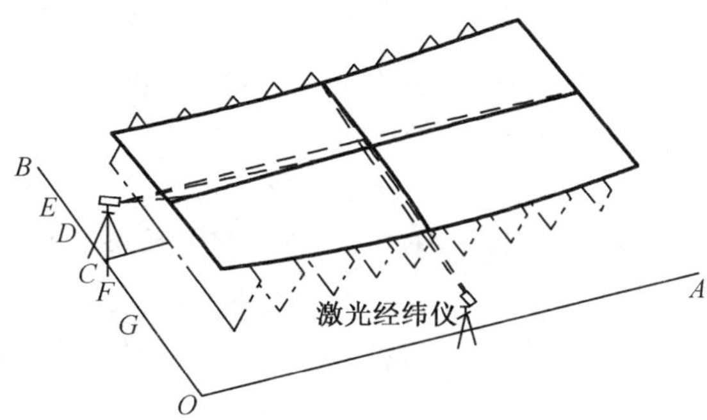

图 4.23　激光经纬仪法

2. 两线法

如图 4.24(a)所示，先根据胎架中心线用线锤在外板上画出一根纵向角尺线，接着在胎架中部基准肋骨处顺沿胎架斜度(胎板的两端)分别安装拉线架，在拉线架的上下部位各拉一根钢丝，该两根钢丝所构成的平面即为肋骨面。一般应使两根钢丝间有足够大的距离，方可保证画线的正确性。然后用粉线靠紧上下钢丝(但应保持粉线挺直)，粉线下端与外板相交点即为肋骨线上的点。这样做出许多点后，用样条连顺即画出了基准肋骨线。

同样，也可如图 4.24(b)所示那样在拉线架上拉出对角线，该对角线所构成的平面也是肋骨面，再用粉线在外板上找点连线即可。以基准肋骨线为准，分别在边接缝和纵向角尺线上用肋距伸长样条或草图展开尺寸画出其余肋骨位置点及分段横缝位置点，再用样条将各肋骨线及分段横缝线连出。同样，以纵向角尺线为准，用肋骨伸长样条或草图展开尺寸可画出纵向骨架线及上下口纵缝线。

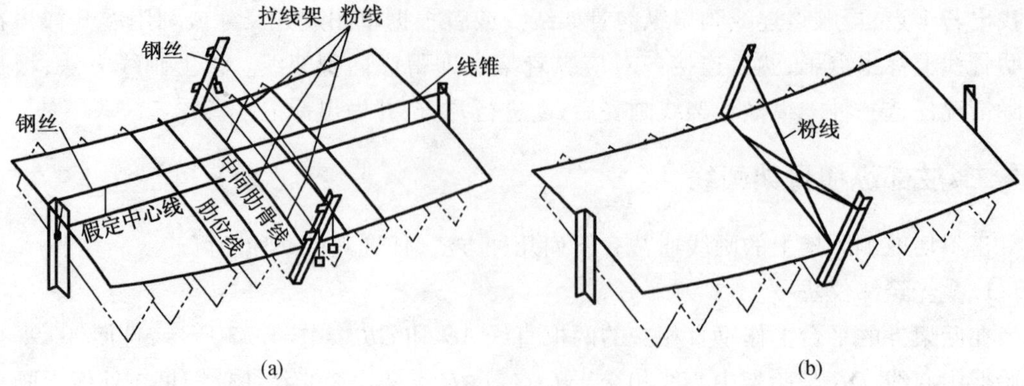

图 4.24 两线法

(a)双线法;(b)对角线法

3. 计算法

它的基本原理如图 4.25 所示的几何关系,钢丝到外板上的垂直距离(吊线锤的长度)S_1 是已知的,则基准肋骨线在胎架上的肋骨弯度 h_1 应为

$$h_1/S_1 = h/S \text{ 或 } h_1 = S_1 h/S$$

式中 S——肋骨间距;

h——正斜切基准面在一个肋距内的斜升值(即肋骨级数)。

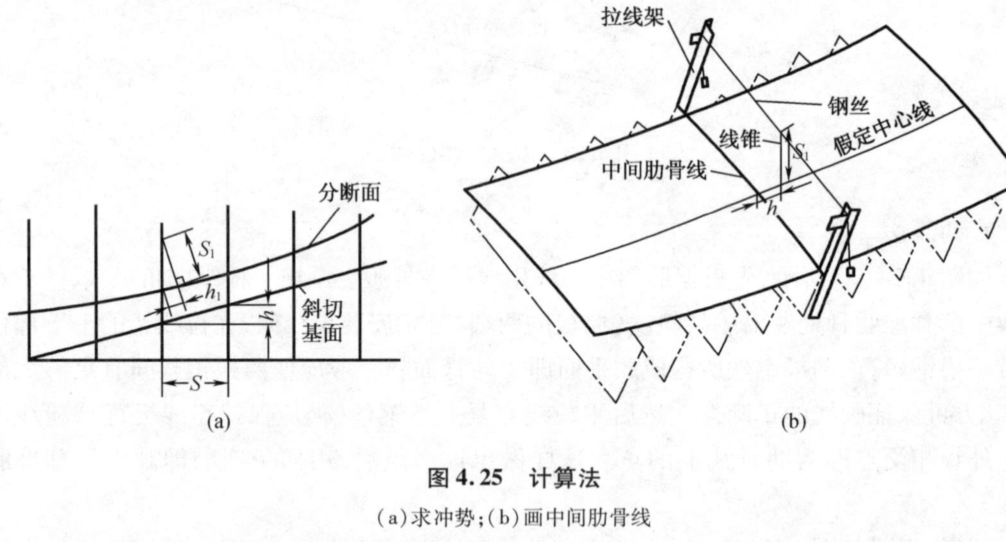

图 4.25 计算法

(a)求冲势;(b)画中间肋骨线

甲板分段的画线与底部分段相同。因甲板分段是倒装,故需注意骨架的左右位置应与图中相反,在这里就不再赘述。

第五节 分段施工过程精度控制

分段施工过程精度控制过程中需要考虑的主要有以下几个方面:

1. 精度管理体系方面进行完善

编制《分段精度管理及处罚细则》《分段评级管理规定》《传统方式完工检测管理规定》《三维精度测量管理规定》《内外场画线管理规定》《流水线分段精度管理规定》等。编制《分段精度作业指导书》包括:"精度管理室日常管理规定""精度管理安全生产规范""仪器设备保养及使用规范""精度管理室生产操作规程规范""画线、完工检测管理及处罚规定""各船型主要参数汇总""常见问题分析"。

2. 组建精度控制数据统计小组

以数据为中心实行分段过程精度控制,此项目用于分段建造跟踪控制,高速有效,为分段过程控制提供数据基础。

数据统计以每日的完工检测表为准,进行电子档的登记备案。这不仅方便各检测小组通过此登记快速地查找施工分段的相关数据,对分段完工检测的施工状况加以跟踪,而且此方案更加注重于分段建造精度过程控制,如一对分段胎架、胎板、画线、槽型舱壁的焊前、焊后、三维全站精度控制等过程检测都有相关数据的统计。现阶段以数据为中心实行了各项精度管理及控制规范,这大大提高了分段制作精度。以月为单位进行分段评级工作,对一次合格分段和不合格分段进行统计,整体控制分段施工状况。

3. 程序管理扩展

(1)控制胎架胎板检测 胎架转角,采用经纬仪对场地进行十字胎心线的转角,做好理论线基础。

(2)胎架检测 为保证外板线型打好基础,采用水准仪来检测场地胎架高度、间距。

在胎架检测前增加胎板精度交检,针对胎板符胎进行严格的控制,有效避免画线误差,装配误差。

4. 运用三维测量仪器设备对分段进行严格的精度检测

(1)焊前检测 使用全站仪进行内壳板定位焊接后的焊前检测,包括胎板线型、画线和主要框架定位的检测。

(2)完工检测 完工检测前检查焊前精度测量报告是否有施工班长的签字确认,使用全站仪对分段进行整体的精度测量,测量后用三维软件进行分段实际数据与理论数据的比对,确认分段整体精度是否在公差范围内,验收合格的分段签字下胎并把相关的数据当天前传送给船台(坞)下道工序。并运用三维测量首部分段模拟合龙。

开始使用 4 台全站仪将检测范围扩大至循舵过渡段,机舱段,现在机舱分段外板线型的精度得到有效控制。

在三维精度控制工作中整个部门都非常重视,在检测工作中不断细化控制程序,将引进仪器设备的功能使用最大化,适应各部门分段施工状况,积累经验,改进不足。

5. 传统测量与三维精度检测相结合

由于机舱段、舭部分段保型值等相关数据提供的不细致,导致分段合龙时会出现数据表以外的数据有超差现象,为避免出现类似的问题,用三维测量系统调出想要测量的数据,采取加测点、加保型的方式,使三维测量与传统测量相结合,满足合龙时的要求。

6. 精度控制中发现问题及问题解决与反馈

在严格的精度控制过程中,逐步暴露出小组立施工质量问题和钢料加工质量问题。为此,检验员在小组立制作工序有针对性地进行专项控制,做到在小组立阶段消除质量隐患。对钢料加工存在的问题,以电子邮件的形式向钢配公司反馈,尤其是曲外板线型加工问题,对分段精度影响最大,目前钢配公司正积极配合解决此问题。积累大量数据和相关照片,反馈上道工序精度控制的不足。

7. 区域化过程控制的推进实施

将现有施工单位按区域进行划分,专人负责,提高分段建造精度过程控制水平,培养精度管理人员的精度管理理念,见表4.5。对发现问题进行分类统计分析,定期组织相关人员进行交流,制订整改措施,做好持续改进工作。提高精度控制水平,注重分段建造过程控制,增加分段建造重要控制点。

表4.5 精度管理室区域人员划分表

区域	流水线区域	装焊厂房区域	外场区域	三区区域	技术组
区域负责人	1人	1人	1人	1人	1人
区域成员	11人	9人	8人	10人	1人

8. 针对新型船只的精度控制工作交流研讨

针对现场施工BC1800系列船只难点、重点控制分段进行数据累积,在BC1800船只槽型舱壁、边底、舷外、机舱等分段进行开工前的交流研讨,在工作中及时发现问题并给予解决,定期对发现的问题总结,如:

(1)图纸不明确,运用三维分段模型查找理论数据,多角度转角,以保证分段精度。

(2)来料错误情况频发,对于出现长尺、短尺、坡口问题严重的船体资料,用作荒料线,借尺等方法克服困难。

(3)场地和胎架不规范,胎架不是以往的模板胎架,焊后变形严重,对施工和后续作业影响很大。为此在分段施工前先做出基准地心以检测分段尺寸。

9. 做好分段的质量预警工作并定期进行质量反馈

工作中发现检测分段精度不达标准,外观不美观等问题,拍摄较多的相关照片说明,对控制不足的点、面科室内部针对相关问题提出整改措施和控制方案,细化精度控制中的不足。

10. 坚持质量巡检及时解决下道工序反馈问题

各组部门长期进行质量巡检，在巡检测过程中发现问题进行必要整改。积极配合下道工序反应的质量问题，专派组长查清问题给予满意解决，多次走访船台(坞)船体精度控制部门，针对不足进行整改。

第六节　分段三维精度数据采集与分析

一、分段精度测量与数据采集

造船精度的控制，从测量学的角度来说属于精密工业测量的范畴，主要是要对船体的部件进行坐标、长度、垂直度等造船过程中所需要的尺寸数据进行测量和计算，并形成精度控制数据分析库，从而达到对船体尺寸进行有效的控制，使之符合设计的要求，并对数据进行一定的分析，为提高造船的速度和质量提供必要的数据支持。

从测量的内容来分，主要包含画线测量、分段测量、搭载定位等三大主要内容。画线测量主要是在分段制造时对原材料进行激光画线，确定部件的形状和大小，为切割画出轮廓线。目前一般采用激光经纬仪、手持测距仪、激光水准仪以及钢卷尺进行测量；

分段测量主要是对船体分段端口的关键点进行测量，以便确定建造分段与设计分段的差值，然后进行预修整，也就是我们通常所说的进行余量切割，之后才可以将分段进行吊装搭载；而搭载定位主要是在船台船坞进行分段搭载的时候，需要确定搭载分段的位置，以便和船体正确合龙而进行的测量工作，一般是在中合龙或大合龙时采用。分段测量和搭载定位在传统的造船中，主要采用经纬仪、全站仪和钢尺以及吊大锤进行测量。

尤其是全站仪仪器在造船行业被广泛应用，为精度控制提供了更为简单、快捷、精确的检测方法。全站仪不需要对测量的物体进行接触，就能够获得 2 mm 左右的测量精度。在造船过程中，测量数据通过全站仪进行采集，将采集的数据存储起来，在经过相关的软件进行分析后，我们就能更直观掌握船舶尺寸精度。下面介绍如何使用全站仪进行数据的采集工作。

1. 测量基本工具

测量时全站仪需要辅助工具反射片标靶配合进行船体尺寸测量。在测量过程中需要在各个测定点放置激光反射片标靶。由于测量环境的复杂多变，需要放置的反射片标靶形式也有很多，如图 4. 26 所示。

反射片标靶可以直接粘贴在测量点上，小巧轻便，价格便宜，而且尺寸齐全，可以反复使用，在测量过程中精度较高。反射片标靶放置要根据精度管理部门制定的精度测量单管理点进行放置，放置位置要精确；一般放置测量点为交叉点，在放置前要查明理论线、板厚方向，以免发生不允许的误差；同时放置位置为破口或者圆角处，应将反射片标靶放置在延长线的交点位置，如图 4. 27 所示。当架设仪器对分段进行尺寸测量时，被测分段有一部分是不可见的,需要采用搬站测量。这时需要将反射片标靶放置在架设仪器在两侧都可以观察到的范围内,如图 4.28 所示。

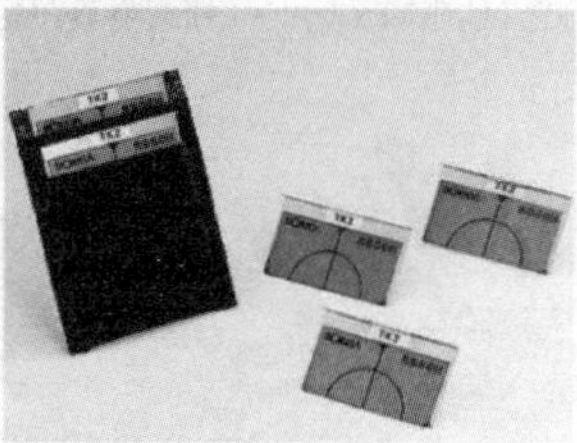

半反射标靶(平面反射靶)

船厂专用反射片

磁性角度固定座(反射靶固定器)

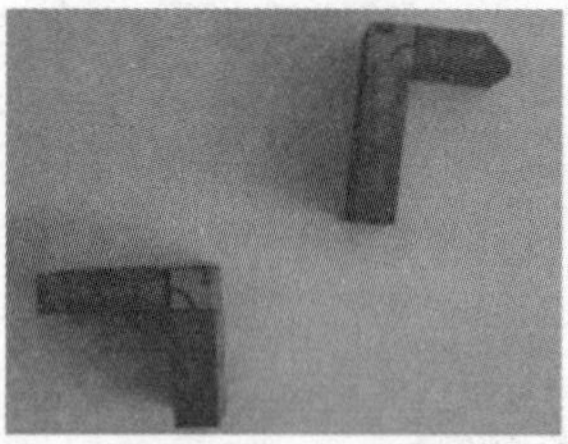

拐角靶(直角反射靶)

精密两点标靶(隐蔽点测量器)

磁性旋转反射靶

图 4.26　反射标靶

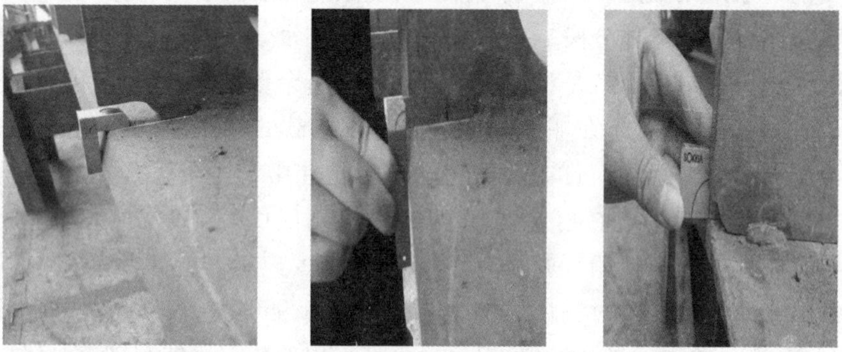

图 4.27　反射片放置位置

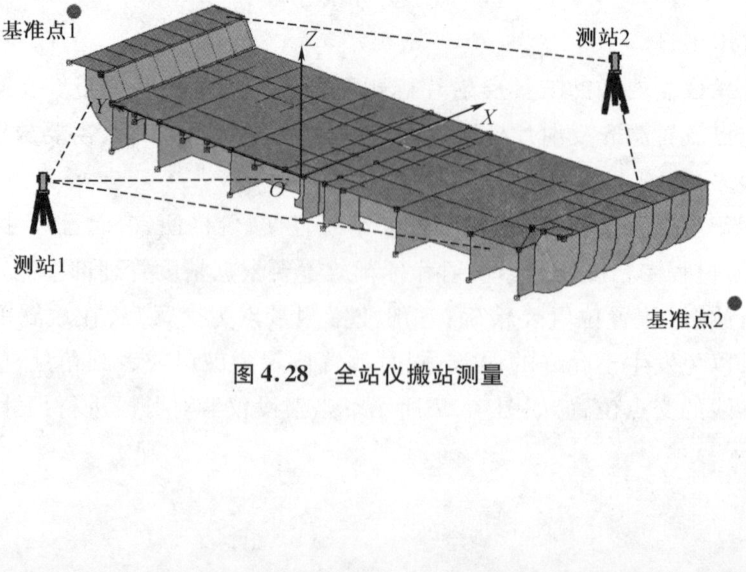

图 4.28　全站仪搬站测量

2. 精度数据采集

当架设好全站仪对精度点测量时,我们需要相应精度控制测量软件来完成数据的测量和收集工作。图 4.29 所示为对分段的端差进行测量。

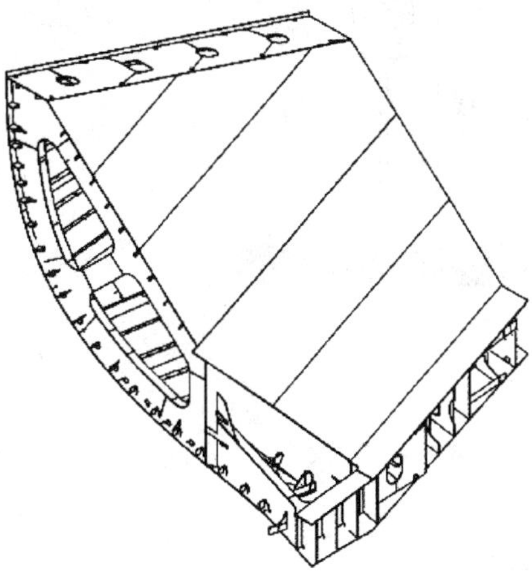

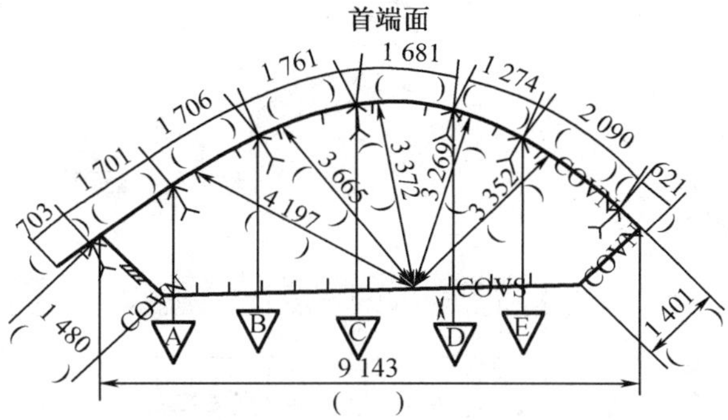

	A	B	C	D	E	F	G	H	I	J
上端	+446	+644	+760	+726	+605	+839	+910	+909	+773	+520
实测										

图 4.29　端面平齐度(端差)测量

首先要双击 AC MES 软件,打开“文件”,选择“新测定”,建立测定点的数据表格,然后按照测量顺序,将每个测量点按照一定测量方法进行测量,如图 4.30 所示。

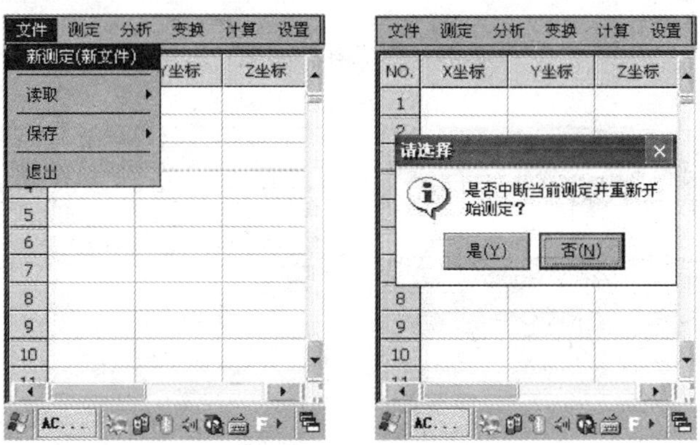

图 4.30　新建测量文件

具体测量方法有两点标靶、搬站测量、标准测量等,如图 4.31 所示。

当完成测量时,可以将全站仪测量点的数据保存为(＊. ems)测量文件,方便以后进行数据分析,如图 4.32 所示。

(1)运行[文件 > 保存 > 另存为]

(2)输入要保存的文件名

(3)点击[OK],保存测定文件完毕

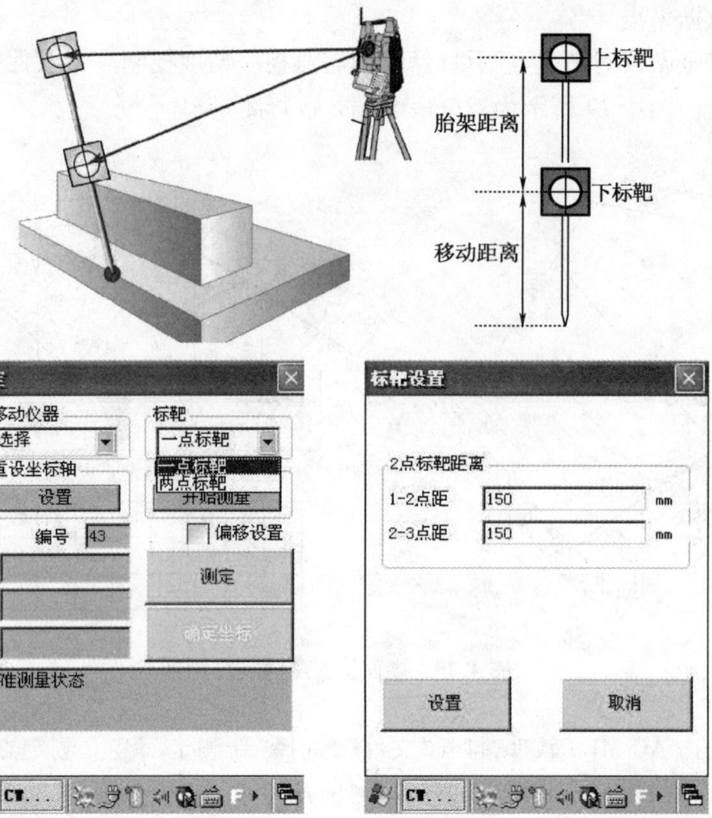

图 4.31　两点标靶测量界面

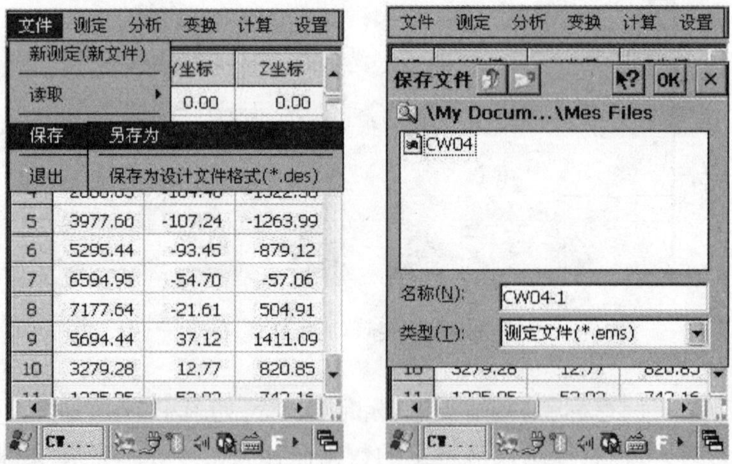

5	3977.60	-107.24	-1263.99
6	5295.44	-93.45	-879.12
7	6594.95	-54.70	-57.06
8	7177.64	-21.61	504.91
9	5694.44	37.12	1411.09
10	3279.28	12.77	820.85

图 4.32　数据保存

二、三维精度数据分析与管理

在船厂精度管理过程中，利用全站仪进行数据测量过程，只是完成了精度管理数据采集的过程。如何更好地利用测量数据为船舶建造服务，这时就需要对数据进行分析和管理。船厂测量数据量很大，单独以人力进行数据分析和管理，劳动强度大，这时就必须借助计算机辅助系统，即相关造船行业的软件系统，来帮助船厂人员实现数据分析和管理功能，更方便服务船舶建造。

目前，相关船舶建造的精度管理软件有韩国三铭软件、青岛海徕 DACS(Dimensional & Accuracy Control System)尺寸与精度控制系统以及欣博 AC BLOCK 软件。本文以 AC BLOCK 软件数据处理为例。

AC BLOCK 是以三维 CAD 为基础，在三维空间与设计对比，进行分析/转换/计算等作业，而后进行管理、分析生产分段的精度数据，使用绘图/模板功能制作 2D 检测表格。本次实训以 CW04 舷侧分段为例，介绍 AC BLOCK 软件应用。

1. 新建文件

首先，打开 AC BLOCK 软件。运行[文件 > 新文件]，生成新文件时，会出现只有坐标轴的空白作业窗口，开始新的作业。

2. 导入设计模型和设计文件

(1)运行[项目 > 导入模型]，选择要导入的设计模型，可以选择多个文件，点击[打开]，导入模型完毕。

(2)运行[文件 > 导入 des 文件]导入设计文件 CW04. ems. des 文件是包含设计点坐标的文件，如图 4.33 所示。

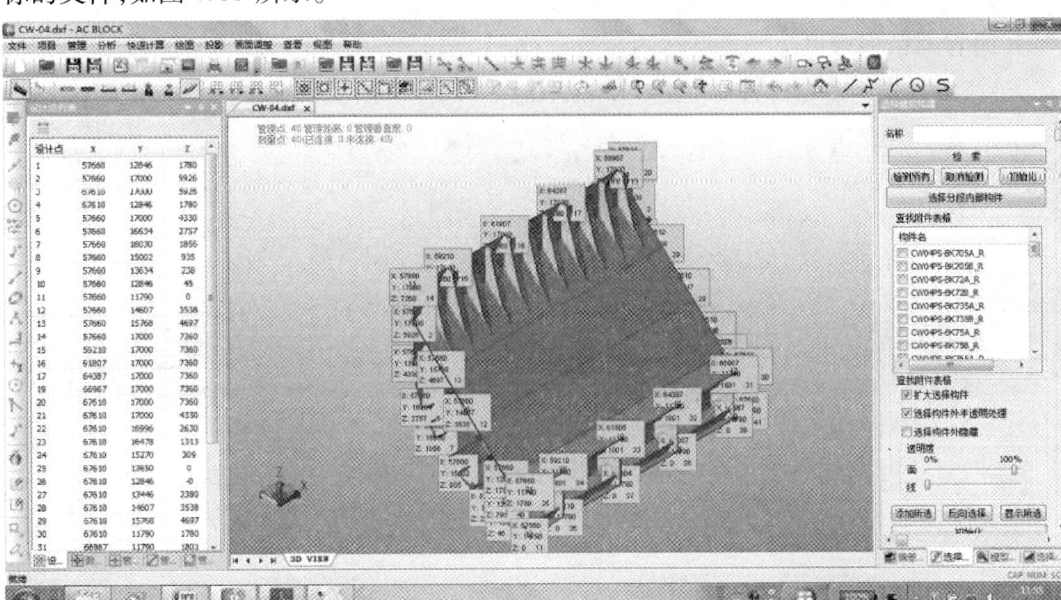

图 4.33　导入设计模型和设计文件

3. 导入测定文件

运行[项目 > 导入测定文件]，选择导入的测定文件，点击[打开]，导入测定文件，该文件为全站仪所测量数据，数据文件类型为. ems 格式，如图 4.34 所示。

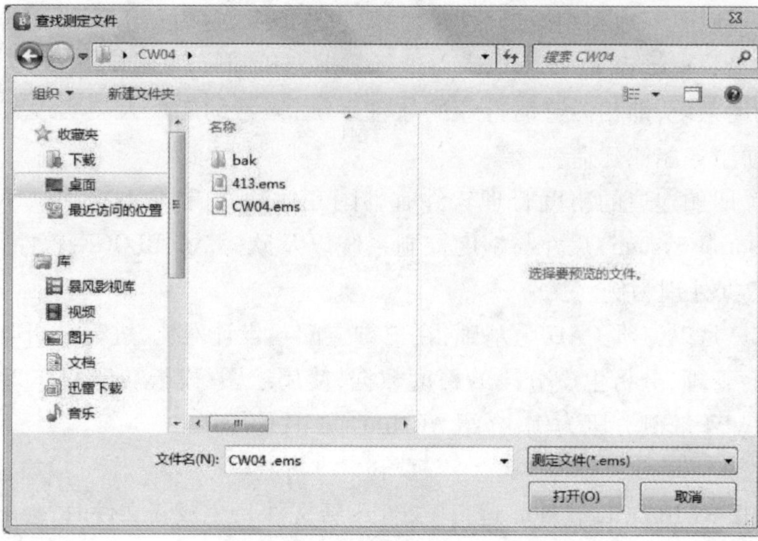

图 4.34 打开测量数据文件

4. 模型翻转

当导入测量数据文件与模型文件方向不一致时,我们可以通过“模型左右对称”菜单对模型进行翻转;也可以对测量数据进行翻转。

(1)运行[管理 > 模型左右对称]。

(2)在对话框窗里选择要反转的参数,点击 [反转]。

分段设计模型左右对称,如图 4.35 所示。

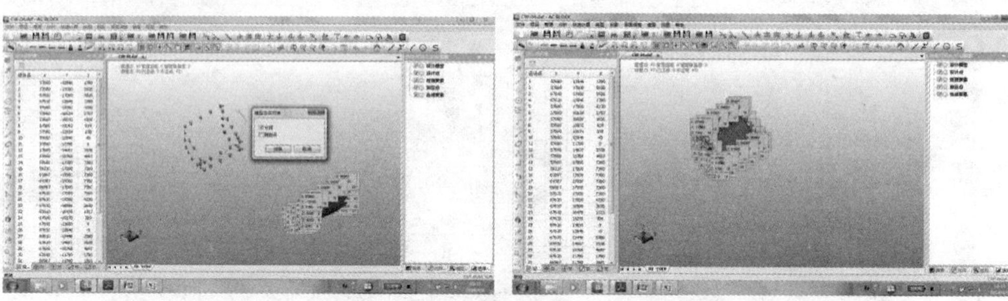

(a) (b)

图 4.35 分段设计模型左右对称翻转

(a)分段设计模型翻转前图形;(b)分段设计模型翻转后图形

测量数据左右对称,如图 4.36 所示。

5. 分析设计点与测定点之间偏差

通过选择菜单“分析”栏自动连接“设计点 - 测定点”,将最邻近的测定点与设计点自动进行连接。连接完毕之后,在数据括号内标示着测定点与设计点的偏差,可直观了解与设计对比的生产分段的误差范围。

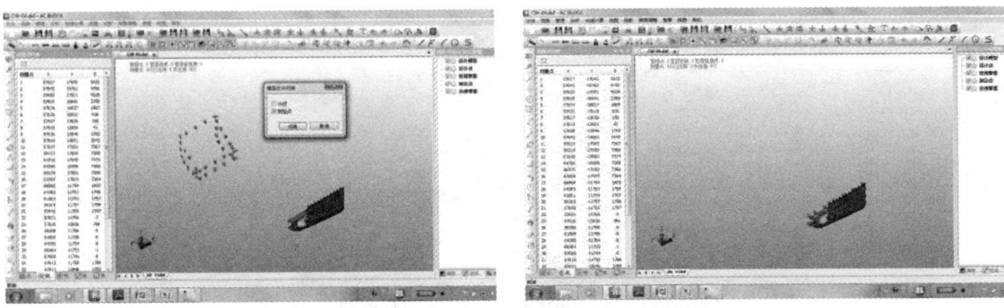

(a)　　　　　　　　　　(b)

图 4.36　测量数据左右对称翻转

(a)测量数据翻转前图形;(b)测量数据翻转后图形

具体操作步骤如下:

(1)运行[分析 - 自动连接,设计点 - 测定点]

(2)在自动连接设计点 - 测定点对话框中输入连接范围,超出设定的连接范围的设计点不与测定点进行连接

(3)选择连接选项

隐藏连接失败的管理点:使用[查看 - 显示隐藏要素],即可查看隐藏的管理点。

(4)若连接完毕,管理点尺寸框中即会显示各坐标的偏差值(显示在括号内)。

偏差值是测定坐标减去设计坐标的值(另外:Y 坐标为" - "时,是设计坐标减去测定坐标的值),如图 4.37 所示。

设计点与测定点的偏差可在[分析 > 许用偏差设置]功能中设置许用误差范围,若超过设定的误差范围,坐标值下方会有红色下画线,以作区分。

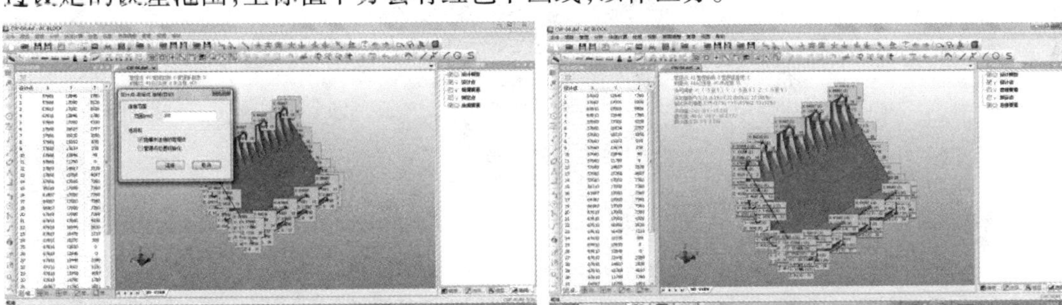

图 4.37　"设计点与测定点自动连接"误差分析

6. 输出报告

(1)渲染模式

① 运行[查看 > 渲染模式 > 可视化模式],进行可视化模式查看模型,如图 4.38 所示。

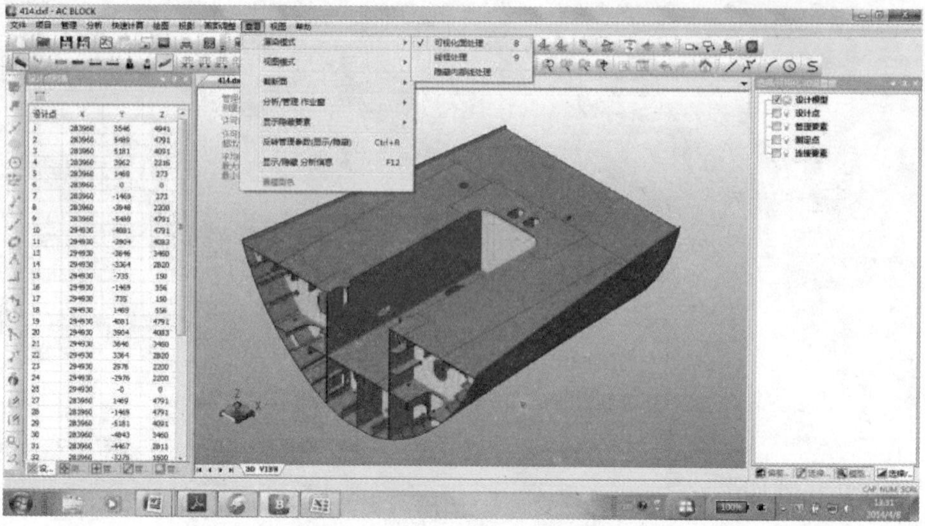

图 4.38　渲染模式界面

②运行[查看 > 渲染模式 > 线框处理]进行线框模式查看模型,如图 4.39 所示。

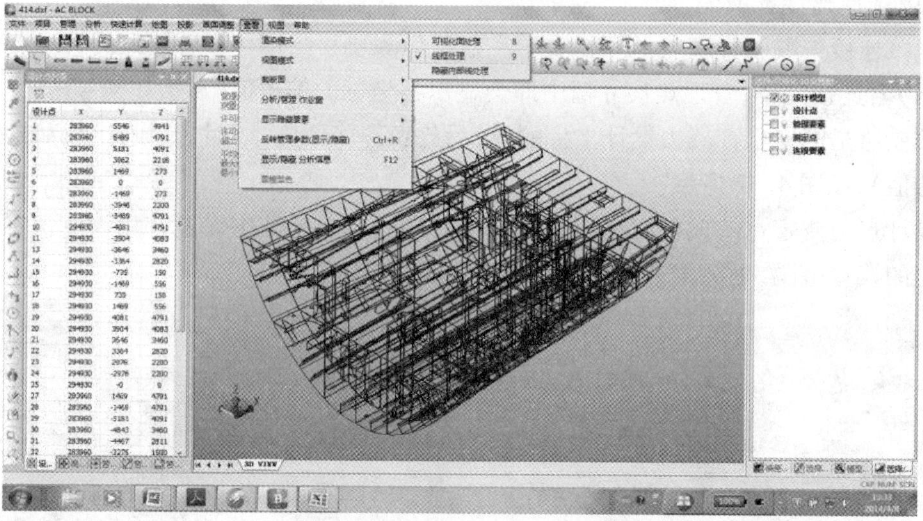

图 4.39　线框模式界面

③运行[查看 > 渲染模式 > 隐藏内部线处理]。

(2)视图模式

运行[查看 > 视图模式 > XY/XZ/…/ISOMMETRIC]或是点击快捷键进行模型的各类视图查看。

(3)截断面

运行[查看 > 截断面 > X 截断面/Y 截断面/Z 截断面]或是点击快捷键进行模型的截断面查看。

(4)输出报告书

用户可使用 Excel 文件制作报告书,如图 4.40 所示。

①运行[文件 > 输出报告书]或点击快捷键,打开 Excel 文件。

② 复制剪切的图片,提供了两种截取画面模式(clipboard/图片文件)。

③输入其他重要项目,制作检测表格完毕。

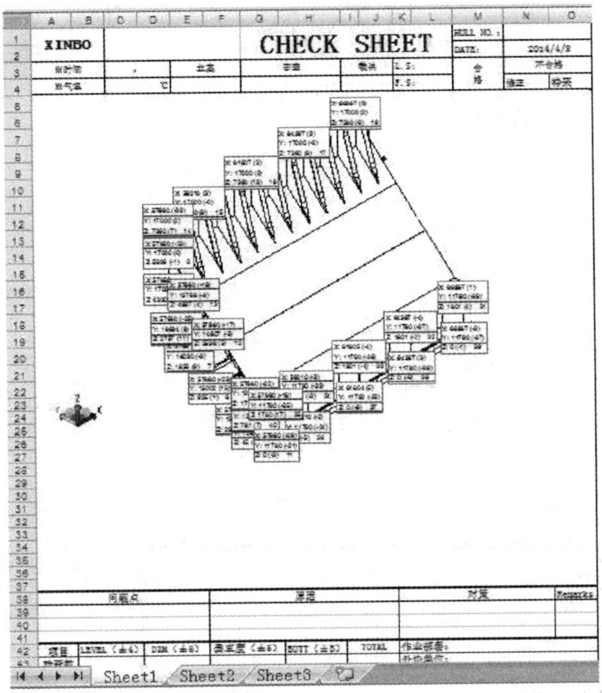

图 4.40　输出报告书

第七节　分段精度管理典型案例

精度控制基准书是按分段类型和区域编制的目标产品在零件加工、组立、总组、搭载各阶段的精度控制要点与具体措施,它是生产设计、建造工艺、现场精度管理等各方面的基准文件之一。

下面以 17 万吨级散货船为例,介绍典型产品的精度控制基准书,其他船型可以参照执行。

一、典型产品的精度控制基准书

提供船体建造过程中各种类型的零部件的尺寸及形状标准,作为精度检测及精度控制的基准,最终确保分段、总段及搭载的精度控制满足规范要求,提高生产效率,见表 4.6。

表 4.6　精度管理部部门考核基准

序号	区域	管理项目	图示	检查位置	管理基准	极限范围
1	加工	主板切割	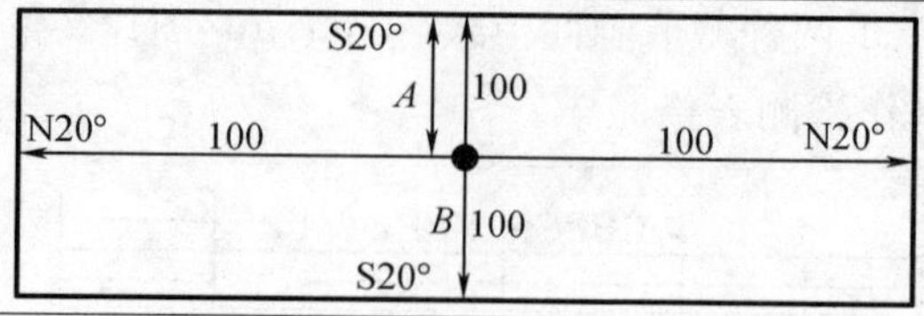	长度 A	±2	±3
2				宽度 B	±2	±3
3		坡口	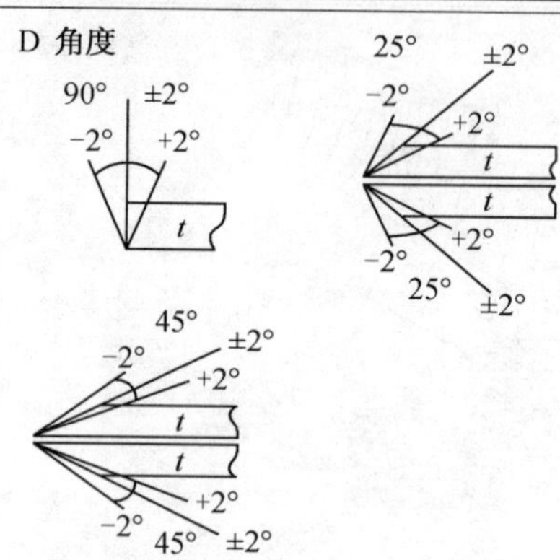	角度	±0°	±3°
4		钢板 M. K	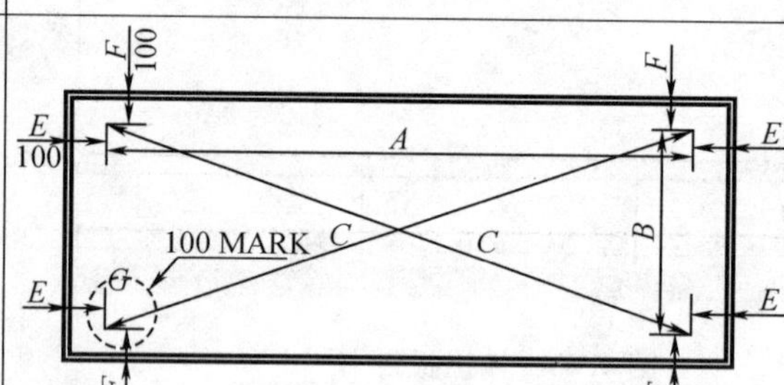	长度 A	±2	±3
				宽度 B	±2	±3
				对角线 C	±2	±4
				基准长 E	±0	±2
				基准宽 F	±0	±2
				M. K 粗细	±1	±1
5		FLOOR 切割	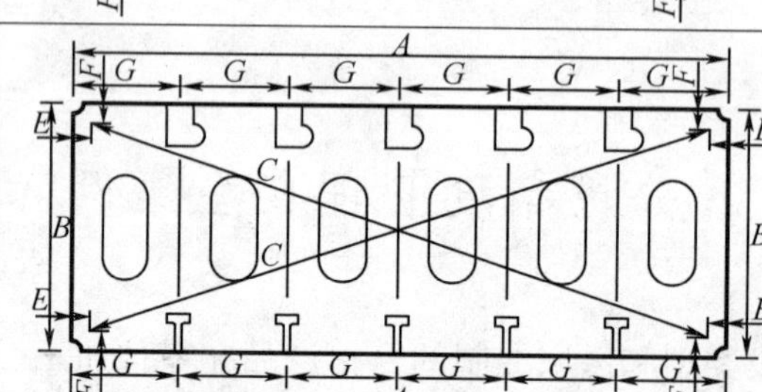	长度 A	±2	±3
				高度 B	±2	±3
				对角线 C	±2	±3
				基准长 E	±2	±2
				基准宽 F	±2	±2
				SLOT 距离 G	±1	±2
6		纵桁切割	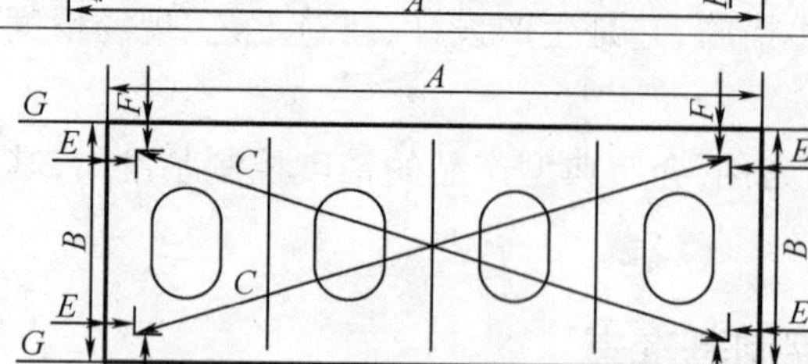	长度 A	±2	±3
				高度 B	±2	±3
				对角线 C	±2	±3
				基准长 E	±2	±2
				基准宽 F	±2	±2
				直线度	±2	±3

表 4.6(续)

序号	区域	管理项目	图示	检查位置	管理基准	极限范围
7	加工	加强切割	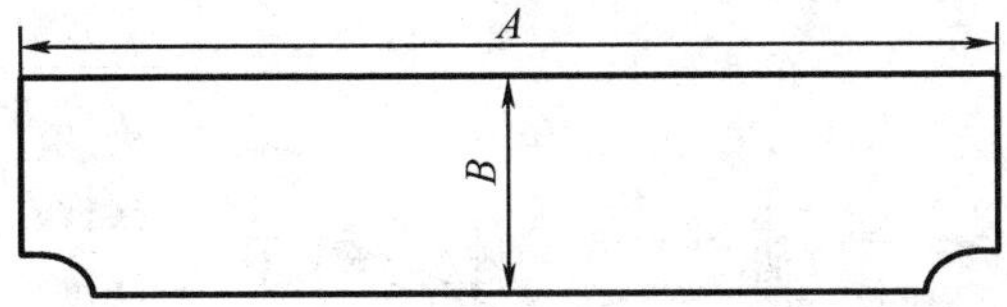	长度 *A*	±2	+2 ~ -3
				宽度 *B*	±2	±3
8		内部材	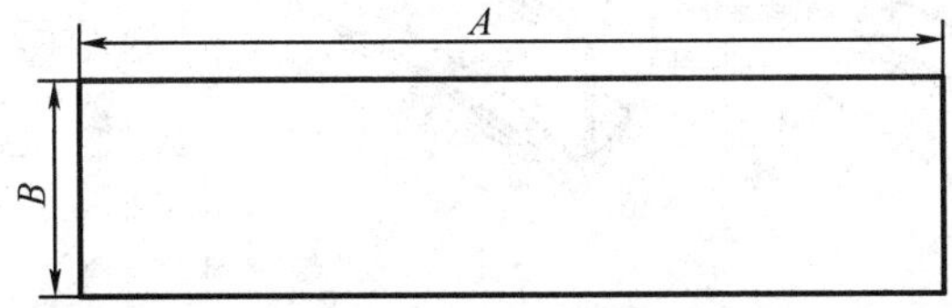	长度 *A*	±2	+2 ~ -3
				宽度 *B*	±2	±3
9	冷加工	纵向弯曲构件	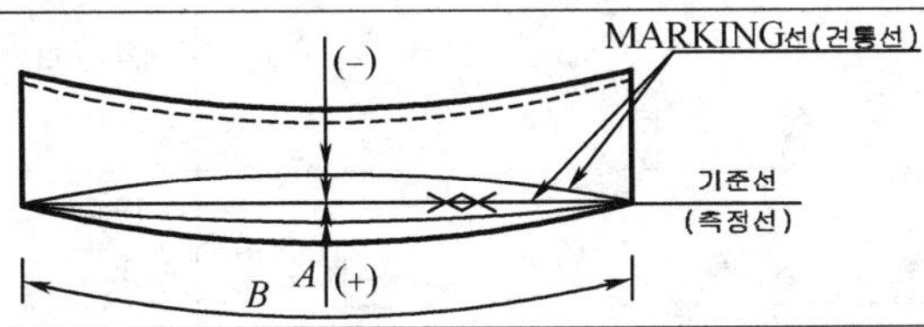	中性线 *A*	±3	±4
				长度 *B*	±3	±4
10		曲板构件	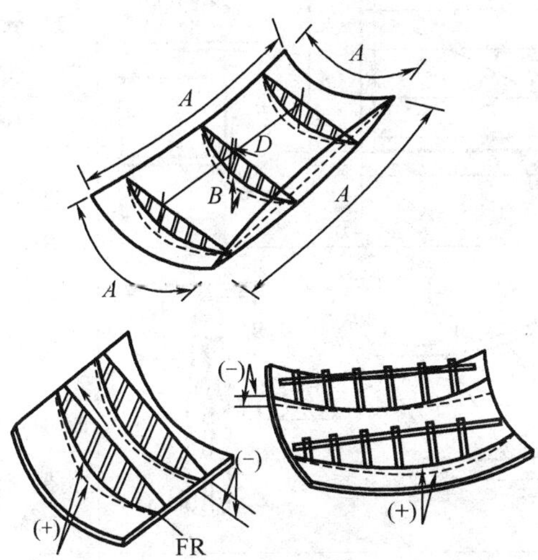	长、宽 *A*	±3	±4
				横向弯曲 *B*	±4	±6
				纵向弯曲 *C*	±4	±6
				垂直中心 *D*	3 mm 以内	4 mm 以内
				水平中心 *E*	3 mm 以内	4 mm 以内
11		折弯构件	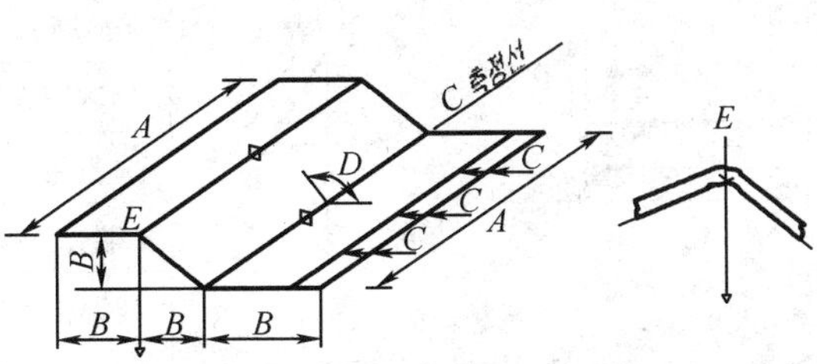	长度 *A*	±2	±5
				宽度 *B*	±2	±6
				直线度 *C*	±2	±6
				折角度 *D*	±1°	±2°
				垂线 *E*	±1°	±2°

表 4.6(续)

序号	区域	管理项目	图示	检查位置	管理基准	极限范围
12	冷加工	BUILE－UP构件	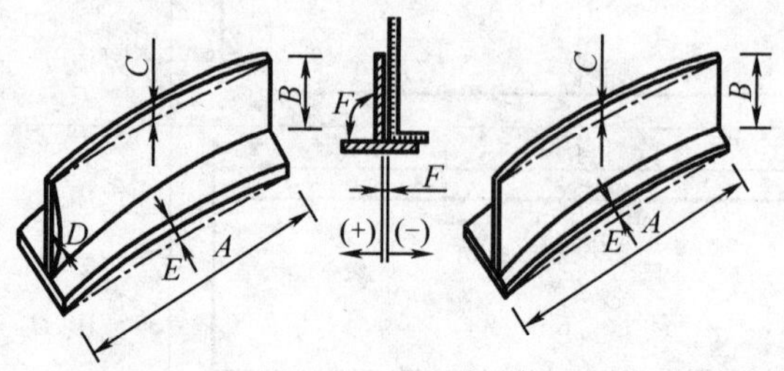	长度 *A*	±2	±3
				宽度 *B*	±2	±3
				腹板直线度 *C*	±3	±4
				腹板垂直度 *D*	±2	±3
				面板直线度 *E*	±2	±4
				面板垂直度 *F*	±2	±4
13		P/LINE钢板	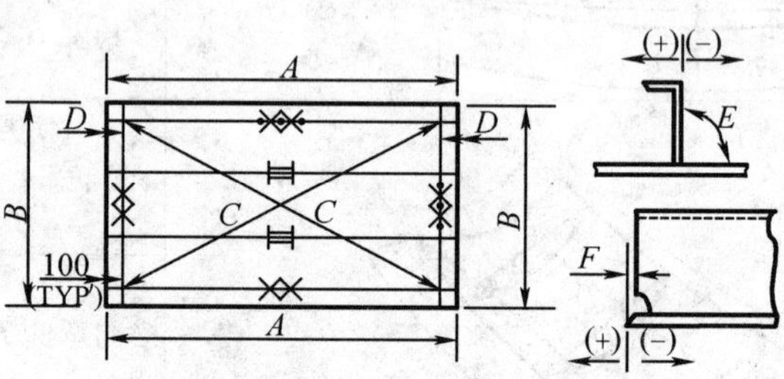	长度 *A*	±3	±5
				高、宽 *B*	±3	±5
				对角线 *C*	±3	±5
				基准线 *D*	±1	±2
				纵向角度 *E*	0 ~ +5	0 ~ +8
				纵向落差 *F*	1 ~ −2	+2 ~ −3
14		PIN－JIG管理	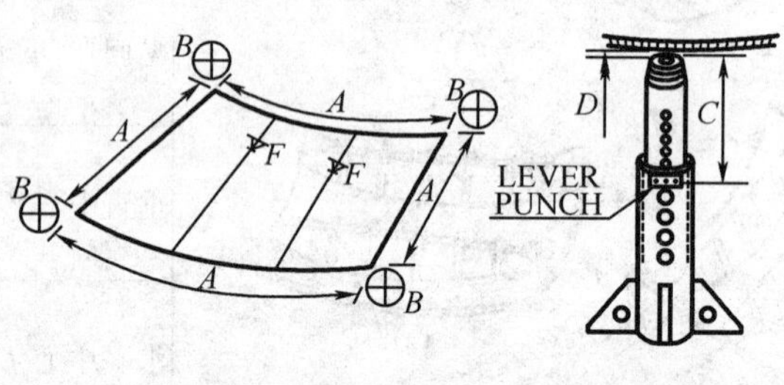	长、宽 *A*	±3	±4
				坐标	4 mm 以内	6 mm 以内
				胎架高度	±3	±4
				胎架与外板的间隙	4 mm 以内	6 mm 以内
15	组立	船尾部	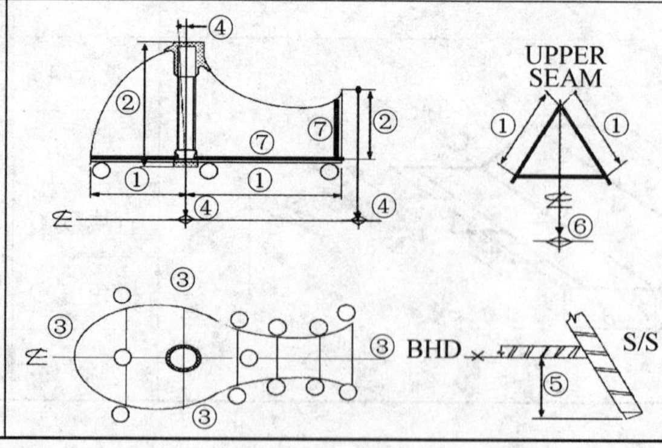	长(实长)1	±3	±5
				宽(高)2	±3	±5
				LEVEL3	±4	±6
				垂直度 4	±4	±6
				端差 5	±3	±5
				焊接保留 6	标准	
				端部背烧 7	0 ~ +3	0 ~ +5
				纵向角度 8	±4	±6

表 4.6(续)

<table>
<tr><th>序号</th><th>区域</th><th>管理项目</th><th>图示</th><th>检查位置</th><th>管理基准</th><th>极限范围</th></tr>
<tr><td rowspan="8">16</td><td rowspan="27">组立</td><td rowspan="8">船尾部</td><td rowspan="8">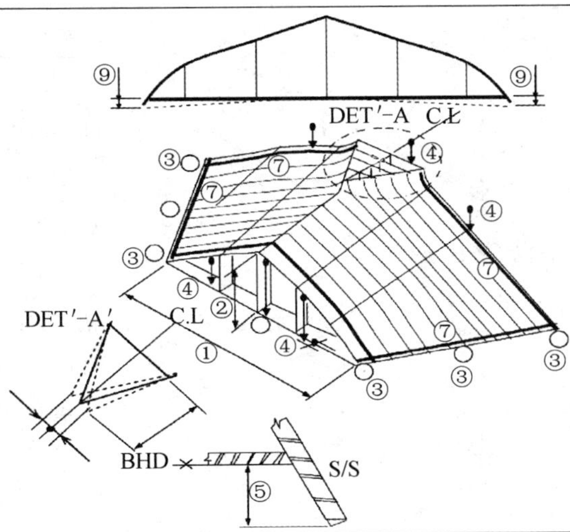</td><td>长(实长)1</td><td>±3</td><td>±6</td></tr>
<tr><td>宽(高)2</td><td>±3</td><td>±5</td></tr>
<tr><td>LEVEL3</td><td>±4</td><td>±6</td></tr>
<tr><td>垂直度 4</td><td>±4</td><td>±6</td></tr>
<tr><td>GIRTH LENGTH</td><td>±3</td><td>±5</td></tr>
<tr><td>CENTER LINE</td><td>±2</td><td>±4</td></tr>
<tr><td>端部背烧 7</td><td>0 ~ +3</td><td>0 ~ +6</td></tr>
<tr><td>受力变形</td><td></td><td>3/1 000 mm</td></tr>
<tr><td rowspan="8">17</td><td rowspan="8">艉轴部</td><td rowspan="8">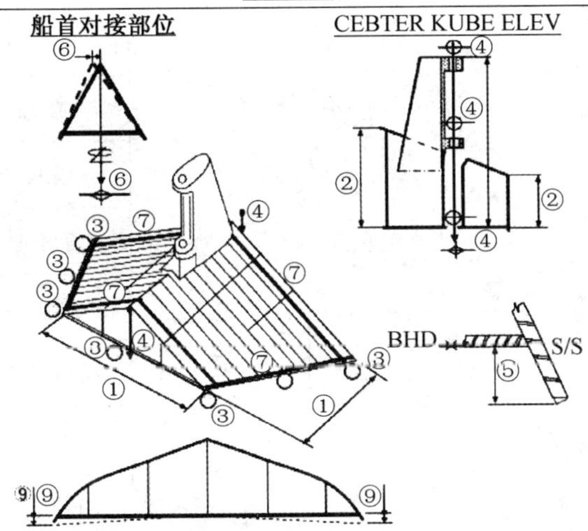</td><td>长(实长)1</td><td>±3</td><td>±6</td></tr>
<tr><td>宽(高)2</td><td>±3</td><td>±5</td></tr>
<tr><td>LEVEL3</td><td>±4</td><td>±6</td></tr>
<tr><td>垂直度 4</td><td>±4</td><td>±6</td></tr>
<tr><td>GIRTH LENGTH</td><td>±3</td><td>±5</td></tr>
<tr><td>CENTER LINE</td><td>±2</td><td>±4</td></tr>
<tr><td>端部背烧 7</td><td>0 ~ +3</td><td>0 ~ +6</td></tr>
<tr><td>受力变形</td><td></td><td>3/1 000 mm</td></tr>
<tr><td rowspan="8">18</td><td rowspan="8">舷侧部</td><td rowspan="8">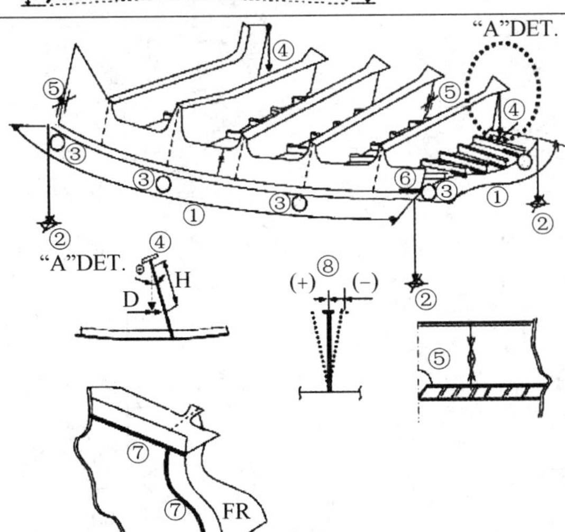</td><td>长(实长)1</td><td>±3</td><td>±6</td></tr>
<tr><td>宽(高)2</td><td>±3</td><td>±5</td></tr>
<tr><td>LEVEL3</td><td>±4</td><td>±6</td></tr>
<tr><td>垂直度 4</td><td>±4</td><td>±6</td></tr>
<tr><td>端差 5</td><td>±3</td><td>±5</td></tr>
<tr><td>焊接保留 6</td><td>标准</td><td></td></tr>
<tr><td>端部背烧 7</td><td>0 ~ +3</td><td>0 ~ +6</td></tr>
<tr><td>纵向角度 8</td><td>±4</td><td>±6</td></tr>
</table>

表 4.6(续)

序号	区域	管理项目	图示	检查位置	管理基准	极限范围
19	组立		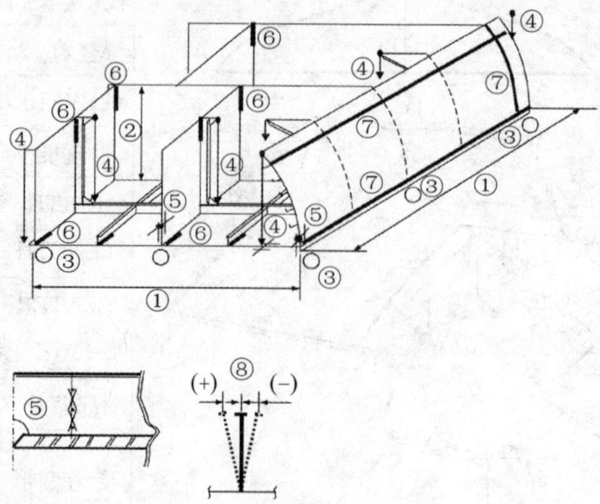	长(实长)1	±3	±6
				宽(高)2	±3	±5
				LEVEL3	±4	±6
				垂直度 4	±4	±6
				GIRTH LENGTH	±3	±5
				CENTER LINE	±2	±4
				端部背烧 7	0 ~ +3	0 ~ +6
				受力变形	3/1 000 mm	
20		中间船底部	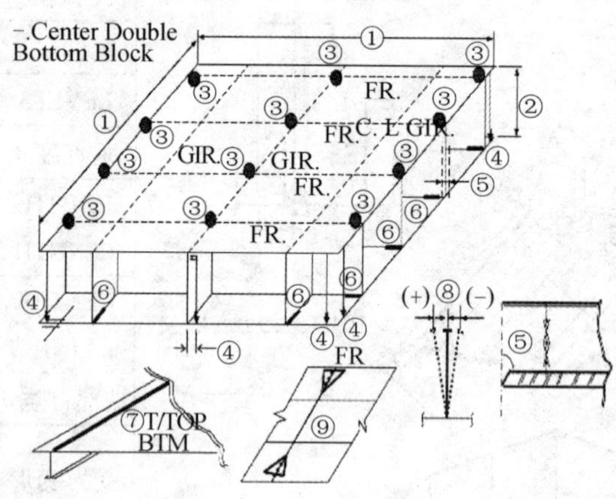	长(实长)1	±3	±6
				宽(高)2	±3	±5
				LEVEL3	±4	±6
				垂直度 4	±4	±6
				端差 5	±3	±5
				焊接保留 6	标准	
				端部背烧 7	0 ~ +3	0 ~ +6
				纵向角度 8	±4	±6
21			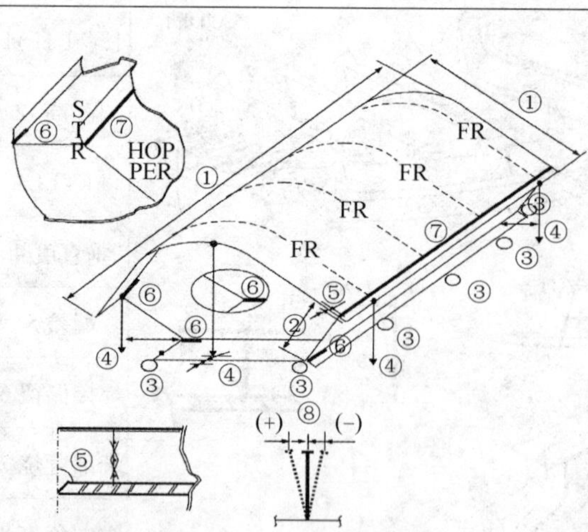	长(实长)1	±3	±6
				宽(高)2	±3	±5
				LEVEL3	±4	±6
				垂直度 4	±4	±6
				端差 5	±3	±5
				焊接保留 6	标准	
				端部背烧 7	0 ~ +3	0 ~ +5
				纵向角度 8	±4	±6

表 4.6(续)

序号	区域	管理项目	图示	检查位置	管理基准	极限范围
22	组立	船首部	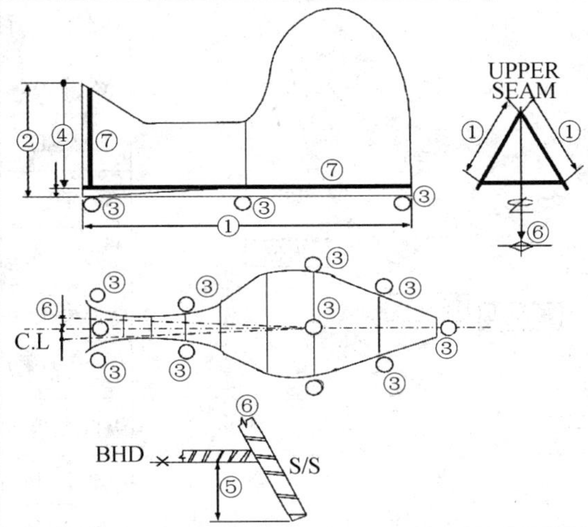	长(实长)1	±3	±6
				宽(高)2	±3	±5
				LEVEL3	±4	±6
				垂直度 4	±4	±6
				GIRTH LENGTH	±3	±5
				CENTER LINE	±2	±4
				端部背烧 7	0 ~ +3	0 ~ +5
				受力变形	7/1 000 mm	
23		机舱部	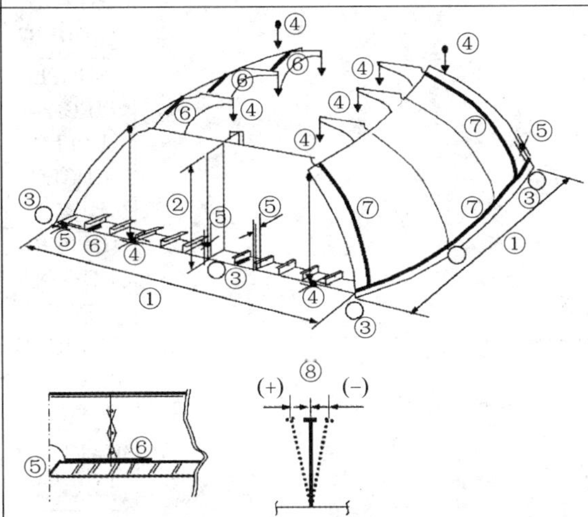	长(实长)1	±3	±6
				宽(高)2	±3	±5
				LEVEL3	±4	±6
				垂直度 4	±4	±6
				端差 5	±3	±5
				焊接保留 6	标准	
				端部背烧 7	0 ~ +3	0 ~ +5
				纵向角度 8	±4	±6
24		机舱部	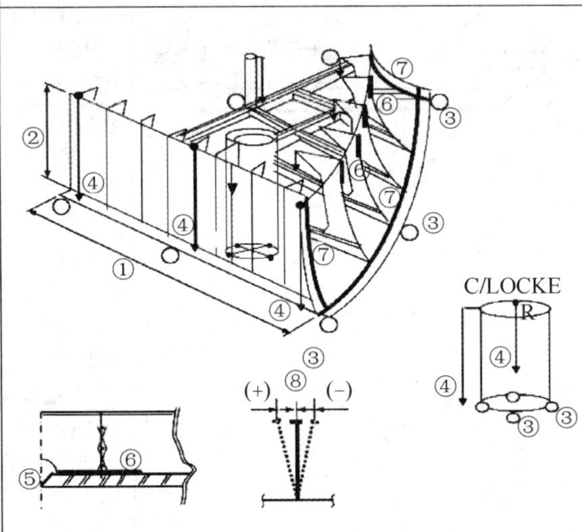	长(实长)1	±3	±6
				宽(高)2	±3	±4
				LEVEL3	±4	±6
				垂直度 4	±4	±6
				端差 5	±3	±5
				焊接保留 6	标准	
				端部背烧 7	0 ~ +3	0 ~ +5
				纵向角度 8	±4	±6

表 4.6(续)

序号	区域	管理项目	图示	检查位置	管理基准	极限范围
25	组立	机舱部	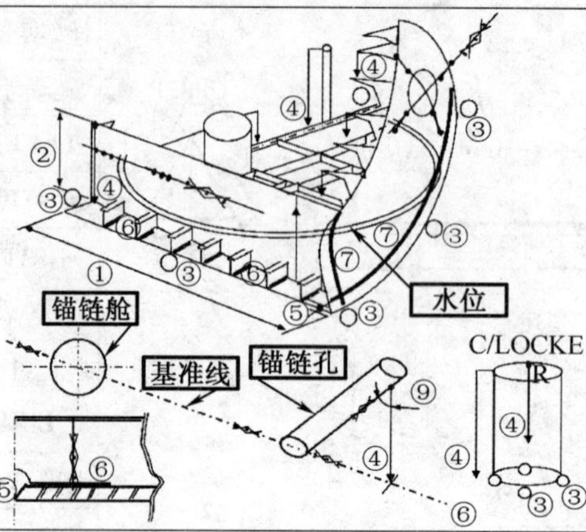	长(实长)1	±3	±6
				宽(高)2	±3	±5
				LEVEL3	±4	±6
				垂直度 4	±4	±6
				端差 5	±3	±5
				焊接保留 6	标准	
				端部背烧 7	0 ~ +3	0 ~ +5
				纵向角度 8	±4	±6
26	船坞	艉轴部	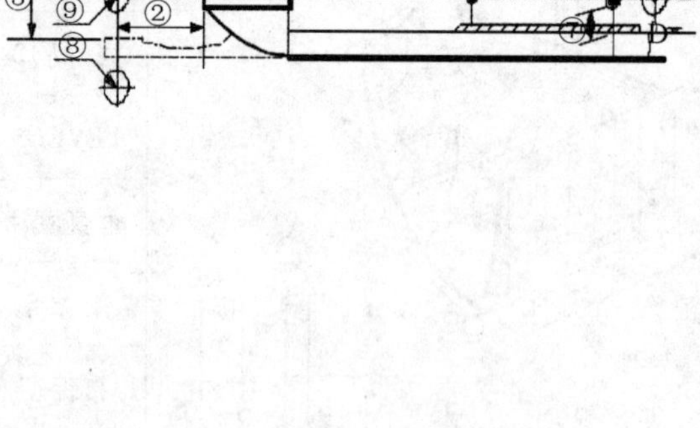	轴长 1	±4	±6
				BOSS END - RUDDER2	±4	±6
				SHOPE PIECE - UPPER GUDGEON 距离 3	±4	±6
				UPPER GUDEON - DK. STTERING PLATE 上面高度 4	±3	±5
				SHAFT C. L LEVEL5	±1	±2
				SHAFT C. L 移动(左、右)6	±3	±5
				SHAFT C. L 高度 7	±4	±6
				移动 DK. 上的 LOW UPP. GUDGEON(包括 SHOPE PIECE)8	±4	±6
				GUDGEON C.L 与 SHAFT C. L 重合合误差 9	±4	±6

表 4.6(续)

序号	区域	管理项目	图示	检查位置	管理基准	极限范围
27	船坞	合龙	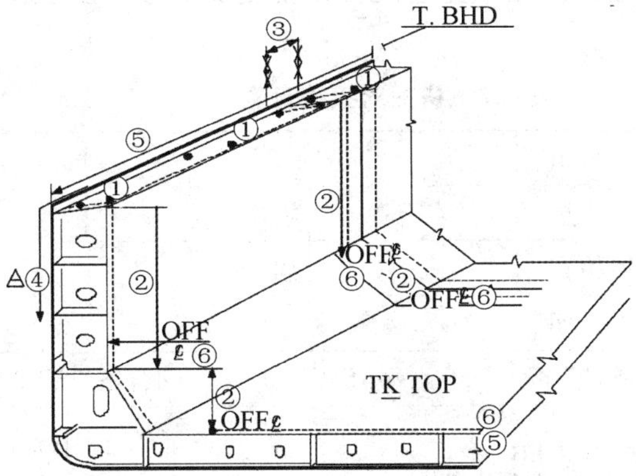	LEVEL1	±5	±8
				高度 2	±5	±8
				CONT. L SPACE3	±5	±8
				垂直度 4	±5	±8
				长度	±5	±8
				宽度	±5	±8
				高度 2	±5	±8
				CENTER LINE 移动 3	±5	±8
				CONT. L SPACE 4	±5	±8
				垂直度 5	±5	±8
				长度 6	±5	±8
				宽度 7	±5	±8

二、典型产品的精度测量表

精度测量表目的是对实物模型进行尺寸管理控制，详细呈现分段测量点，提供准确数据，方便现场精度管理员进行测量管理，为分段施工控制进行指导。

1. 精度测量表管理项目

精度测量表管理项目：长度、宽度、坡口、对角线、垂直度、重合度、斜度、断差、平板水平度、曲板水平度、外板距中心线距离、中心线偏差、半宽、船首、船尾分段对接处、分段的三维管理点船体坐标。

精度测量表检查阶段分为主板对接、中组、大组、总组、搭载。

2. 测量表设绘说明

(1) 精度测量表中三角形表示垂直度，圆形表示水平度。

(2) 精度测量表中标记的理论线符号，表示尺寸以理论线量起。

(3) 精度测量表中均标注分段方向，PORT 表示左、STB'D 表示右、TOP 表示上、BTM 表示下。

(4) 正文顶部 - 精度表的分段信息，中间 - 被测量的分段尺寸及信息。

(5) 下框栏各阶段精度检查基准 - 尺寸(长/宽) ±5 mm、末端断差 ±3 mm、

DIMENSION ±5 mm、垂直度 ±6 mm、LEVEL ±6 mm、OFF - C. L ±2,用来判断分段合格的基准。

(6)下框栏 - 问题:反馈被测量分段尺寸上出现较大偏差问题。原因:造成尺寸较大偏差的原因。对策:理出解决方案,避免下次再出现同样的问题。

(7)三维精度表标有 X,Y,Z 分别表示船长、船宽、船高。

3. 分段制作阶段精度检查

(1)平直分段典型精度测量表及平直主板对接精度测量表,见表 4.7 ~ 表 4.9。

表 4.7 拼板对接检查表

拼板对接检查表		生产班组		决裁	担当	主任	部长
		施工人员					
船号		精度检查					
分段号	524/534 - LB	检查日期					
示意图	胎架是否自检	□是/□否	水平情况	□合格 □良好 □不合格			

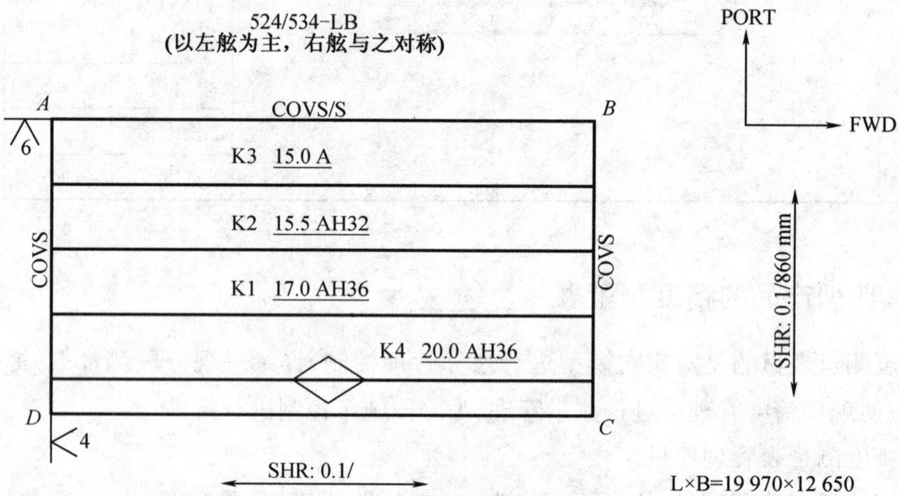

焊前尺寸						检测结果	
项目	编号	焊前理论尺寸	自测数据	检查数据	偏差	自测人/日期	
长	AB	19968				精度员/日期	
	CD	19968				备注	
宽	AD	12658					
	BC	12658					
对角线	AC	23644					
	BD	23644					

表 4.7(续)

<table>
<tr><td colspan="6">焊后尺寸</td><td>检测结果</td><td></td></tr>
<tr><td>项目</td><td>编号</td><td>焊前理论尺寸</td><td>自测数据</td><td>检查数据</td><td>偏差</td><td>自测人/日期</td><td></td></tr>
<tr><td rowspan="2">长</td><td>AB</td><td>19968</td><td></td><td></td><td></td><td>精度员/日期</td><td></td></tr>
<tr><td>CD</td><td>19968</td><td></td><td></td><td></td><td>备注</td><td></td></tr>
<tr><td rowspan="2">宽</td><td>AD</td><td>12655</td><td></td><td></td><td></td><td colspan="2" rowspan="4"></td></tr>
<tr><td>BC</td><td>12655</td><td></td><td></td><td></td></tr>
<tr><td rowspan="2">对角线</td><td>AC</td><td>23642</td><td></td><td></td><td></td></tr>
<tr><td>BD</td><td>23642</td><td></td><td></td><td></td></tr>
<tr><td rowspan="4">检查基准</td><td>项目</td><td>基准</td><td colspan="5">备注</td></tr>
<tr><td>长</td><td>±3</td><td colspan="5" rowspan="3"></td></tr>
<tr><td>宽度</td><td>±3</td></tr>
<tr><td>对角线</td><td>±5</td></tr>
</table>

备注:1. 焊前理论尺寸 = 理论尺寸 + 补偿 + 分散延长 + 板缝补偿 - 坡口间隙。

2. 焊后理论尺寸 = 理论尺寸 + 补偿 + 分散延长 - 坡口间隙。

表4.8 平直中组阶段精度检查表

<table>
<tr><td colspan="2">精度检查测量表</td><td>施工单位</td><td></td><td rowspan="4">生产</td><td>审查</td><td rowspan="4">精度管理部</td><td>担当</td><td>主管</td><td>部长</td></tr>
<tr><td colspan="2">CSSC A/C CHK - SHEET</td><td>施工负责人</td><td></td><td rowspan="3"></td><td rowspan="3"></td><td rowspan="3"></td><td rowspan="3"></td></tr>
<tr><td>船号</td><td></td><td>测量者</td><td></td></tr>
<tr><td>BLK. NO</td><td>B24/34</td><td>校对日期</td><td></td></tr>
</table>

TOP SIDE WING TANK BOTTOM PLAN(P&S)

524/534

(以534-LB13A为基准，534-LB12A与之对称)

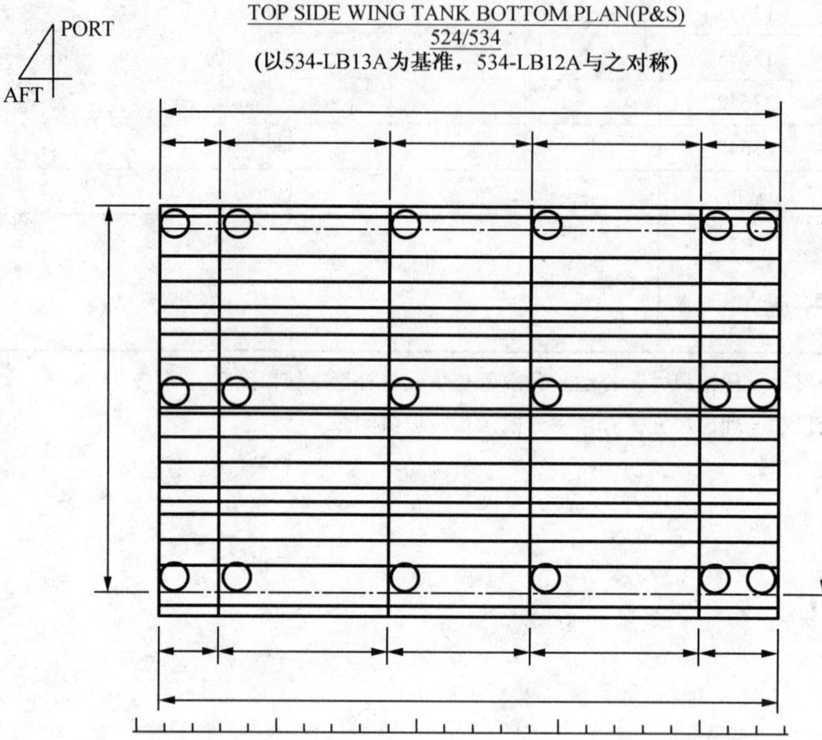

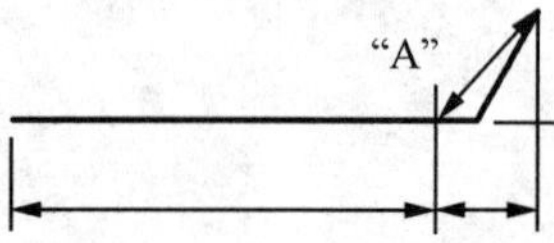

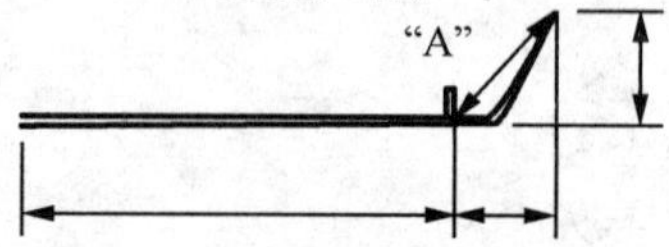

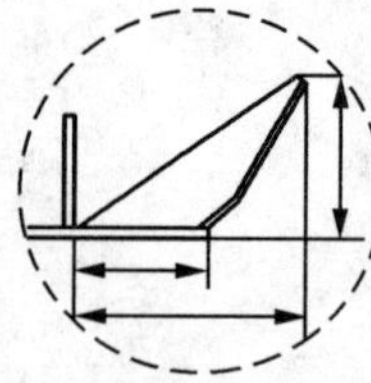

断差

方向＼测量	±2 mm	±2以上
MT		
M		

垂直度

测量点	1	2	3	4	5	6	7	8
设计值	100	100	100	100	100	100	100	100
测量值								

<table>
<tr><td rowspan="5">精度检查基准</td><td>尺寸(长/宽)</td><td>±5 mm</td><td rowspan="5">问题、原因、对策</td></tr>
<tr><td>末端渐益</td><td>±5 mm</td></tr>
<tr><td>DIMEISIDM</td><td>±5 mm</td></tr>
<tr><td>适宜度</td><td>±5 mm</td></tr>
<tr><td>LEVEI</td><td>±5 mm</td></tr>
</table>

表 4.9　平直大组阶段精度检查表

<table>
<tr><td colspan="2" rowspan="2">精度检查测量表
CSSC A/C CHK - SHEET</td><td>施工单位</td><td></td><td rowspan="4">生产</td><td>审查</td><td rowspan="4">精度管理部</td><td>担当</td><td>主管</td><td>部长</td></tr>
<tr><td>施工负责人</td><td></td><td rowspan="3"></td><td colspan="3" rowspan="3"></td></tr>
<tr><td>船号</td><td></td><td>测量者</td><td></td></tr>
<tr><td>BLK. NO</td><td>524/34</td><td>校对日期</td><td></td></tr>
</table>

TUPPER DECK PLAN(P&S)
(以624为基线，684与对称)

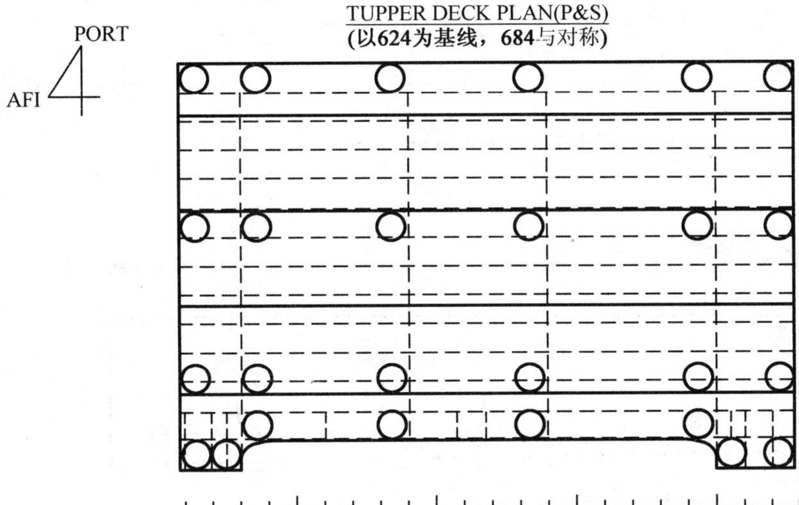

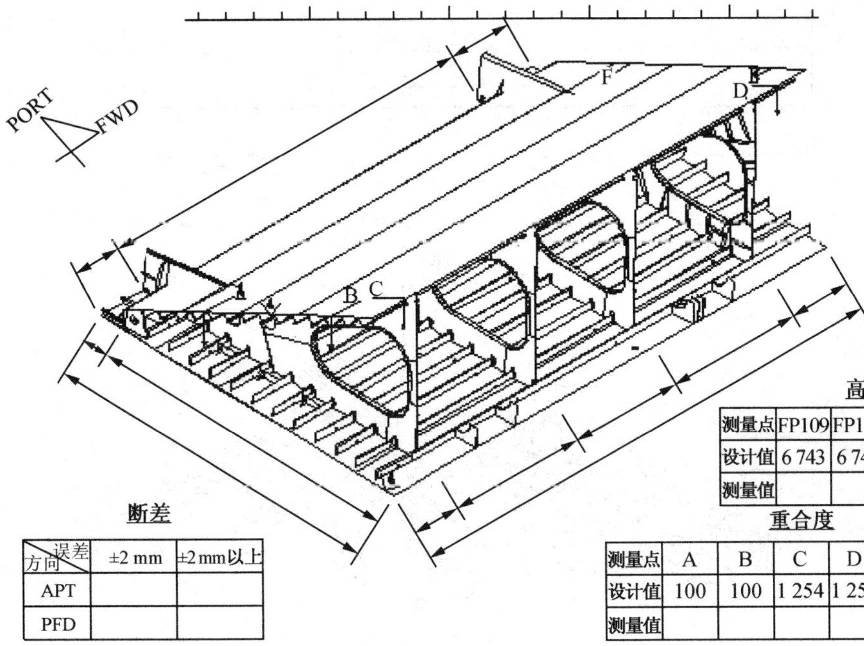

高度

测量点	FP109	FP114	FP119	FP125
设计值	6 743	6 743	6 743	6 743
测量值				

重合度

测量点	A	B	C	D	E	F
设计值	100	100	1 254	1 254	100	100
测量值						

断差

误差 方向	±2 mm	±2 mm以上
APT		
PFD		

<table>
<tr><td rowspan="5">精度检查基准</td><td>尺寸(长/宽)</td><td>±5 mm</td><td rowspan="5">问题、原因、对策</td></tr>
<tr><td>末端渐益</td><td>±5 mm</td></tr>
<tr><td>DIMEISIDM</td><td>±5 mm</td></tr>
<tr><td>适宜度</td><td>±5 mm</td></tr>
<tr><td>LEVEI</td><td>±5 mm</td></tr>
</table>

(2)曲面分段典型精度测量表,见表4.10~表4.12。

表4.10 曲面中组阶段外板精度测量表

<table>
<tr><td colspan="2">精度检查测量表</td><td>施工单位</td><td></td><td rowspan="4">生
产</td><td>审查</td><td rowspan="4">精度
管理
部</td><td>担当</td><td>主管</td><td>部长</td></tr>
<tr><td colspan="2">CSSC A/C CHK-SHEET</td><td>施工负责人</td><td></td><td rowspan="3"></td><td rowspan="3"></td><td rowspan="3"></td><td rowspan="3"></td></tr>
<tr><td>船号</td><td></td><td>测量者</td><td></td></tr>
<tr><td>BLK.NO</td><td>144/54</td><td>校对日期</td><td></td></tr>
</table>

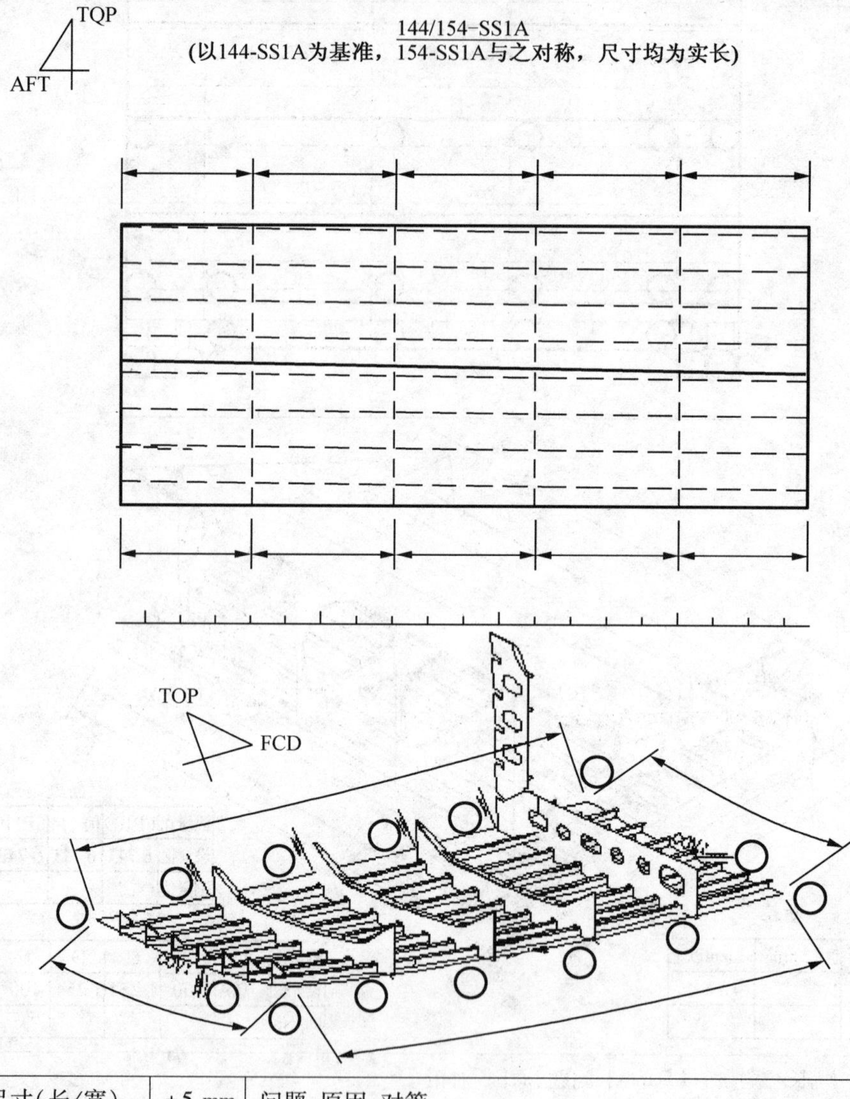

<table>
<tr><td rowspan="5">精度
检查
基准</td><td>尺寸(长/宽)</td><td>±5 mm</td><td rowspan="5">问题、原因、对策</td></tr>
<tr><td>末端渐益</td><td>±5 mm</td></tr>
<tr><td>DIMEISIDM</td><td>±5 mm</td></tr>
<tr><td>适宜度</td><td>±5 mm</td></tr>
<tr><td>LEVEI</td><td>±5 mm</td></tr>
</table>

表 4.11　曲面中组阶段甲板精度测量表

<table>
<tr><td colspan="2" rowspan="2">精度检查测量表
CSSC A/C CHK - SHEET</td><td>施工单位</td><td></td><td rowspan="4">生产</td><td>审查</td><td rowspan="4">精度管理部</td><td>担当</td><td>主管</td><td>部长</td></tr>
<tr><td>施工负责人</td><td></td><td rowspan="3"></td><td rowspan="3"></td><td rowspan="3"></td><td rowspan="3"></td></tr>
<tr><td>船号</td><td></td><td>测量者</td><td></td></tr>
<tr><td>BLK. NO</td><td>144</td><td>校对日期</td><td></td></tr>
</table>

UPPER DECK PLAN

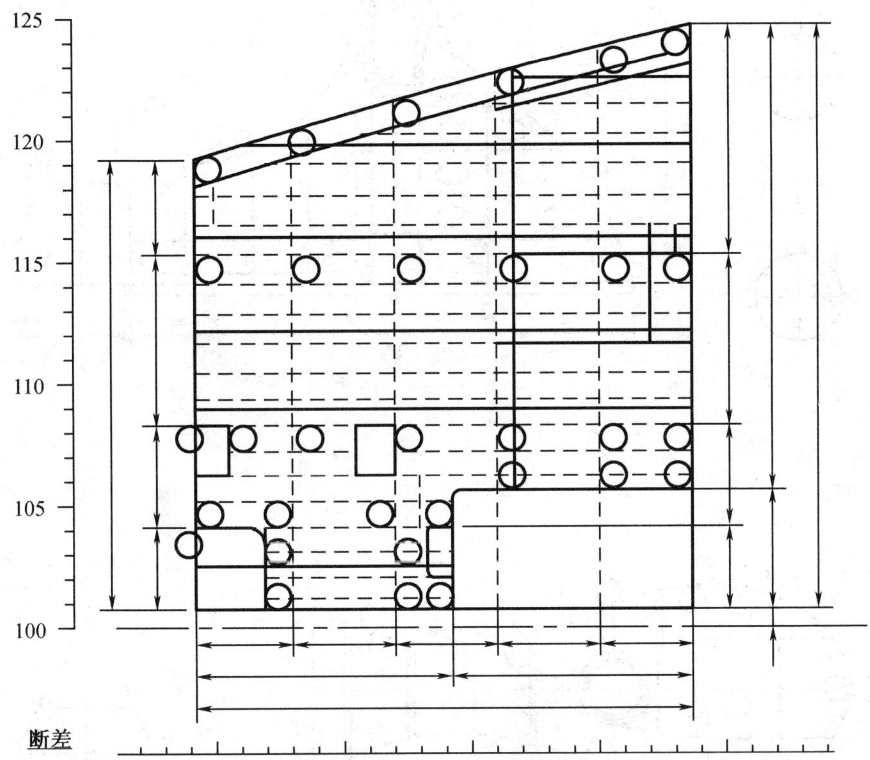

断差

方向＼误差	±2 mm	±2 mm以上
APT		
PFD		

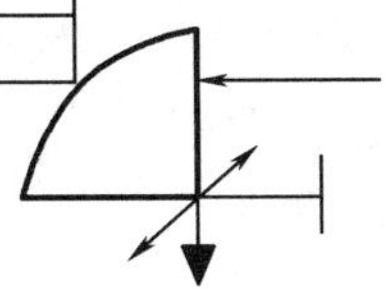

"B"&"L"CHECK

FR NO							
"B"	正值						
	误差						
"L"	误差						

<table>
<tr><td rowspan="5">精度检查基准</td><td>尺寸(长/宽)</td><td>±5 mm</td><td rowspan="5">问题、原因、对策</td></tr>
<tr><td>末端渐益</td><td>±5 mm</td></tr>
<tr><td>DIMEISIDM</td><td>±5 mm</td></tr>
<tr><td>适宜度</td><td>±5 mm</td></tr>
<tr><td>LEVEI</td><td>±5 mm</td></tr>
</table>

表 4.12 曲面大组阶段艉部轴孔精度测量表

<table>
<tr><td colspan="2">精度检查测量表</td><td>施工单位</td><td></td><td rowspan="4">生产</td><td>审查</td><td rowspan="4">精度管理部</td><td>担当</td><td>主管</td><td>部长</td></tr>
<tr><td colspan="2">CSSC A/C CHK - SHEET</td><td>施工负责人</td><td></td><td rowspan="3"></td><td colspan="3" rowspan="3"></td></tr>
<tr><td>船号</td><td></td><td>测量者</td><td></td></tr>
<tr><td>BLK. NO</td><td>110</td><td>校对日期</td><td></td></tr>
</table>

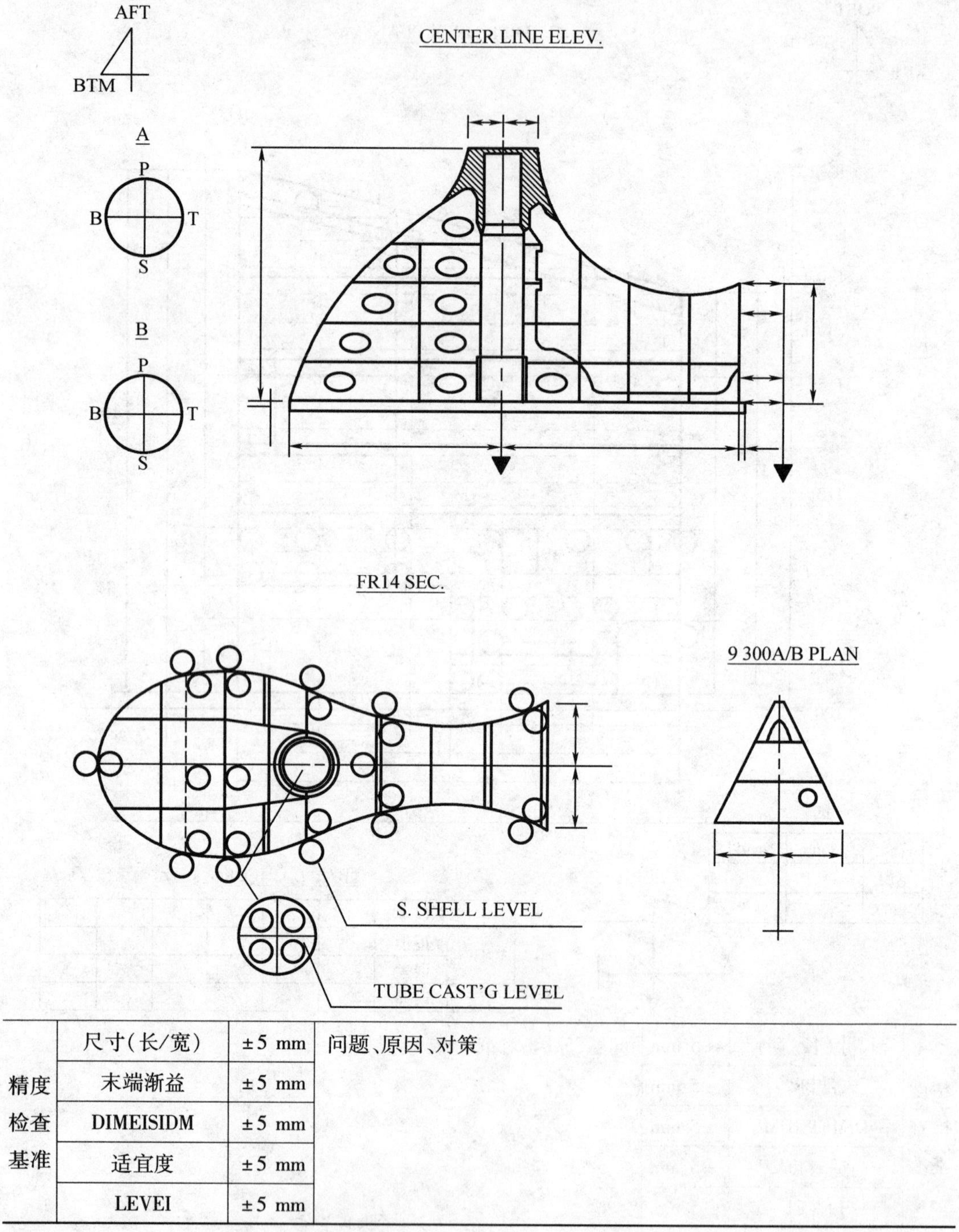

<table>
<tr><td rowspan="5">精度检查基准</td><td>尺寸(长/宽)</td><td>±5 mm</td><td rowspan="5">问题、原因、对策</td></tr>
<tr><td>末端渐益</td><td>±5 mm</td></tr>
<tr><td>DIMEISIDM</td><td>±5 mm</td></tr>
<tr><td>适宜度</td><td>±5 mm</td></tr>
<tr><td>LEVEI</td><td>±5 mm</td></tr>
</table>

4. 总组阶段典型精度测量表，见表 4.13。

表 4.13　曲面总组阶段典型精度测量表

<table>
<tr><td colspan="2" rowspan="2">精度检查测量表
CSSC A/C CHK - SHEET</td><td>施工单位</td><td></td><td rowspan="4">生产</td><td>审查</td><td rowspan="4">精度管理部</td><td>担当</td><td>主管</td><td>部长</td></tr>
<tr><td>施工负责人</td><td></td><td rowspan="3"></td><td rowspan="3"></td><td rowspan="3"></td><td rowspan="3"></td></tr>
<tr><td>船号</td><td></td><td>测量者</td><td></td></tr>
<tr><td>BLK. NO</td><td>11A</td><td>校对日期</td><td></td></tr>
</table>

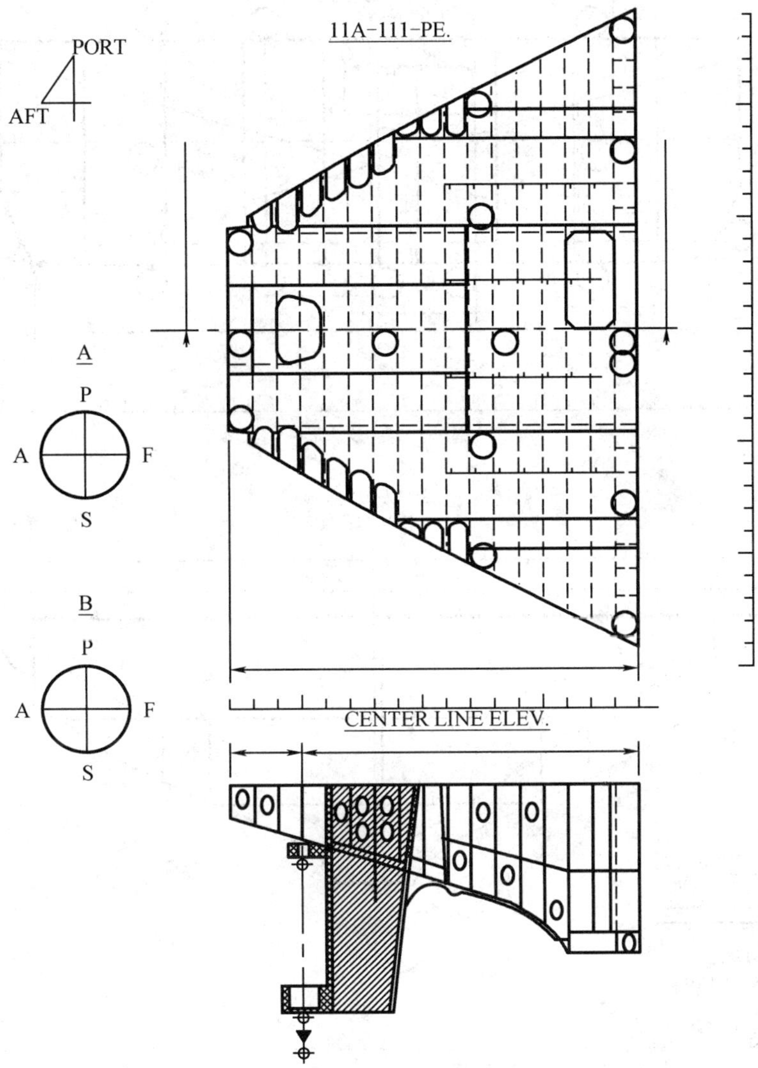

<table>
<tr><td rowspan="5">精度检查基准</td><td>尺寸(长/宽)</td><td>±5 mm</td><td rowspan="5">问题、原因、对策</td></tr>
<tr><td>末端渐益</td><td>±5 mm</td></tr>
<tr><td>DIMEISIDM</td><td>±5 mm</td></tr>
<tr><td>适宜度</td><td>±5 mm</td></tr>
<tr><td>LEVEI</td><td>±5 mm</td></tr>
</table>

表 4.13(续)

<table>
<tr><td colspan="2">精度检查测量表</td><td>施工单位</td><td></td><td rowspan="4">生产</td><td>审查</td><td rowspan="4">精度管理部</td><td>担当</td><td>主管</td><td>部长</td></tr>
<tr><td colspan="2">CSSC A/C CHK - SHEET</td><td>施工负责人</td><td></td><td rowspan="3"></td><td rowspan="3"></td><td rowspan="3"></td><td rowspan="3"></td></tr>
<tr><td>船号</td><td></td><td>测量者</td><td></td></tr>
<tr><td>BLK. NO</td><td>11A</td><td>校对日期</td><td></td></tr>
</table>

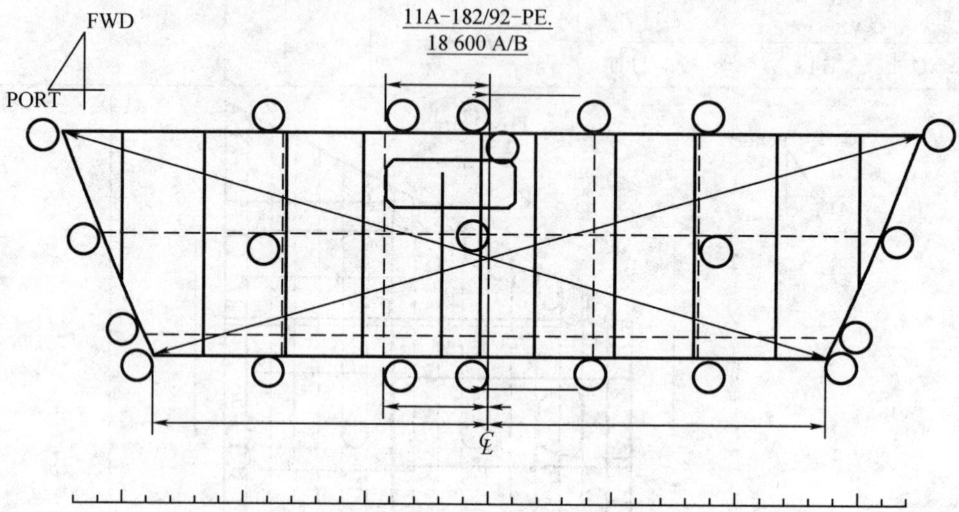

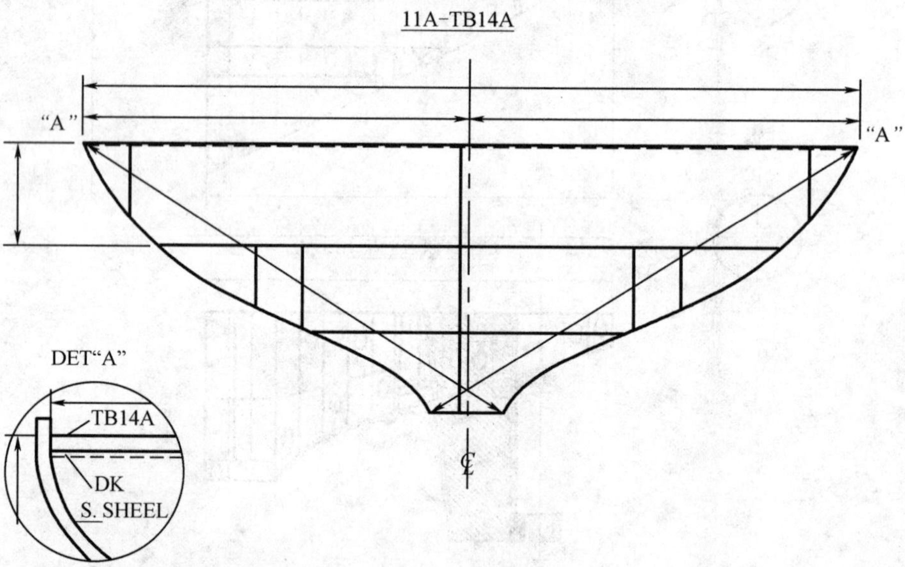

<table>
<tr><td rowspan="5">精度检查基准</td><td>尺寸(长/宽)</td><td>±5 mm</td><td rowspan="5">问题、原因、对策</td></tr>
<tr><td>末端渐益</td><td>±5 mm</td></tr>
<tr><td>DIMEISIDM</td><td>±5 mm</td></tr>
<tr><td>适宜度</td><td>±5 mm</td></tr>
<tr><td>LEVEI</td><td>±5 mm</td></tr>
</table>

表 4.13(续)

<table>
<tr><td colspan="2">精度检查测量表
CSSC A/C CHK - SHEET</td><td>施工单位</td><td></td><td rowspan="4">生产</td><td>审查</td><td rowspan="4">精度管理部</td><td>担当</td><td>主管</td><td>部长</td></tr>
<tr><td colspan="2"></td><td>施工负责人</td><td></td><td rowspan="3"></td><td rowspan="3"></td><td rowspan="3"></td><td rowspan="3"></td></tr>
<tr><td>船号</td><td></td><td>测量者</td><td></td></tr>
<tr><td>BLK. NO</td><td>11A</td><td>校对日期</td><td></td></tr>
</table>

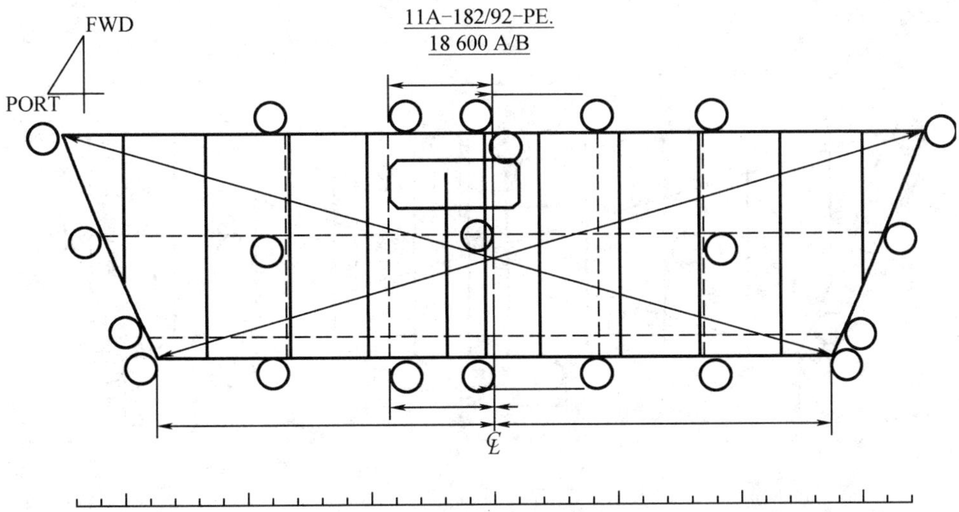

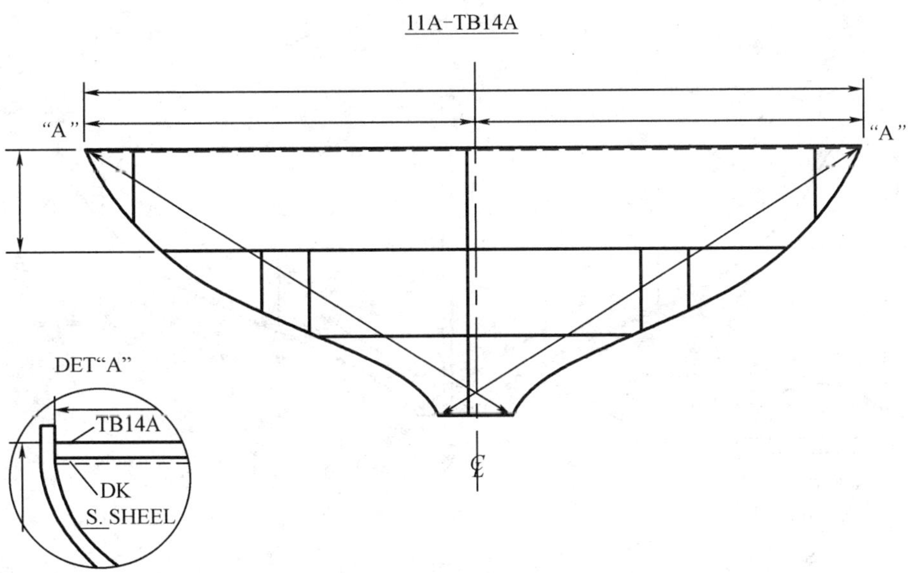

<table>
<tr><td rowspan="5">精度
检查
基准</td><td>尺寸(长/宽)</td><td>±5 mm</td><td rowspan="5">问题、原因、对策</td></tr>
<tr><td>末端渐益</td><td>±5 mm</td></tr>
<tr><td>DIMEISIDM</td><td>±5 mm</td></tr>
<tr><td>适宜度</td><td>±5 mm</td></tr>
<tr><td>LEVEI</td><td>±5 mm</td></tr>
</table>

表 4.13(续)

<table>
<tr><td colspan="2">精度检查测量表</td><td>施工单位</td><td></td><td rowspan="4">生产</td><td>审查</td><td rowspan="4">精度管理部</td><td>担当</td><td>主管</td><td>部长</td></tr>
<tr><td colspan="2">CSSC A/C CHK - SHEET</td><td>施工负责人</td><td></td><td rowspan="3"></td><td rowspan="3"></td><td rowspan="3"></td><td rowspan="3"></td></tr>
<tr><td>船号</td><td></td><td>测量者</td><td></td></tr>
<tr><td>BLK. NO</td><td>11A</td><td>校对日期</td><td></td></tr>
</table>

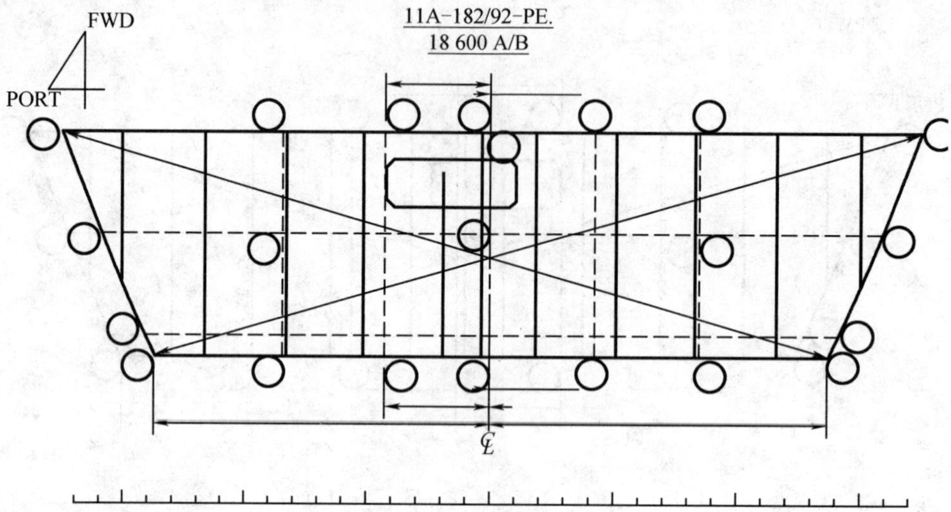

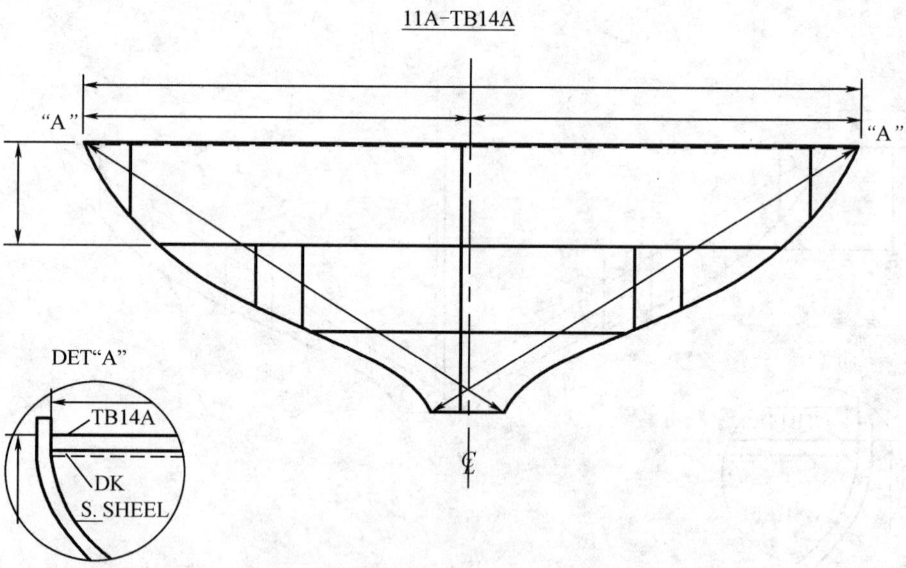

精度检查基准	尺寸(长/宽)	±5 mm	问题、原因、对策
	末端渐益	±5 mm	
	DIMEISIDM	±5 mm	
	适宜度	±5 mm	
	LEVEI	±5 mm	

表 4.13(续)

精度检查测量表 CSSC A/C CHK - SHEET		施工单位		生产	审查	精度管理部	担当	主管	部长
		施工负责人							
船号		测量者							
BLK. NO	11A	校对日期							

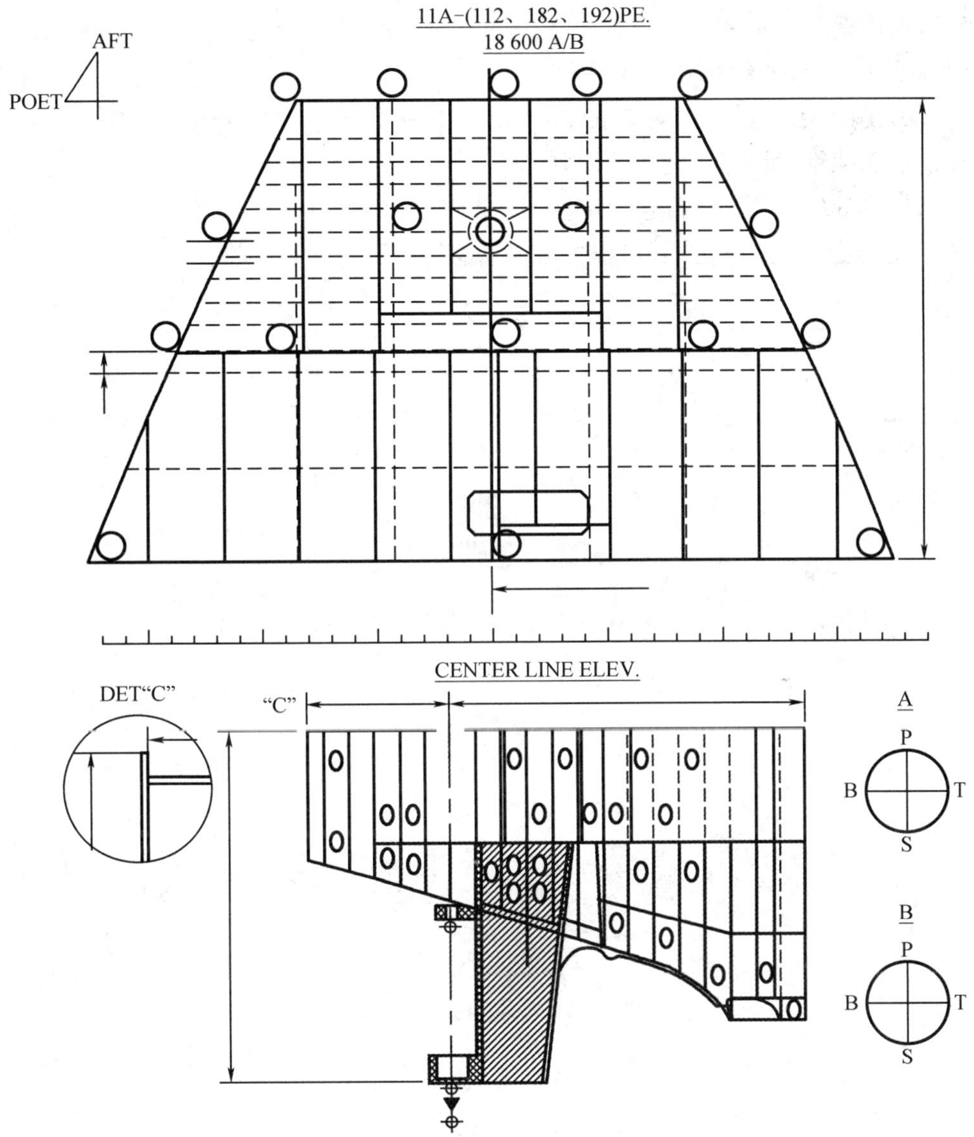

精度检查基准	尺寸(长/宽)	±5 mm	问题、原因、对策
	末端渐益	±5 mm	
	DIMEISIDM	±5 mm	
	适宜度	±5 mm	
	LEVEI	±5 mm	

思考题:

1. 什么是分段精度建造工艺？分段精度建造的常用技术有哪些？
2. 简述船体的分段划分的依据与原则。
3. 简述船体结构焊接的特点。
4. 简述船体结构的焊接顺序以及焊接顺序的原则。
5. 分段建造的构架装配方法有哪些？
6. 什么是平台,平台的分类有哪些？
7. 什么是胎架,常用的胎架基准面的切取方法有哪些？胎架的通常分类有哪些？
8. 简述胎架精度设计应遵循的原则。
9. 胎架设计精度管理标准包含哪些？
10. 分段施工过程精度控制过程中需要考虑的主要内容有哪些？

第五章 大组立分段精度装焊工艺

船体大组立分段主要包括:船尾分段、机舱分段、中部分段、船首分段等分段。常见船体大组立分段精度控制的管理有大组立分段的装配步骤、大组立分段的精度控制检测、大组立分段的精度控制质量要求和大组立分段的精度数据分析与管理。大组立分段在精度建造过程中的工艺方法有其特殊性,需要根据其结构特征和精度控制难点,规范其工艺流程,并采用相应的精度控制方法进行数据分析和工艺处理。

第一节 大组立分段装配的精度装焊流程

底部分段从结构形式上分为双底和单底两大类。由于底部分段的结构及钢板的厚度不同,因此装配方法有正装和倒装两种。正装法是以外底板为基准面,一般在胎架上装焊,因此能够保证底部的正确型线。对于单底结构或壳板较薄的底部分段,特别是成批生产这类结构的产品,多采用正装法。

下面仅就底部立体分段正装的装焊制造过程和装焊要点做简要介绍。

1. 制造胎架

双层底立体分段的胎架通常选择平切基准面,并由坚固的基础、胎架底座、胎架模板、纵横向牵条、边缘角钢以及胎架中心线画线架、拉马角钢等组成,一般使用横向模板胎架。

2. 底板装焊

从 K 行板开始,依次将平直部分和曲形部分的外底板吊上胎架,并将接缝边的铁锈用砂轮清除干净。

3. 在底板上画纵横骨架线

根据胎架中心线在分段的两端标出中心点,连接该两点即得分段中心线。然后画出肋骨线,肋骨线的画法有下列几种:第一种是激光经纬仪法;第二种是拉线架吊线锤法;第三种是基准线对线法。以上画线方法,根据实际情况任选一种。纵横骨架线画妥后,需进行复查,并做出标记。

4. 纵横骨架的安装

纵横骨架的安装有三种方法:(1)分离装配法;(2)放射装配法;(3)插入装配法。

5. 焊接

当采用分离装配法安装纵横骨架时,纵向(主向)构件边装边焊,多为单面连续焊,且中桁材、旁桁材、船底纵骨与船底外板的角接焊缝用自动角焊机或半自动角焊机施焊。

当采用放射装配法或插入装配法安装纵横骨架时,通常是与船底外板连接的纵横骨架全部安装好后,再进行焊接。

6. 分段舾装

将预先经过模型放样并加工结束的双层底分段内的管系及其附件等也安装妥,至于安装在内底板上的舾装件,则在内底板装焊结束并待分段整个矫正完毕后再进行。这种在分段建造中将该分段内的舾装件也一起装焊妥的工艺,叫作分段舾装。

7. 内底板装焊

在平台上拼装内底板。根据内底板厚度,不开坡口或预先开坡口,定位焊后,采用埋弧自动焊焊接内底板对接焊缝。焊完正面焊缝后翻板,并进行反面焊缝的焊接。

8. 分段翻身

将纵中心线、基准肋骨线、水平检验线等定位线,复绘到双底分段外表面上,且做好标记,供船台装配时定位用。然后安装吊环,并割胎,即割除底板与胎架相连的"马"板。

9. 检验并涂装

双层底分段的检验分为装配和焊接两方面的检验,实际上检验贯穿于制造的全过程。装配质量指分段的外形尺寸和型线情况,以及焊接变形的火工矫正。焊接质量指焊缝的外部与内部没有缺陷,密性试验好。并为船体总装做好准备,如大合龙缝的标准边切割正确,余量边画有余量线,还有定位线、对合线等。

分段涂装在检验后进行,且按设计涂若干层漆料,但大接头处需留 50 ~ 100 mm 宽的区域暂不涂装,待大合龙后再检验再涂装。最后一道面漆分段涂装时也不涂。

第二节　大组立分段装配的检测方法

大组立分段装焊好后需对大组立分段精度进行检测,以保证其在搭载时的精度要求。现列举几个典型大组立分段的检测方法,相似的分段按照此方法进行检测。

一、船尾分段

1. 艉轴架分段检测项目

艉轴分段检测基准如图 5.1 所示。

(1)测量舱壁基准面的水平度④:测量时给艉轴管和上部纵行梁的中间靠内安装,水平仪然后按一般水平度测量方法测量各点,若在一处不能测出全部时,把向下靠里安装再进行测量。(如光亮不够,刻度看不清时可使用手电筒)。

(2)向驱动轴中心垂下线锥,并靠向中心线上边把卷尺的"0"点对齐,然后拉到管缘,后用磁铁固定,此后向纵横梁横线垂下同样线锥,测量高度①。下部①采用同样方法。

(3)先检测艉轴十字尺寸⑤然后以轴套面为"0"固定,经过船首管缘中心线并测量其与 LINE 的长度⑥,此后固定垂在 SHAFT CENTER 的锥,然后 CHECK FLANGE 上、下、左、右的十字线⑤。

(4)从上部纵衔梁船尾最上部垂下线锥，按垂直度测量方法测量垂直度⑨。

(5)在⑨位置垂下线锥的状态下按尺寸测量方法，测量纵衔梁宽度②，以此来测量最上部的移动值。

(6)纵桁梁上部的对接部尺寸是依靠直角尺在对接部的内板和外板分别检查测量得高度差⑩。

(7)外板对接部的⑩按上一项的舱壁面水平度测量时的测量然后按图纸尺寸的大小进行计算。

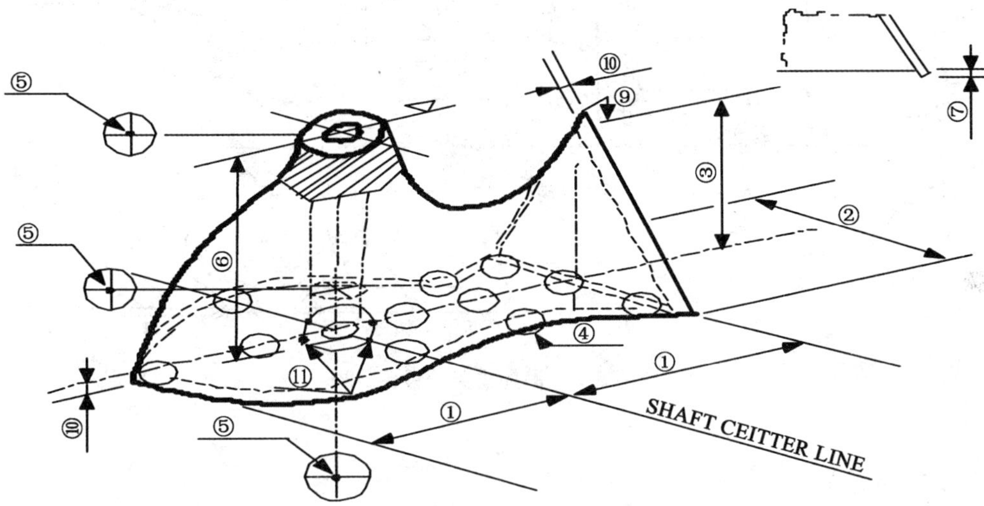

图 5.1　艉轴分段检测基准

2. RUDDER HORN BLOCK(吊舵支架分段)检测项目

RUDDER HORN BLOCK(吊舵支架分段)检测项目如图 5.2 所示。

(1)在能看清所有水平点的位置设置水平仪，并按水平度测量方法测量水平度。(甲板模线一般在下面，因此应考虑由于甲板厚度不同产生的误差)。

(2)先对 RUDDER HORN 的下端耳轴十字线的位置做检测，然后向 UDDER STBCK CENTER LINE 垂下线锥，然后把卷尺的“0”点与下端耳轴下表面对齐，并拉开，最后设置好水平仪测量高度⑫。

(3)先止住已设置的线锥的摆动，然后测量上端耳轴的十字线位置⑪。把卷尺的零点与船首对接部或舱壁型线对齐，并固定，然后用尺寸测量方法检测到舵角中心的锥线的距离。

(4)船首对接部①和船尾对接部①，下部肋板一半宽度①和高度②应用尺寸测量方法测量。

(5)对船首对接部与船尾对接部外板和甲板对齐与否采用垂直度检测方法向外板对接部垂下线锥，测量垂直度⑤。

(6)测量舱壁肋板线直线度⑨时,在用磁铁 DK、FR、LINE 两端设置基线,然后测量中心线的弯曲值。

(7)曲线围长⑩在甲板上部的标记线上,应用一般尺寸测量方法测量。

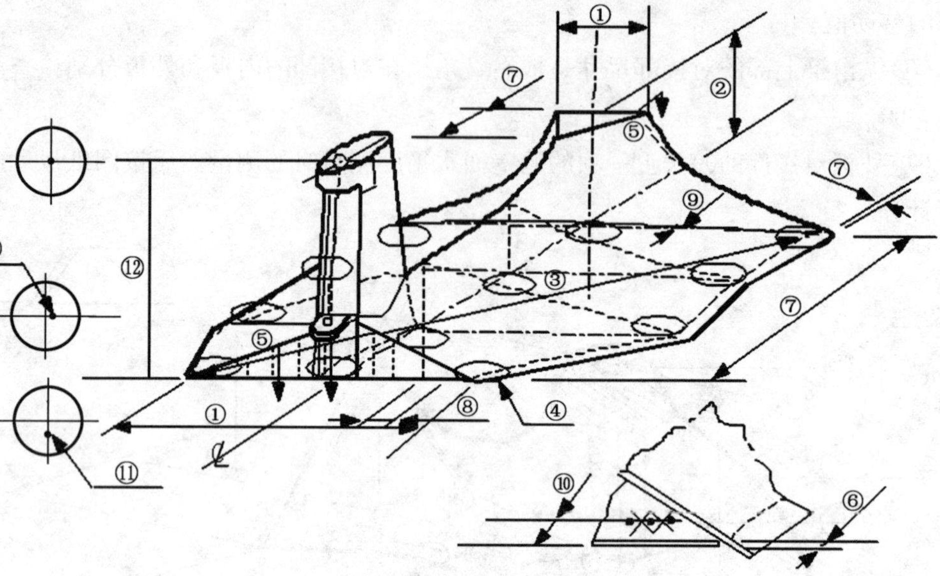

图 5.2 吊舵支架分段图

二、机舱分段

1. 机座分段(机舱双底分段)检测项目

机座分段(机舱双底分段)检测项目如图 5.3 所示。

(1)翻转前的检测(内底板基准状态)

①应用一般水平度检测方法测量各点的水平度⑤、⑪。(由于机座分段有多种厚度的内底面板和不同高度的构造,因此必须考虑离基线高度的差值和厚度差。)

②在底板的船首对接部位左右两端垂下线锥,并把两个线锥投影点连接起来,船尾对接部位也采用,同样方法取两个投影点并连接,然后在两条线上取三条垂直连线,并按尺寸测量方法测量长度①。在地板无法画出投影点的连线时,在船尾对接部尾端下部用强力磁铁把卷尺零点固定下来,然后把卷尺向船首对接方向与对接线呈垂直(最短距离或中心线平行),并用 245 N 的力拉直,然后进行测量。

③船首对接部和船尾对接部的宽度尺寸用尺寸测量方法测量至内底板型线和外板型线交叉点距离。

④高度⑥一般测量船首对接部的中心梁和侧梁及用尺寸检测法测量型线到型线的距离。

⑤外板和内底板的对接部垂直度⑥的测量,一般测量船首对接部中心和两侧中间任意 5 个点,且遵守垂直度测量方法。

⑥船首和船尾对接部的内底板和纵梁的高度差⑦按高度差测量方法检测。

⑦曲线围长⑧的测量与内底板水平度测量一块进行，且应计入内底板离基线高度对接部离基线高度的差值。

⑧内部构件间隙⑨按模线至模线尺寸测量方法测量。

(2)翻转后测量(外板基准状态)

①大多数的测量一般在翻转前进行，但由于内底板⑤有焊接变形，因此取中心和侧面9个任意点测量水平度，进而测量内底板的变形量。

②基准线的画线状态：按基准线检测方法测量。

③对角线③一般按尺寸检测方法测量。

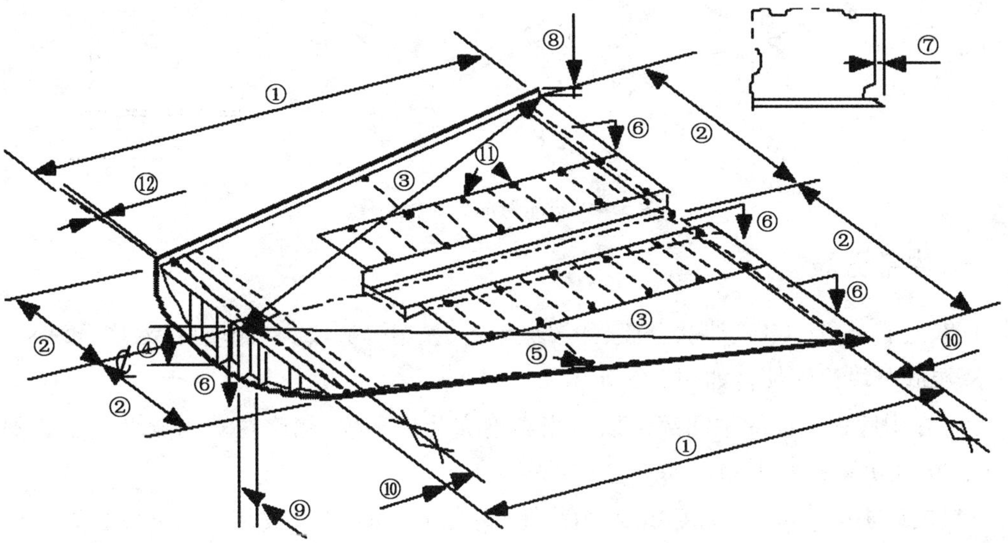

图5.3　机舱分段检测图

2. 机舱弯曲分段检查方法

机舱弯曲分段检查方法如图5.4所示。

(1)水平度⑤用甲板上面的一般水平度检测方法来测量，且曲线围长⑧的测量与其一块进行，并计算图面离基线高度。

(2)长度①、宽度③、高度③和对角线④按尺寸检测方法测量。

(3)船首、船尾对接部的垂直度⑥和舱壁纵梁垂直度：按垂直度测量方法测量。

(4)测量各肋板的半幅④时，按肋板半幅测量方法测量模线至坡口末端交叉点的距离。

(5)高度差⑦按高度差测量方法测量。

(6)测量内部构件的间距⑧时：按尺寸测量方法测量模线至模线的距离。

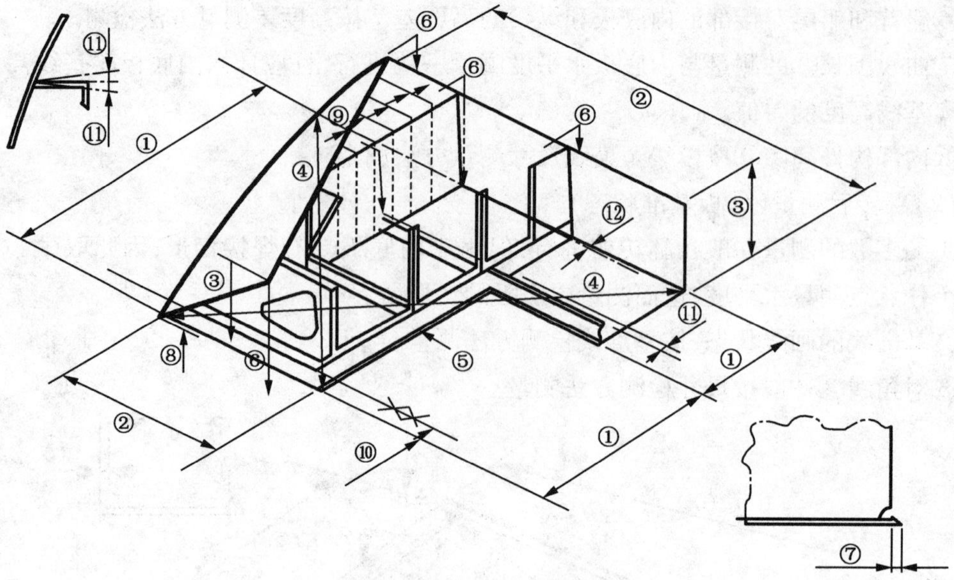

图 5.4 机舱弯曲分段检测图

三、中部分段

1. 双层底分段(双底、斗状分段、侧翼纵舱壁、托架等分段)检测项目(双底分段)

双层底分段检测项目如图 5.5 所示。

(1)在内底板上面的中间部位以适当高度安装水平仪,然后在被测点垂直放好测量尺,并按方法测量每个被测点⑤。

(2)内底板的长度①、宽度②、对角线③、高度④、基准线⑪按尺寸测量方法测量。

(3)各取内底板的船首对接部和船尾对接部的任意两处和内侧对接部的任意两处并使锥与锥线互不缠住,然后利用垂直度的测量方法测量垂直度⑥。

(4)对接部与接缝的主板和内部材的高度差⑦按高度差测量方法测量。

(5)外板曲线长⑧的测量与水平度测量同时进行,并计算图纸标记的高度差值。

(6)内部构件间距⑨先确定模线后按尺寸测量方法测量。

(7)测量对接部的纵通材角度⑪时对每一个纵通材都按角度测量方法测量。

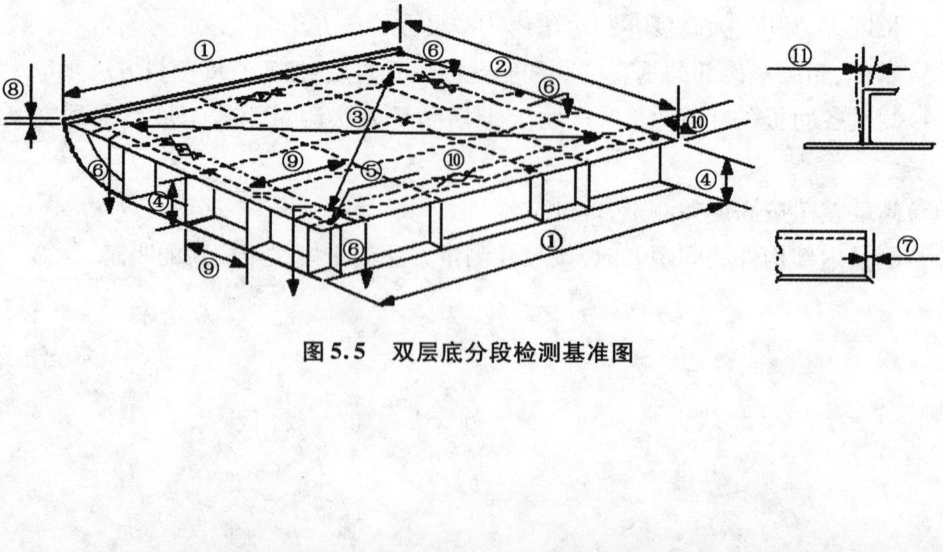

图 5.5 双层底分段检测基准图

2. SINGLE TYPE BLOCK(1,2.3DOCK 包括大型尺寸、巨型油轮)(外板、横舱壁、上甲板分段等)检测项目

SINGLE TYPE BLOCK 检测项目如图 5.6 所示。

(1)水平度⑤的测量一般在底面进行,但若底面面困难,在上面按水平度测量方法进行测量。

(2)长度①,宽度④,高度②,对角线③和基准线⑩等按尺寸测量方法测量。但测量高度时由上甲板对接部设置线锥测量锥长,然后给外板与甲板面的交叉点拉线或一般线并测量弯曲值,此后线长减法弯曲值得出高度值。

(3)对接部的垂直度⑥按垂直度测量方法测量。

(4)上甲板弯曲度根据已知弯曲角度应用三角函数求值。

(5)肋板的端部尺寸⑧按高度差测量方法和尺寸测量方法测量。

(6)内部构件的间距⑨确认横线后按尺寸测量方法测量。

(7)纵通材角度和肋板角度⑪按角度测量方法测量。

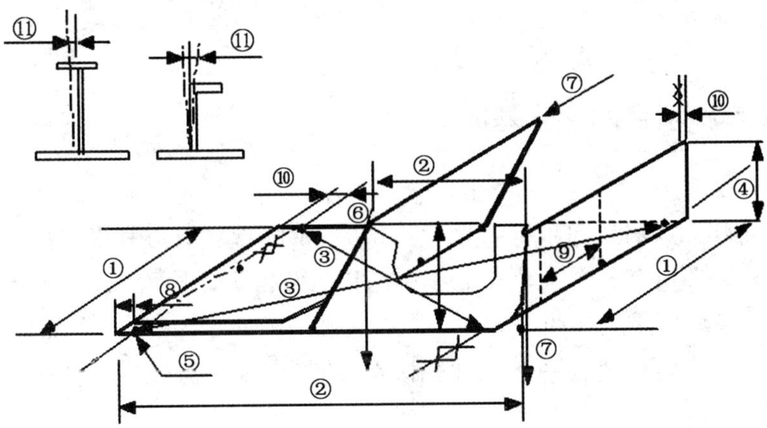

图 5.6　分段检测基准图

四、船首分段

检测项目(见图 5.7):

(1)整个测量方法与船尾、机舱分段和船中央部位分段的测量方法相同。

(2)为测量船首对接部弯曲值的偏差,从全船中心线处垂下线锥测量左、右舷,每个纵通材及纵衍梁的半幅尺寸。

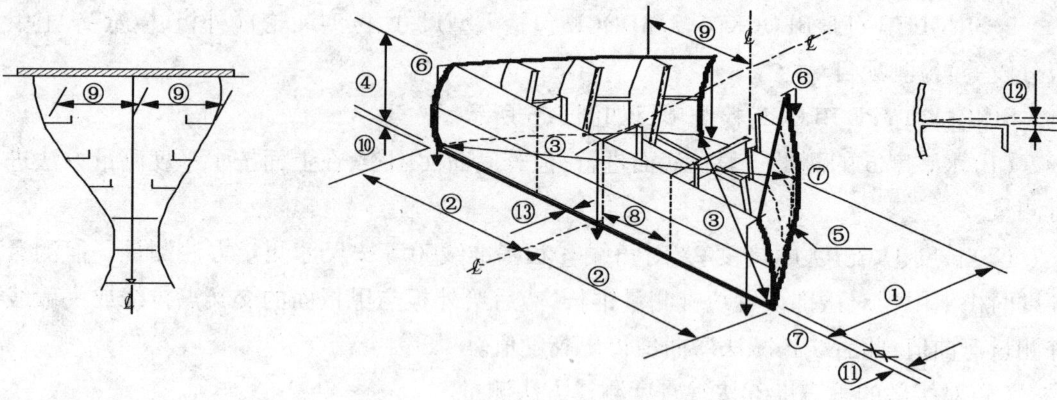

图5.7　艏部分段检测基准图

第三节　大组立分段装配质量要求

一、精度考核项目的评分基准

1. 胎架

(1)胎架制作完成后要向精度管理专员报验，精度管理员对其平整度、刚性、间距加以复查，同时胎架必须有相关的水平检验线、中心线和肋骨检验线，对于重复利用的胎架，须在水平检验线上敲上洋冲。

(2)通用胎架要定期对其平整度进行核查，胎架面要用激光经纬仪或水平仪勘测平面，保证其水平度。

(3)曲面胎架线型、地线作业结束后必须报检，合格后才能进行主板作业。

(4)胎架铺板后要求与胎架面固定，严禁不固定或只固定四周就进行装配、施焊。

2. 画线(MARKING)及基准线施工

(1)画线要保证其外观尺寸和对角线在理论数据范围内，同时须有相关的检验线，用以保证其直线度和坡口的尺寸，并确认主板的尺寸。

(2)必须进行基准线施工(100\150M. K)，对于合龙时的肋检线等须敲上洋冲。

(3)弹线不宜过粗、过长，对于较粗的画线要及时修改。

(4)画线结束后由施工队提出报验，精度管理人员对其尺寸进行复核使其在理论允许的误差范围内。并做好数据记录，以备焊接收缩数据的积累。

(5)画线验收合格签字后进入下一道工序。

3. 焊前检查("B"精度)

(1)生产部门各班组根据工作情况进行自主检查填写精度表后，填写"BLOCK 检查申请书"，申请"B"检查，见表5.1。

表 5.1　分段精度检测申请表

申请班组		申请检查日期		精度确认	
联系方式		班组长	主管		
是否实施自主检查	□是/□否		实施者签名		

精度检查申请项目

NO	BLOCE NO.	胎架	主板对接	“B”精度	“C”精度	“D”精度	P. E	位置	备注
1									
2									
3									
4									
5									

备注事项：

(2)精度管理人员按照《BLOCK 检查申请书》的时间，根据《精度管理基准书》和《精度检查表》的要求对分段进行“B”(焊接以前)精度检查(包括尺寸、水平、垂直度、反变形(为焊接)等)，检查合格后填写《精度检查表》并通知现场作业人员进行下一道程序，检查不合格则通知各班组进行修正，修正完了后再由精度管理人员进行复检。

4. 焊后检查(“C”精度)

(1)生产部门各班组根据工作情况进行自主检查填写精度表后，并填写《BLOCK 检查申请书》申请“C”(焊接以后)精度检查。

(2)精度管理人员按照《BLOCK 检查申请书》的时间，根据《精度管理基准书》和《精度检查表》的要求对分段进行“C”(焊接以后)精度检查(包括尺寸、水平、垂直度、反变形(为烤火做准备)等)，检查合格后填写《精度检查表》并通知现场作业人员进行下一道程序，检查不合格通知各班组进行修正，修正完后再由精度管理人员进行复检。

5. BACK HEATING(背面火工)

(1)生产部门按照生产工序对 BLOCK 进行烤火处理，以减小变形和消除焊接应力，自主检查后填写《BLOCK 检查申请书》，申请“D”(烤火)精度检查。

(2)精度管理人员暂定为公司的精度基准和《精度检查表》的要求对分段尺寸、水平、变形、切割余量等进行管理，检查合格后填写《精度检查表》并通知现场作业人员进行下一道程序，检查不合格则立即通知各班组进行修正，修正完后再由精度管理人员进行复检。

二、精度管理部部门考核基准

精度管理部部门考核基准见表 5.2。

表 5.2　精度管理部门考核基准表

序号	区域	管理项目	图示	检查位置	管理基准	极限范围
16		船尾部	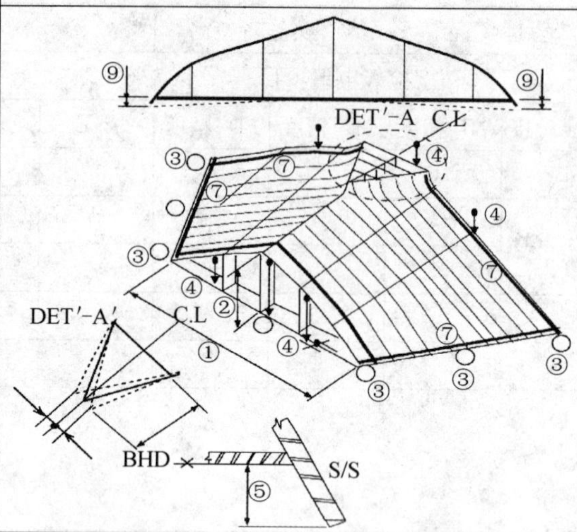	长(实长)1	±3	±6
				宽(高)2	±3	±5
				LEVEL3	±4	±6
				垂直度 4	±4	±6
				GIRTH LENGTH	±3	±5
				CENTER LINE	±2	±4
				端部背烧 7	0 ~ +3	0 ~ +6
				受力变形		3/1 000 mm
17	组立	艉轴部	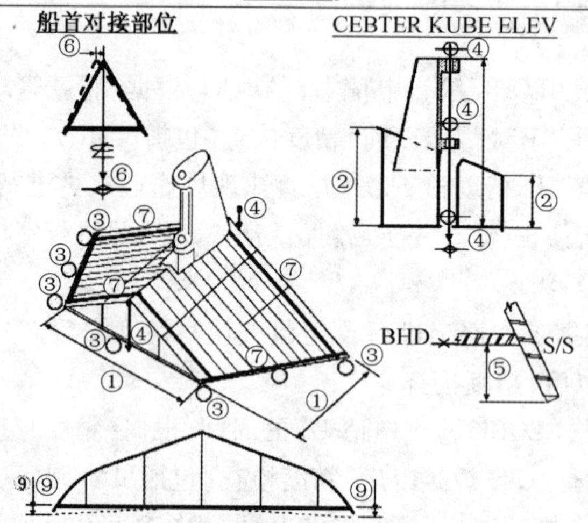	长(实长)1	±3	±6
				宽(高)2	±3	±5
				LEVEL3	±4	±6
				垂直度 4	±4	±6
				GIRTH LENGTH	±3	±5
				CENTER LINE	±2	±4
				端部背烧 7	0 ~ +3	0 ~ +6
				受力变形		3/1 000 mm
18		舷侧部	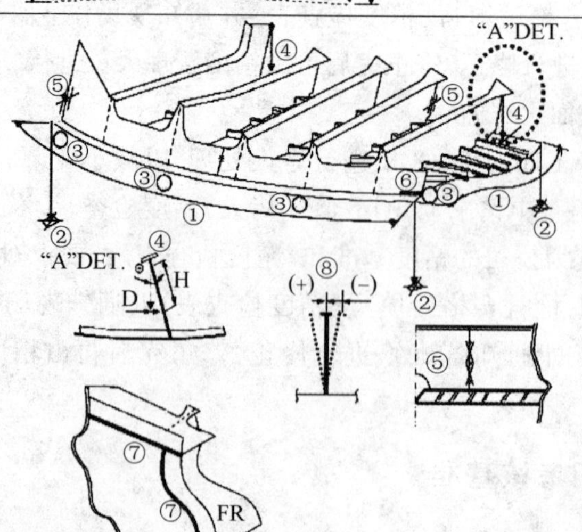	长(实长)1	±3	±6
				宽(高)2	±3	±5
				LEVEL3	±4	±6
				垂直度 4	±4	±6
				端差 5	±3	±5
				焊接保留 6	标准	
				端部背烧 7	0 ~ +3	0 ~ +6
				纵向角度 8	±4	±6

表 5.2(续)

序号	区域	管理项目	图示	检查位置	管理基准	极限范围
19	组立		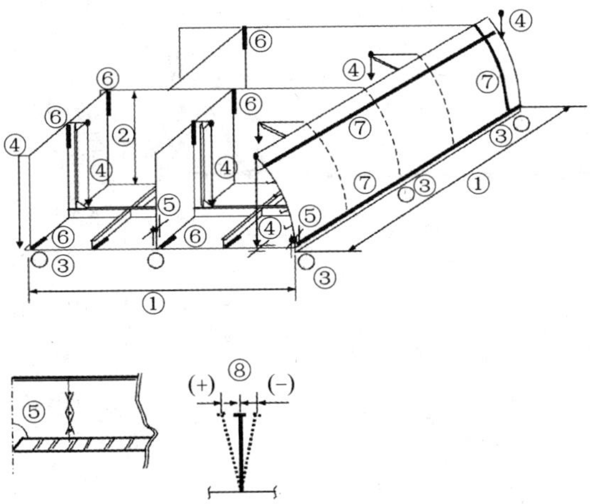	长(实长)1	±3	±6
				宽(高)2	±3	±5
				LEVEL3	±4	±6
				垂直度 4	±4	±6
				GIRTH LENGTH	±3	±5
				CENTER LINE	±2	±4
				端部背烧 7	0 ~ +3	0 ~ +6
				受力变形	3/1 000 mm	
20		中间船底部	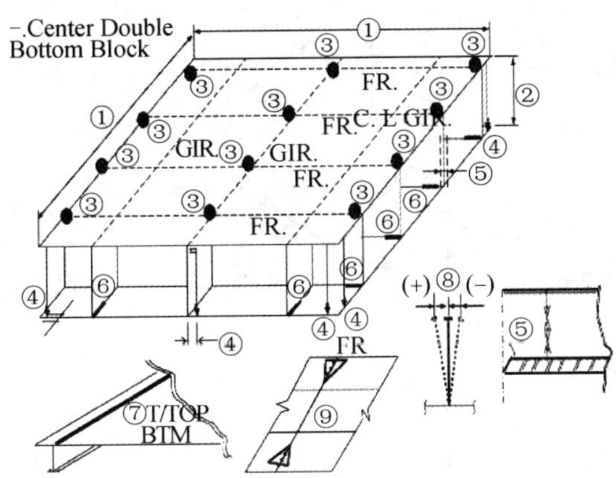	长(实长)1	±3	±6
				宽(高)2	±3	±5
				LEVEL3	±4	±6
				垂直度 4	±4	±6
				端差 5	±3	±5
				焊接保留 6	标准	
				端部背烧 7	0 ~ +3	0 ~ +6
				纵向角度 8	±4	±6
21			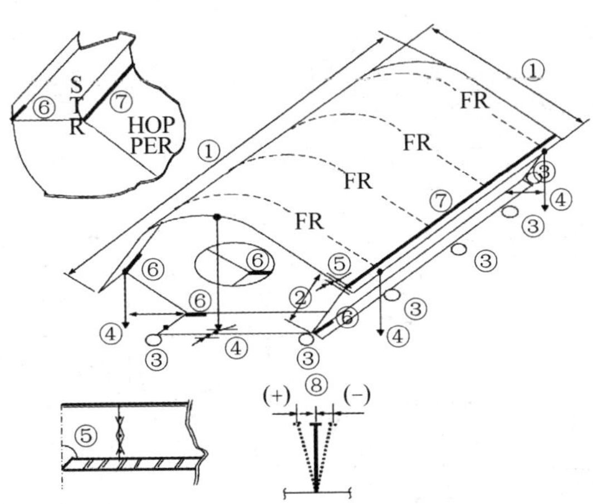	长(实长)1	±3	±6
				宽(高)2	±3	±5
				LEVEL3	±4	±6
				垂直度 4	±4	±6
				端差 5	±3	±5
				焊接保留 6	标准	
				端部背烧 7	0 ~ +3	0 ~ +5
				纵向角度 8	±4	±6

表 5.2(续)

序号	区域	管理项目	图示	检查位置	管理基准	极限范围
22	组立	船首部	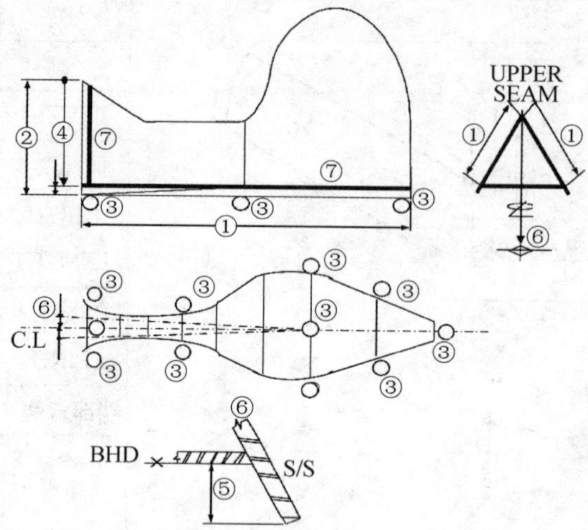	长(实长)1	±3	±6
				宽(高)2	±3	±5
				LEVEL3	±4	±6
				垂直度 4	±4	±6
				GIRTH LENGTH	±3	±5
				CENTER LINE	±2	±4
				端部背烧 7	0 ~ +3	0 ~ +5
				受力变形	7/1 000 mm	
23		机舱部	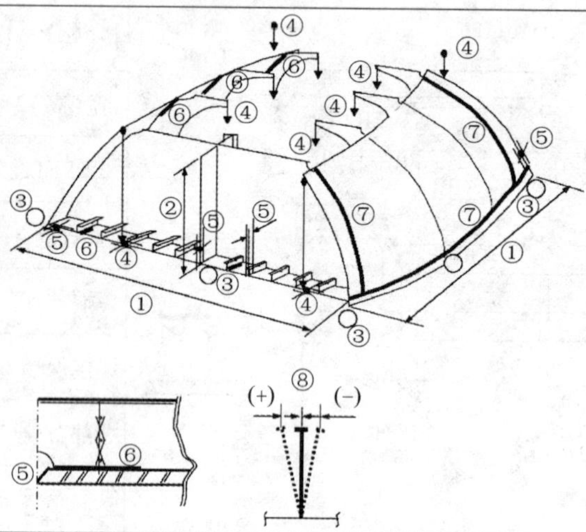	长(实长)1	±3	±6
				宽(高)2	±3	±5
				LEVEL3	±4	±6
				垂直度 4	±4	±6
				端差 5	±3	±5
				焊接保留 6	标准	
				端部背烧 7	0 ~ +3	0 ~ +5
				纵向角度 8	±4	±6
24		机舱部	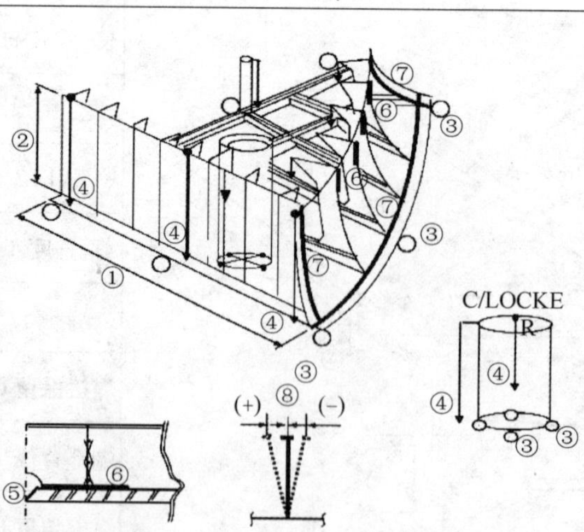	长(实长)1	±3	±6
				宽(高)2	±3	±4
				LEVEL3	±4	±6
				垂直度 4	±4	±6
				端差 5	±3	±5
				焊接保留 6	标准	
				端部背烧 7	0 ~ +3	0 ~ +5
				纵向角度 8	±4	±6

表 5.2(续)

序号	区域	管理项目	图示	检查位置	管理基准	极限范围
25	组立	机舱部	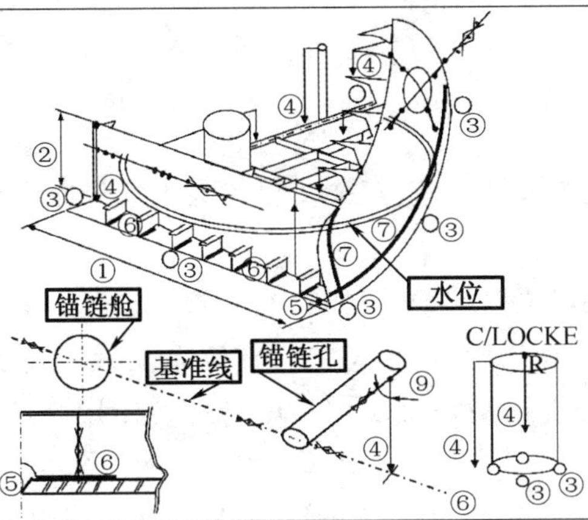	长(实长)1	±3	±6
				宽(高)2	±3	±5
				LEVEL3	±4	±6
				垂直度 4	±4	±6
				端差 5	±3	±5
				焊接保留 6	标准	
				端部背烧 7	0 ~ +3	0 ~ +5
				纵向角度 8	±4	±6
26	船坞	艉轴部	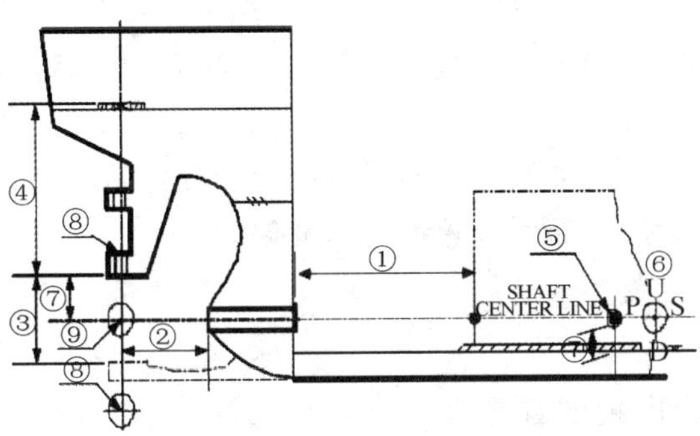	轴长 1	±4	±6
				BOSS END – RUDDER2	±4	±6
				SHOPE PIECE – UPPER GUDGEON 距离 3	±4	±6
				UPPER GUDEON – DK. STTERING PLATE 上面高度 4	±3	±5
				SHAFT C. L LEVEL5	±1	±2
				SHAFT C. L 高度 7	±4	±6
				移动 DK. 上的 LOW UPP. GUDGEON (包括 SHOPE PIECE) 8	±4	±6
				GUDGEON C.L 与 SHAFT C. L 重合合误差 9	±4	±6

第四节 大组立分段装配完工精度数据分析与管理

一、数据反馈和管理

(1)定位段水平检测。施工人员自检、互检,填写“大组立分段检测记录表”向精度管理员提请定位段数据报验。

(2)数据检测。后续分段定位由施工人员自检、互检,继续填写“大组立分段定位检测记录表”,报精度管理办公室确认后,整个总组段定位完工后经施工单位自检、互检合格后写报验单至精度管理员处提请数据报验。精度管理员使用全站仪专检并给出总段三维数据单。

(3)大组立分段完工、合龙开工前,精度管理员根据完工三维数据进行模拟搭载,模拟搭载数据单形成后精度管理办公室做出判定并拿出修正方案,以保证船坞内无修割。所有修正工作由船坞区生产领导落实,精度管理办公室监督。

(4)大组立分段完工后,由精度管理办公室对单船总段数据进行统筹和统计,输出以下数据、图表和说明:

①对全船总段进行类型划分;

②各个技术参数实测数据与理论数据误差“点”型分布图及说明;

③焊接收缩量分布图及平均值。

在以上基础统计的前提下,精度管理办公室召集计划部、船加部、总装部及船研所等有关人员对统筹和统计结果进行系统性分析,输出以下数据、图表和说明:

①上述统筹、统计和基本分析的科学性;

②在施工过程中是否有非常规事故发生而影响统计和分析结论;

③设计中是否存在因工艺设计而导致数据非标准偏差;

④工艺改进和工程管理改善的意见;

⑤其他。

以上统筹、统计和分析应由精度管理办公室形成书面材料,同时提交船研所、计划部、船加部、总装部等部门,作为优化设计和管理的基础,该材料连同《大组立分段定位三维检测记录表》由质管部归档,原则上永久保存。

二、记录和表式

(1)“大组立分段定位检测记录表”见表5.3。

表 5.3　大组立分段定位检测记录表

船号：	总段：	施工单位：	自检/互检：

项目	检测部位	a	b	c	d	e	f	g	h	i	备注
定位段水平	自检										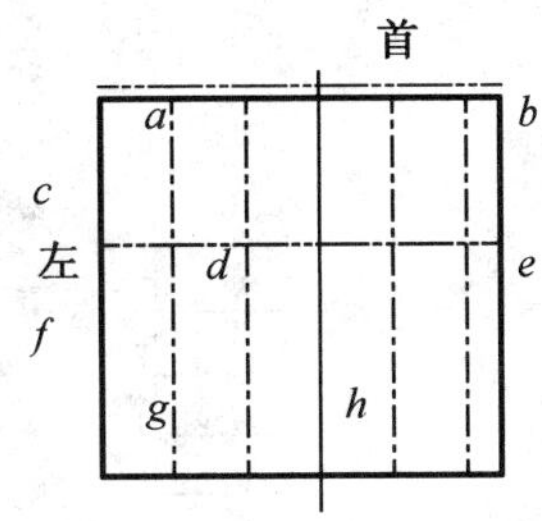水平 $a \sim g$ 为纵桁与端实肋板之交点。
	专检										

项目		中心线	左舷高度	右舷高度	垂直度
横隔壁	自检				
	精度管理办公室				
	质管部				

项目		型宽				型深				备注
分段	自检	左首	右尾	左首	右尾	左首	右尾	左首	右尾	同面度
	自检									
	精度管理办公室									
	质管部									

项目		型宽				型深				
分段	自检	左首	右尾	左首	右尾	左首	右尾	左首	右尾	
	自检									
	精度管理办公室									
	质管部									

精度管理办公室：	质管部：	

填写“大组立分段定位检测记录表”，交精度管理员确认并签字。

(2)其他分段数据检测：施工人员自检、互检，继续填写“大组立分段定位检测记录表”其他栏，报精度管理办公室确认后，精度管理办公室进行同面度测量并记录，签字后施工人员将该表连同“大组立分段焊前报验单”一起提交质管部进行焊前报验，见表5.4。

表 5.4 分段精度检查表

LOGO	检查单	船号:	5300 - MB01
		检查时间:	

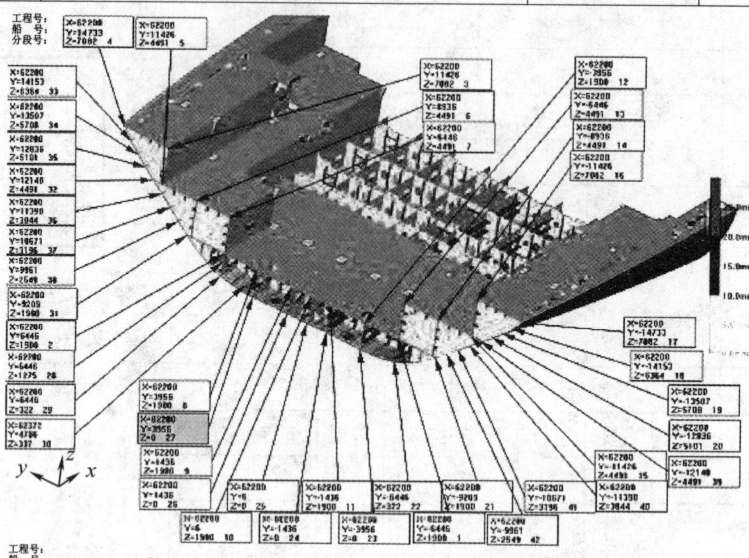

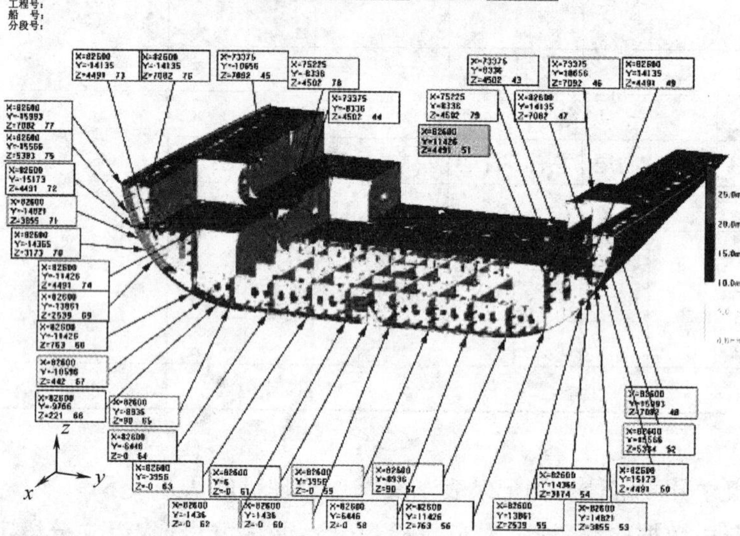

问题点	原因	对策	备注

项目	水平/ ±6	尺寸/ ±5	垂直度/ ±5	端差/ ±5	合计	施工单位:	
检查数						测量者:	
不良数						批准人:	
不良率							

思考题:

1. 底部分段从结构形式上分哪两大类,底部立体分段正装的装焊制造过程和装焊要点是什么?

2. 大组立分段的常用检测方法有哪些?

3. 艉轴架分段检测项目有哪些?

4. 机座分段(机舱双底分段)检测项目有哪些?

5. 双层底分段检测项目有哪些?

6. 精度考核项目的评分基准是什么?

7. 精度管理部部门考核基准中船尾部的检查位置有哪些,这些位置的管理基准和极限范围分别是什么?

8. 大组立分段装配完工精度数据管理包含哪些内容?

9. 大组立分段定位检测记录表的主要内容有哪些?

第六章　船台(船坞)精度搭载

船台(船坞)搭载是在部件装焊、分段或总段装焊的基础上,最后完成船壳整体装配的工艺阶段。它对保证船体建造质量,缩短船舶建造周期有着直接的关系。船舶总装搭载的精度控制在船体建造后行过程中发挥着重要作用,若这一阶段精度控制不良出现的后果和单个分段精度不良后果相比影响面更广、破坏性更大,总装搭载时精度控制对船舶合龙时周期和建造质量影响深远。尤其船台作为企业核心的造船资源,精度水平的高低将直接影响吊装效率和施工效率,同时也对船台(船坞)周期的缩短产生重大影响。

船台(船坞)精度搭载的核心是如何确保分段连接精度和搭载质量,在进行精度搭载作业时,不单纯要考虑分段精度局部偏差的修正,还要考虑对后续搭载的影响。

第一节　船体搭载设施及设备

船台和船坞是将各个零件、部件、分段或总段组装成整个船体的场所,位于船体装焊车间附近,同时又濒临水域。

一、船台

船台是陆地上船舶建造的场所,又是依靠下水装置将船舶移至水域的场所,一般可分为倾斜船台和水平船台两类。

1. 纵向倾斜船台

如图 6.1 所示,这是目前船体建造和下水采用最普遍的一种形式,船台平面具有一定的倾斜度(即船台坡度),通常取 1/24 ~ 1/14。为便于分段在船台上总装,船台上通常配备有下列工艺装备:

(1)船台中心线槽钢　位于船台中心线上,槽钢上画有中心线及肋骨线等标志,作为分段或总段定位的依据。

(2)高度标杆　设置在船台的两侧,其上标有基线、水线、甲板边线及其他有关高度的检验线,作为分段安装高度的基准。

(3)船台拉桩　埋置在船台地面上,供分段定位时拉曳用。

(4)脚手架　设置于舷外和舱内,如图 6.2 所示。

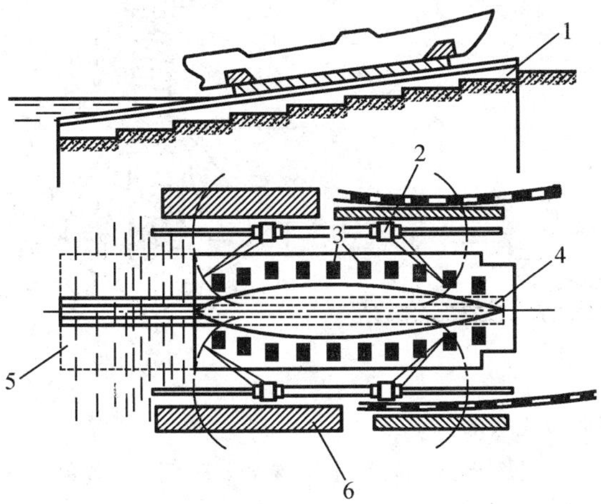

图 6.1　纵向倾斜船台

1—船台;2—起重机;3—脚手架;
4—滑道;5—浮台;6—配套场地

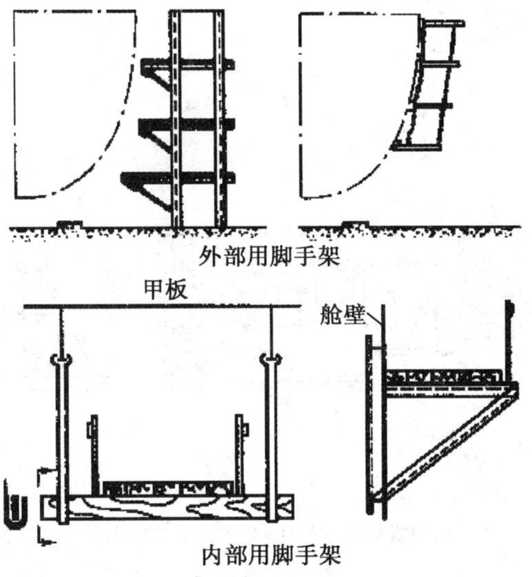

图 6.2　造船用脚手架

(5)墩木　供搁置船体用,常见的有木墩、水泥墩和铁墩,如图 6.3 所示。还有可调节式铁墩,如图 6.4 所示,其图 6.4(a)是一种活动升降钢墩木,图中右半边表示升高时的情形;左半边表示降低时的情形;图 6.4(b)是一种机械调整式墩木,通过液压千斤顶带动下斜楔平移,使上斜楔做升降移动,以调节墩木的高度;图 6.4(c)是一种船底千斤顶。但是使用这些装置时,在分段定位和纵横焊缝焊好后,必须加上普通墩木支顶船舶,以免千斤顶产生集中负荷。

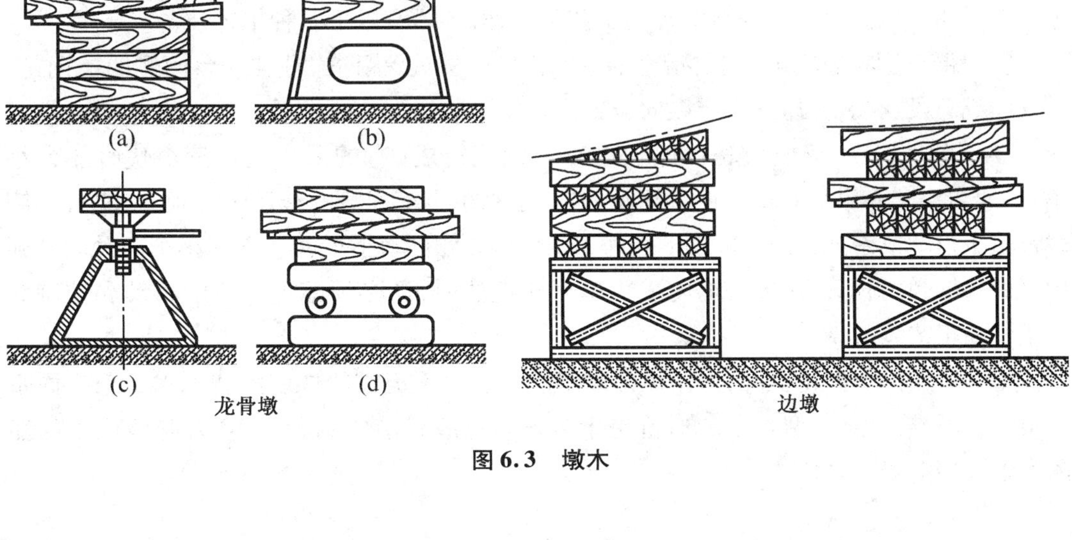

图 6.3　墩木

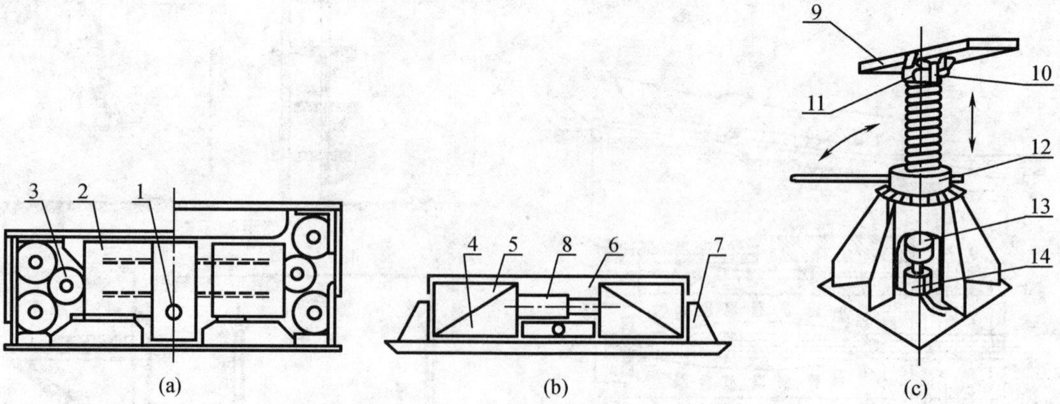

图 6.4 可调节式墩木

1—作用蜗杆轴;2—作用螺母;3—作用滚轮;4—下斜架;5—上斜架;6—拉紧板;7—支撑板;8—滚压千斤顶;9—船底支承台;10—头球部;11—支承;12—安全螺母;13—螺杆;14—可移油压千斤顶

(a)活动升降钢墩木;(b)机械调节式墩木;(c)船底千斤顶

船台上除了配置高架吊车及其主要工艺装备外,还必须配置电力、压缩空气、氧气、乙炔、水及蒸汽等动力供应设施。

2. 水平船台

船台表面呈水平状态的船台,通常与机械化滑道、升船机、浮船坞等下水设施结合使用,其基建投资大,占地面积也多;优点是能排列多个船台,装焊工作方便,下水安全可靠,并可以双向使用,能下水,也能上排,因此常见于中型船舶修造厂。

梳式滑道就是一种与水平船台相结合的机械化的船舶横向下水和上墩设施,如图6.5所示。它由斜坡滑道和水平横移区两部分组成,并和横移区侧翼的多船位水平船台相连接。

水平船台除了应具有倾斜船台的工艺装备外,还须有以下两种工艺装备。

(1)船台肋骨线槽钢 它是沿全船的基准肋骨线处,横向嵌埋在船台两侧的槽钢,作为分段或总段安装定位时,决定纵向位置用。

(2)移船设备 移船设备由船台小车和钢轨组成(有的采用钢柱滚道代替船台小车)。船台小车有纵移和横移两种运动方向,是利用小车本身的液压千斤顶,来实行不卸载将轮子自动或手动转向90°,如图6.6所示,它又分自动小车和非自动小车两种。必须指出,在纵向倾斜船台或造船坞内采用串联建造法时,还必须配置相应的移动和控制船体尾段的工艺装备。

随着船舶向大型化发展,采用纵向倾斜船台造船不但在船体装配和下水工艺方面带来很大的困难,并且大型船台的造价也十分昂贵。故目前排水量在10万吨级以上的船舶大多采用造船坞来建造。

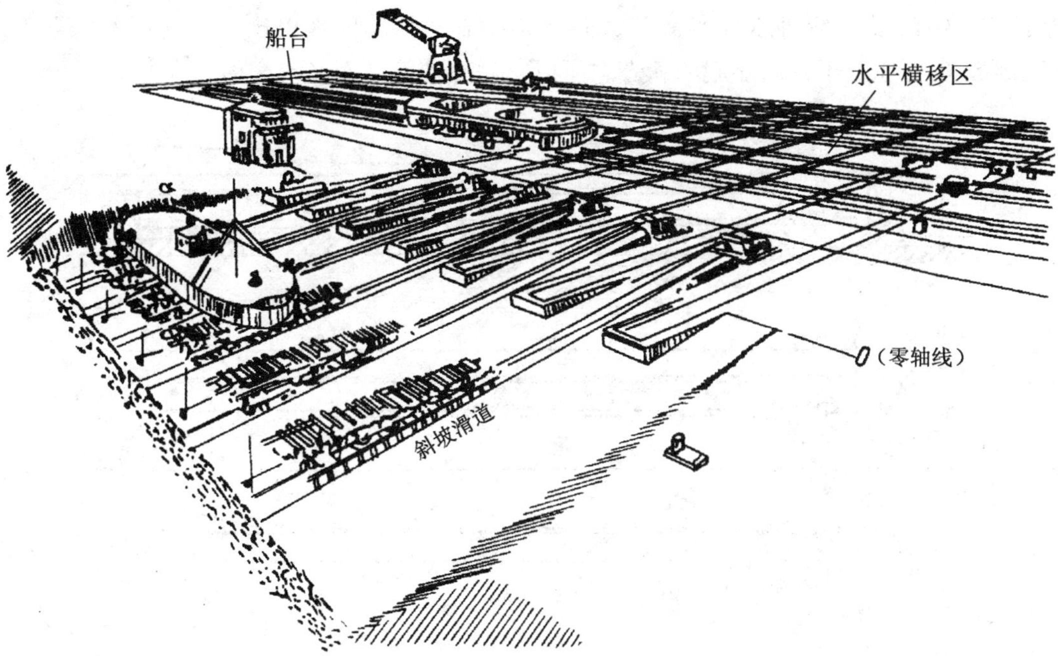

图 6.5　梳式滑道和水平船台

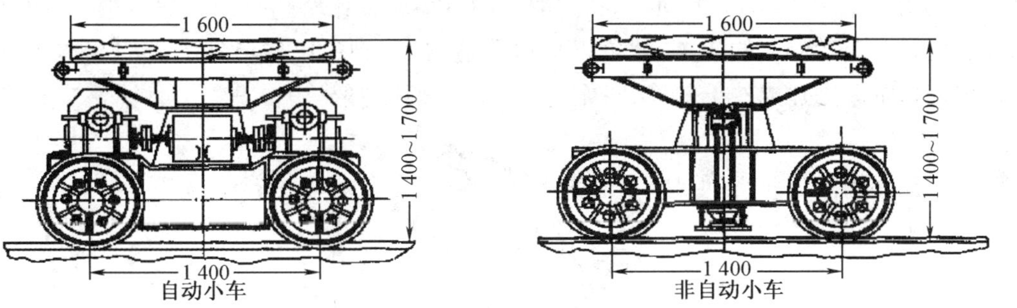

图 6.6　船台小车

二、船坞

船坞是低于水面，端部设有闸门，在闸门关闭后能将水排干，以从事船舶修造的水工建筑物。它具有水平船台的一些优点；同时由于坞面低于地面，可降低坞边吊车的高度；且能大大简化船舶下水工艺。

根据坞的深度，船坞分为两种：浅的用于造船，称为造船坞；深的用于修船，称为修船坞。造船坞一般都配置横跨船坞的大跨距大举力的龙门式起重机，而坞侧有大面积的预装配区。

(1) 干船坞　如图 6.7 所示，干船坞是一种利用漂浮原理进行船舶下水和上墩的水工建筑物，它由坞底、坞墙、坞门和水泵站等组成。利用坞门把坞室和水域隔开，将坞内的水抽干后，即可在坞内造船或修船。船舶下水时，再将水注入坞室，船舶依靠水的浮力浮起,当坞内水面与坞外水面平齐时,即可移开坞门,将船舶拖曳出坞。利用船坞下水,船舶始终平稳地处于自然浮起的状态。所以它是一种简易而又安全的下水方法。

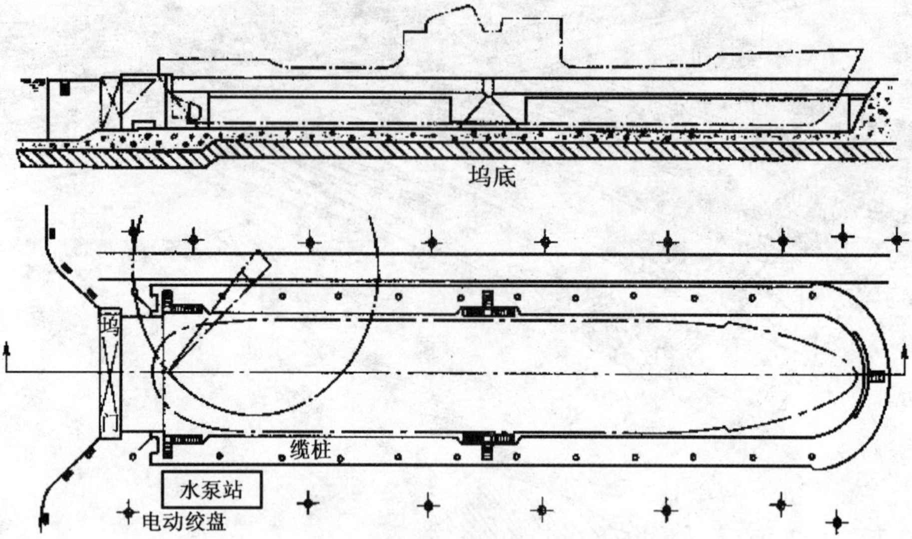

图 6.7　干船坞

(2)造船浅坞　如图 6.8 所示,新造船舶的空船质量比修船时的船舶质量小,如果只需要满足新造船舶浮起的要求,就可以把坞深造得浅一些,以便节省大量的基本建设投资。根据这个原则建成的干船坞,叫作造船浅坞(简称造船坞)。

图 6.8　造船浅坞

对于大型船舶,如果采用纵向涂油滑道的倾斜船台或半坞式船台造船,势必要增加船台前端标高和船台起重设备的起吊高度,从而大大增加船台和其中设备的投资,增加分段吊装工艺的复杂性。如果采用造船坞建造大型船舶,不仅可以克服倾斜船台和半坞式船台前端过高,纵向涂油滑道下水工艺复杂,水域宽度不易满等缺点,还具有以下优点:

(1)船舶建造时处于水平状态,使施工操作方便。

(2)起吊高度减低,便于采用大起重能力、大跨距的起重设备。

(3)设置中间分隔坞门以后,可以采用串联建造法造船。

(4)可以利用坞墙设置各种造船机械化装置,提高船体建造的机械化程度。

(5)下水操作简单、安全。

鉴于以上所述,即使造船坞的建造费用较高,也仍然是建造大型船舶时船体总装和下水的主要设施。

第二节　船体搭载方式

一、单艘船建造

(1)水平建造法　在船台上先将船底分段装焊完毕,再向上逐层装焊直至形成船体的造船方法。它由整体造船法演变而来,将零部件上船台散装改为以分段为单元上船台安装。这种建造方法船台周期长,焊接变形较大,难以采用预舾装,可用于建造船台散装件较多的船,如图6.9所示。

(2)塔式建造法　在船台上以某一底部分段为基准分段,由此向前后左右,由下而上地进行装焊,在建造过程中始终保持下面宽上面窄的宝塔形状,如图6.10所示。与水平建造法相比,其作业面较宽广,刚性也稍好,但焊接变形仍较大。

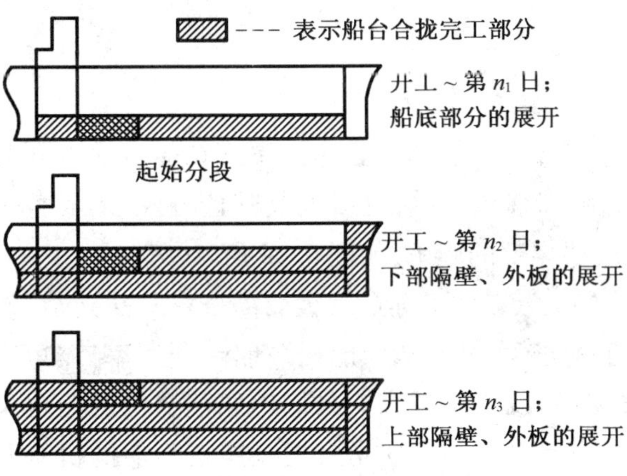

图6.9　水平建造法

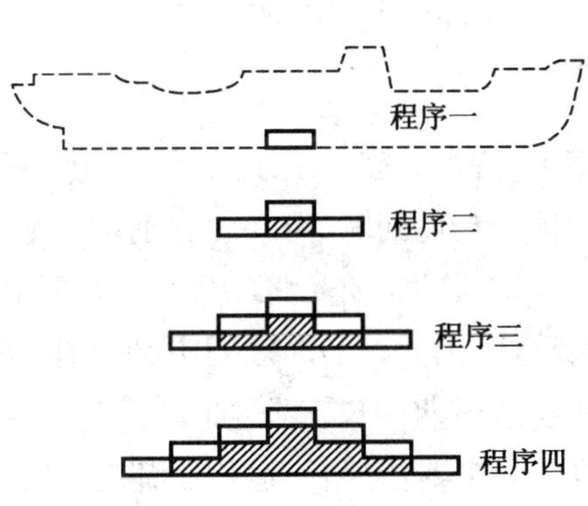

图6.10　塔式建造法

(3)岛式建造法　有两个或两个以上基准分段同时进行船体总装的建造方法。它由塔式建造法发展而来。岛与岛之间用一个嵌补分段连接。这种方法有两个或三个建造中心,可分别称为二岛式或三岛式,如图6.11所示,它比塔式建造法作业面更广,焊接变形较小,适宜于造大船。但嵌补分段的安装难度较大。

(4)总段建造法　以总段作为船体总装单元的建造方法。由于总段较大、刚性好,并有较完整的空间,因此能减少船台工作量和焊接变形,提高总段内预舾装程度。但受船台起重能力的限制较大,一般只用于建造中小型船舶,如图6.12所示。

(5)两段建造法　也称两段建造水上合龙法或坞内合龙法。它是将船体分为两段,在船台上分别建成后下水,然后再合龙成整个船体,如图6.13所示。

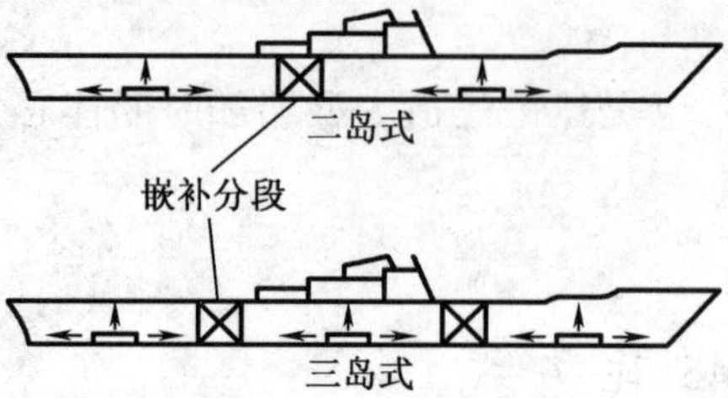

图6.11　岛式建造法

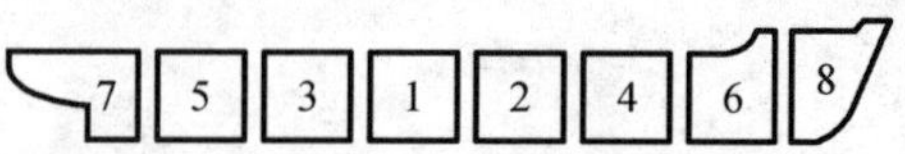

图6.12　总段建造法

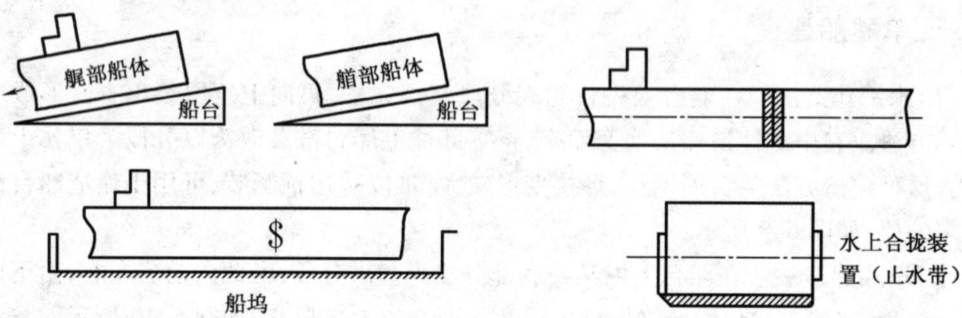

图6.13　两段建造法

二、批量船建造

(1)串联建造法　当第1艘船在船台末端建造时,第2艘船的尾部在船台前端同时施工;待第1艘船下水后,便将第2艘船的尾部移至末端,继续安装其他分段,形成整个船体。与此同时,可在船台前端开始第3艘船尾部的施工,如图6.14所示。

此法的实质是将船体分为前后两个不同的建造区(岛),后艘船岛按塔式法建造,然后移位,因此岛与岛之间不必嵌补,而是直接进行对接,从而能提高船台利用率,缩短船舶建造周期;但需要增加专用的移船装置,且移位要求较高。采用串联建造法的船台长度约为1.5倍船长;适用于建造批量大、中型尾机型船。这是考虑到尾机型船的机舱和泵舱位于艉部,艉段提早形成有利于早期舾装工作的开展。

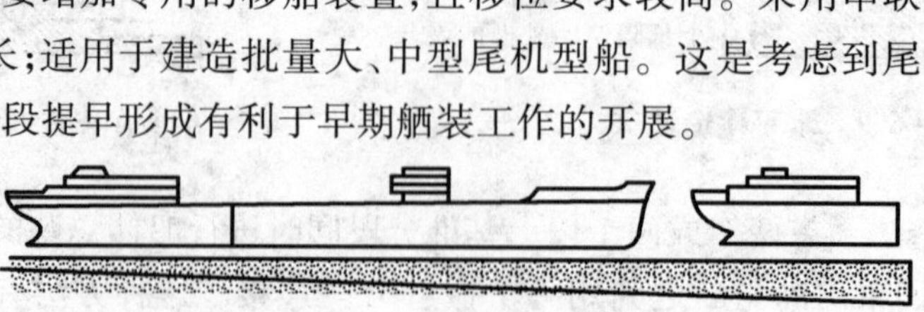

图6.14　串联建造法

(2)三阶段建造法　这是20世纪70年代建造的一些船厂所采用的一种造船方式。

它以在坞中舾装为目的,将建造工程分为几个阶段,以使船体和舾装的作业量均衡,并在坞中进行主机安装和试车,出坞后可立即进行试航。以三工位方式为例,它将船舶建造工程分为船尾建造、船首和平行中体建造、舾装工作 3 个建造阶段,有直线式,如图 6.15(a);也有侧坞式,如图 6.15(b)。

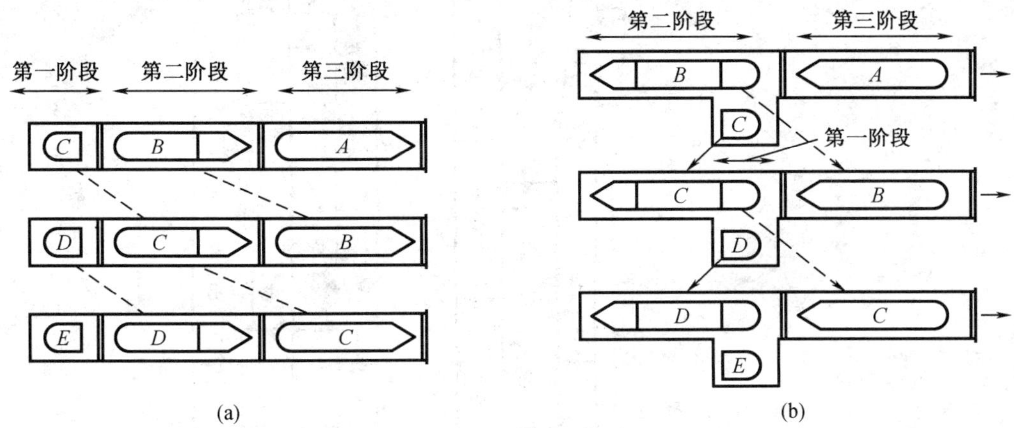

图 6.15　三阶段建造法

(a)直线式;(b)侧坞式

三、船台总装搭载图

船台装配工艺是根据产品特点和制造要求,结合船厂生产条件制订的重要建造工艺。其主要内容有:船体建造阶段的具体划分、分(总)段的划分、船舶的船坞(船台)建造方法和舾装的阶段、施工组织方式、大日程计划等,如图 6.16 ~ 图 6.18 所示。以这一原则工艺为准则,然后确定船坞装配工艺流程,如图 6.19 所示,工艺流程的优劣将会影响到船体建造质量。船台装配工艺流程可以从以下几个方面考虑:

(1)与工厂的技术能力相对应;

(2)避免重体力劳动,尽可能实现机械化;

(3)较少的立体作业和各工种混杂作业,能确保良好的作业环境;

(4)尽量把船坞舾装工作放到前道工序做;

(5)易于吊装,缩短吊装时间,吊装时分段容易定位;

(6)脚手架要容易架设和拆除。

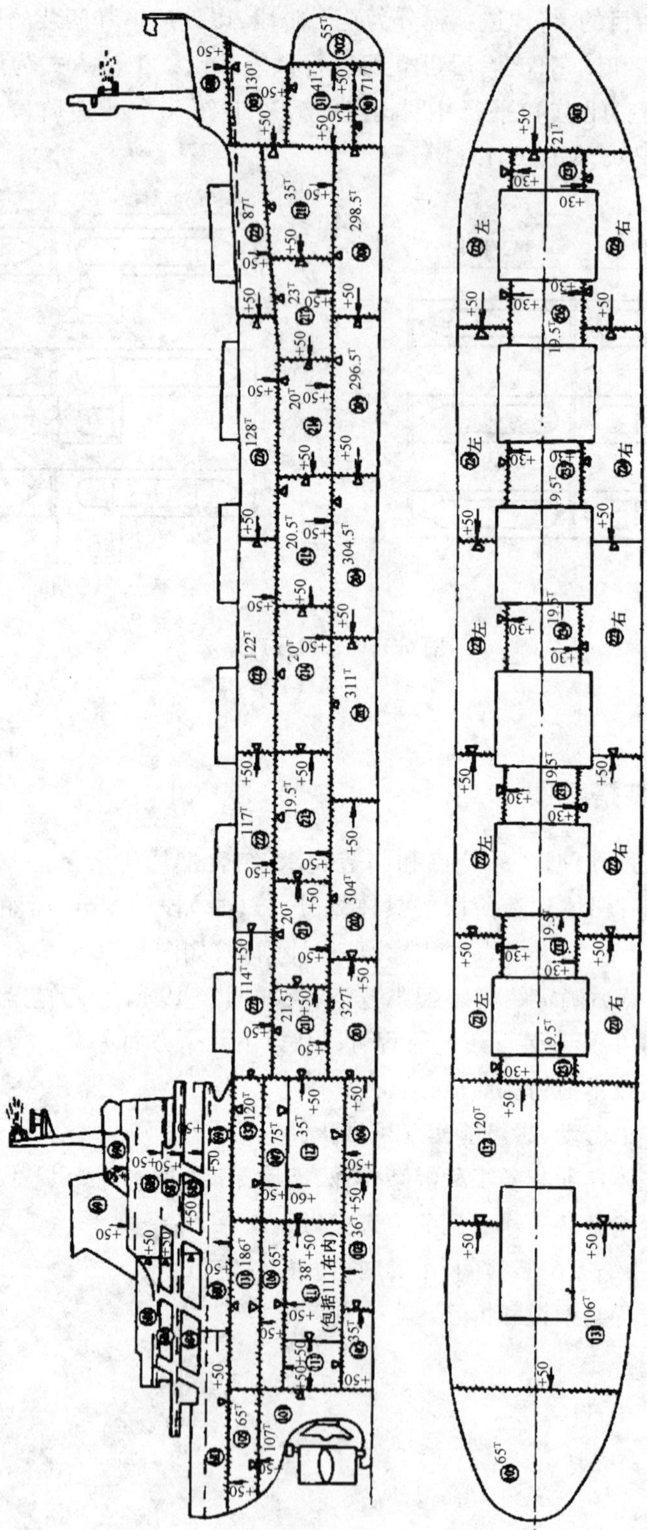

图 6.16 25000 散装货船分段划分示意图

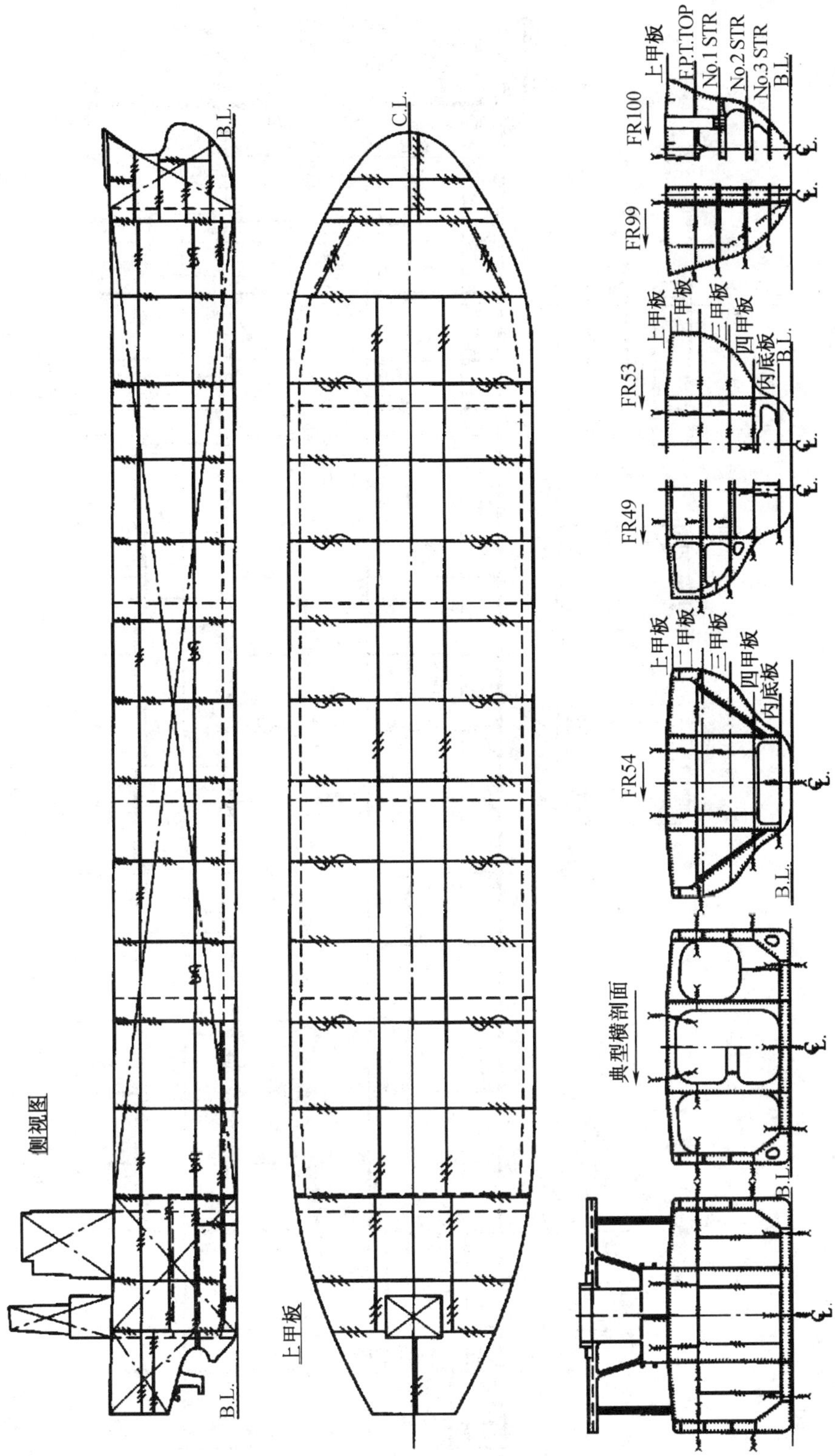

图 6.17 30 万吨级 VLCC 船分段划分

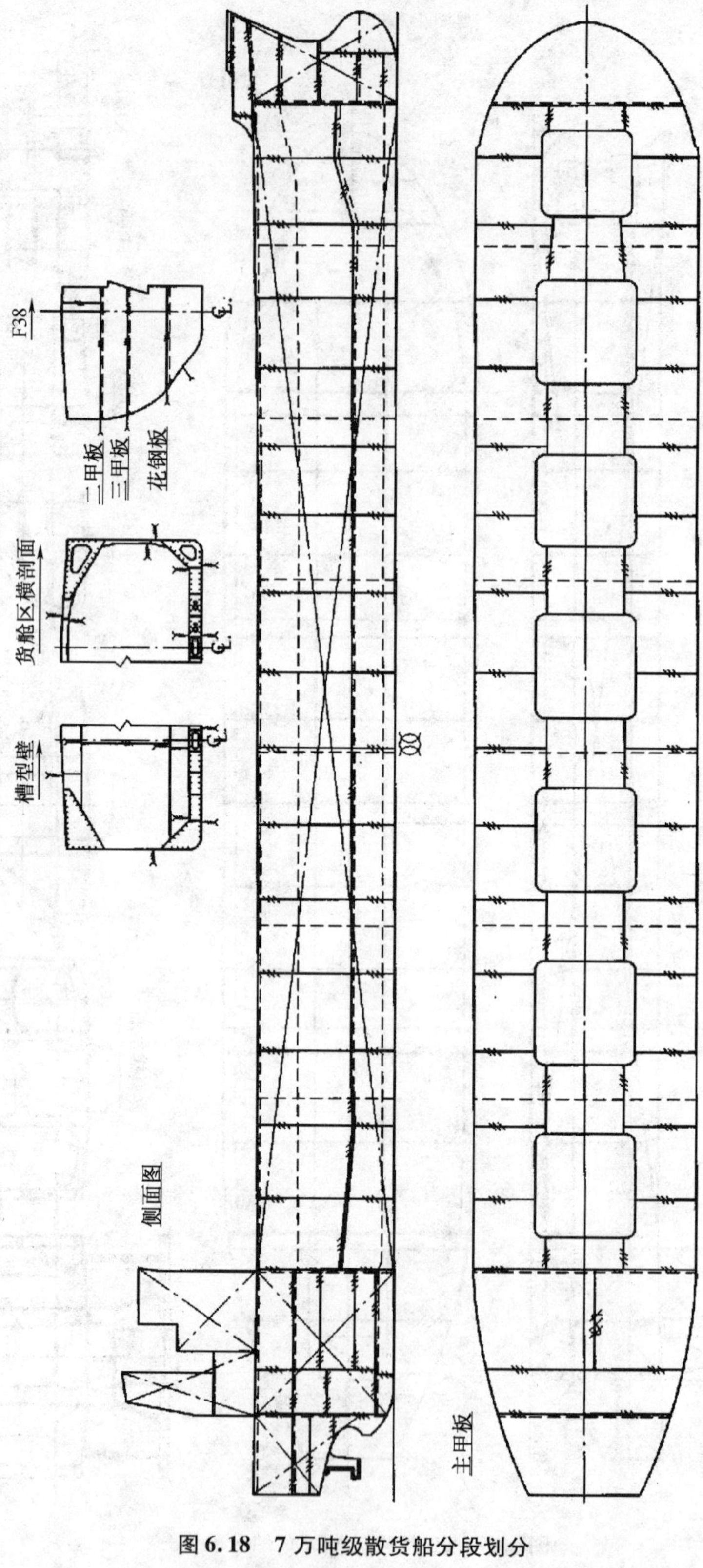

图 6.18　7 万吨级散货船分段划分

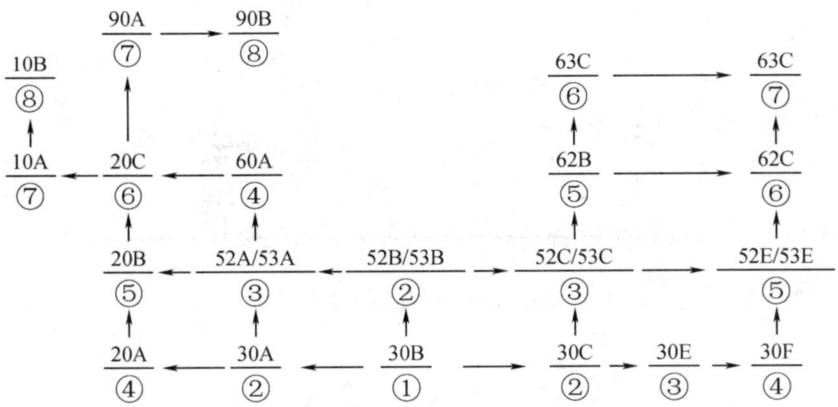

图 6.19　船台搭载流程图

数字加字母为总(分)段编号;带圈数字为吊装次序

第三节　船台装焊准备

一、水平船台(船坞)的准备工作

总(分)段吊装前准备工作如下:

(1)画船台基准线。为使船体分段能在船台上正确定位、安装,确保主船体建造精度而设置的船台中心线、船体半宽线、船台肋骨线、船体高度检验线及分段船台安装工艺规定的其他线条统称为船台基准线。

①船台中心线　标记在船台面上,用于确定分段在船台上左右位置。船台中心线直线精度是确保船体建造完工后船体中心线直线度的基础。

通常可用激光经纬仪在船台中心线槽钢上画出船台中心线,如图 6.20 所示。操作时,将激光经纬仪安置在船台中心线的端点 B,对中整平后,发射激光点到槽钢上(应超越船的尾端),每隔 1.5 ~ 2 m 画出一点,然后将所有点子连成直线,即为船台中心线。检验合格后用色漆及冲印做好明显标记。

在没有激光经纬仪的船厂中,则可用拉钢丝吊线锤的传统方法来画出船台中心线。

②船体半宽线　一般用于确定舷侧分段在船台上的左右位置。可以船台中心线为准,用钢卷尺量出宽度点,再用激光经纬仪绘制,检验合格后用色漆及冲印做好明显标记。

③船台肋骨线　用于确定分段在船台上前后位置,以确保船体总长度。在水平船台上先在船台中心线上画出基准肋骨线、分段接缝线的位置,以中心线上的肋位点为准用激光经纬仪(及五棱镜)在船台肋骨线槽钢上作出船台肋骨线。没有激光经纬仪时,可用几何学中作垂线的方法作出船台肋骨线,如图 6.21 所示。检验合格后用色漆及冲印做

好明显标记。

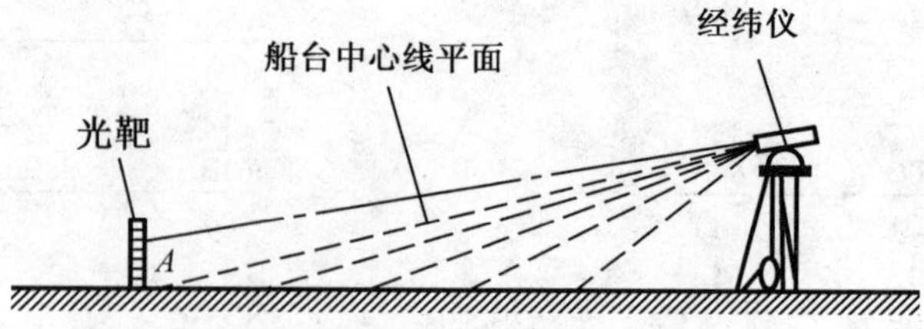

图 6.20　画船台中心线

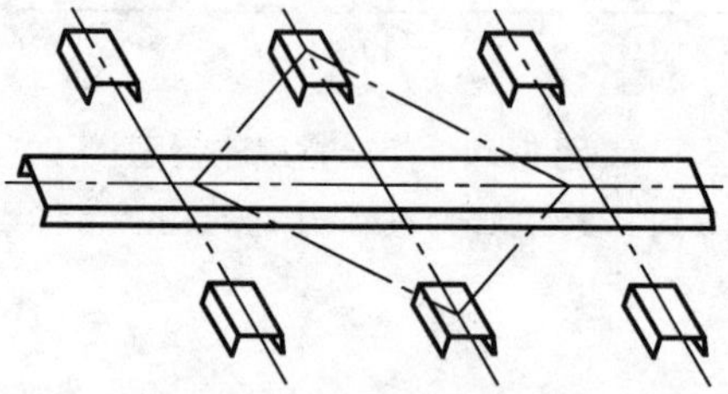

图 6.21　作船台肋骨线

④船体高度检验线　用于确定分段在船台上的高度位置。可根据放样间提供的高度样棒,在船台的高度标杆上画出基线、水线、甲板边线等全部理论高度线,作为水平软管、激光经纬仪进行船台铺墩、分段吊装定位和检验的基础。

随着船舶的大型化和船台基准线定位工艺技术的不断改进,船台高度标杆已逐渐由船台基线(船体基线)标杆所取代。船台基线标杆仅用于确定底部分段在船台上的高度,竖立船台旁或船台中心线上。而舷侧等分段定位高度,可依据内底板上竖立的临时标杆进行定位或依据各分段的水线检验线直接测量高度进行定位。

在水平船台上应用激光水平仪测量时,根据测量的要求,在船台中间的左右两侧各设置一根高度标杆即可。

(2)船台基准线检验。船台基准线的精度是确保船体总装精度的基础,必须认真检验。

检验内容、精度标准与检验方法,如表 6.1 所示。

表 6.1　船台基准线检验内容、精度标准与检验方法

检验内容	精度标准		检验方法
	标准	允许	
船台中心线直线度	≤0.5	≤1.0	在用激光经纬仪画线时参与监视
船体半宽线		≤3 mm	在肋骨检验线处用卷尺检测
肋骨检验线垂直度	≤0.1/1000	≤0.2/1000	在用激光经纬仪画线时参与监视
船体基线直线度	≤1.0	≤1.5	用激光经纬仪或水平软管检测

(3)其他准备工作。在准备工作方面,对船台两侧设置的高架吊车以及供施工用的压缩空气、水管、电路、乙炔、氧气、蒸汽等系统管路,均须进行检查。

二、倾斜船台上的准备工作

(1)船台中心线　通常可用激光经纬仪在船台中心线槽钢上画出船台中心线,如图6.22所示。操作方法与水平船台相似。

(2)船台肋骨线　在倾斜船台上一般不设船台肋骨线槽钢,只在船台中心线槽钢上逐档或间隔5档画出肋骨位置线,并用色漆标上肋骨号码。

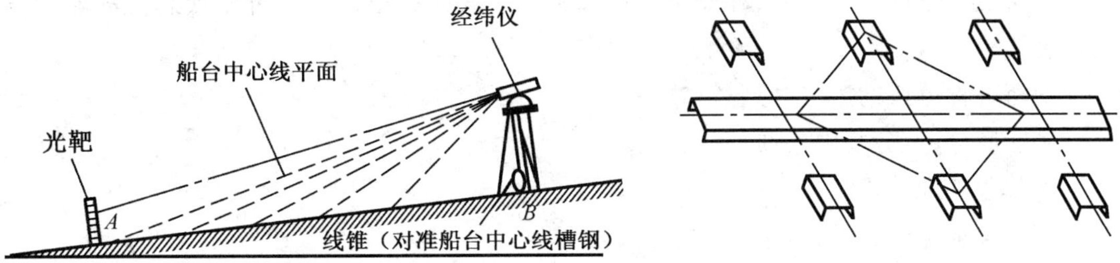

图6.22　画船台中心线

(a)画船台中心线;(b)作基准肋骨线

当船体基线倾斜时,因为它与船台中心线不平行,必须注意所画的肋骨间距不应等于理论肋骨间距值。

(3)绘制高度标杆上的高度线　在倾斜船台上船体基线和水线等都是倾斜的,应根据激光经纬仪转站的要求,设置若干根高度标杆。必须注意,为了便于测量,高度标杆都是垂直于水平面设置的,所以倾斜船台高度标杆上各高度线距基线的高度值,比实船的理论高度值小,如图6.23所示。其各高度线距基线的高度值 h 可按下式求得

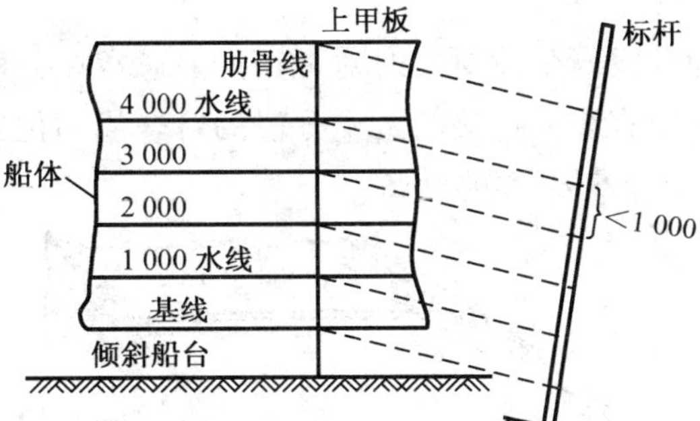

图6.23　倾斜船台上高度标杆与船体各高度线的关系

$$h = H\cos\alpha$$

式中　H——实船各高度线距基线理论高度值;

α——船体基线与水平的倾斜角。

至于各高度标杆的基线，可以利用激光经纬仪根据龙骨坡度将望远镜调至所要求的倾角 α 来画出。

其他船台上的准备工作与水平船台上的准备工作相同。船台基准线精度检验的内容、精度标准与检验方法也水平船台基本相同。

三、船体上的准备工作

(1)划分(总)段的船台定位线和对合线

这项工作是属于船体结构预装配的任务，用来确定分段或总段在船台上的位置，保证船体尺度的正确性。因此，在船台装配前必须检查是否已画出各分段或总段的船台安装定位线。

现将各种分段的定位线列述如下：

- 船底分段：分段中心线；
- 分段基准肋骨线；
- 分段水平检验线；
- 内底板上舱壁位置线；
- 舷侧分段：水线 1 ~2 根(高的舷侧分段上下边各画一根)；
- 甲板边线；
- 分段基准肋骨线(与船底同号)；
- 舱壁位置线；
- 甲板分段：分段中心线；
- 分段基准肋骨线(与舷侧同号)；
- 舱壁位置线；
- 舱壁分段：分段中心线；
- 水线 1 ~2 根。

分段对合线是作为分段与分段对接时对准用的。通常在分段左右或上下各画一根与分段大接缝线垂直的短直线。对接的两个分段的对合线的位置应统一，如图 6.24 所示，以便对准定位，否则失去对合线的意义。

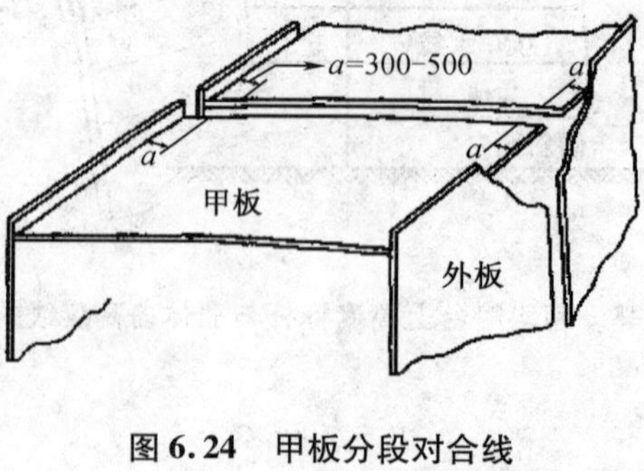

图 6.24 甲板分段对合线

(2)船台装配临时支撑的设置

临时支撑的作用在于保证分段在船台装配时的位置和型线,并作为分段和总段的支承装置。例如,当舷侧分段未跨及舱壁时,则需要安装1~2道部分假舱壁,作为吊装舷侧分段的依靠。在安装甲板分段时,如果甲板分段没有适当的支撑结构(支柱、舱壁或甲板边板等),则需设置适当数量的临时支柱,作为吊装甲板分段时的依靠。采用总段建造法时,如果总段端部无舱壁或强肋骨框架,便要设置假舱壁以增强总段吊运时的刚性,保证总段大接缝处的正确型线。因此,临时支撑的安装,有些是在船体结构预装配中进行的,有些是在船台装配时进行的,属于船台装配的准备工作。

假舱壁不论部分的或整体的,临时支撑不管长的还是短的,都是用废旧钢板、钢管、型钢等制成。它们的制造和安装都要花费一定的材料和工时,应尽可能少用或不用。如果建造一艘船舶需要花费大量的临时支撑材,这在一定程度上反映了分段划分和船台装配方式存在某些问题,需要加以改进。

(3)安装吊环

按照相关要求,布置和装焊好起重吊环。

第四节　船体(船坞)画线及布墩精度控制

一、船台(船坞)画线精度控制

船台(船坞)搭载是将分段、总段及零部件进行组装形成主船体的装焊过程。搭载过程中受到吊装、焊接等因素影响,对于船舶的尺寸影响较大。为此,每道工序都要严格遵守精度管理规定,严格按照精度标准进行检测,约束合龙产生的较大变形。如图6.25所示为船坞搭载过程中工艺流程图,在分段搭载过程中,首先要进行船坞画线工作,只有画线工作精确性,才能更好保证搭载精度。其次是根据船舶质量和支撑形状进行布墩,再按照吊装顺序确定分段位置,按顺序进行吊装,确保吊装精确性。本文以82000DWT船舶岛式建造法合龙工艺为例,介绍船坞画线精度控制要求。

船坞画线检测:由精度管理画线班组负责施工,具体包括假定基线、中心线、半宽线、搭载接缝线,自检、互检合格后填写“报验单”,提交质管部报验。

1. 准备工作

(1)船坞必须清理干净,中心槽钢上原来的标杆及马脚应割除铲平。

(2)船坞中心槽钢必须平直,必须与船坞牢固连接,不能有松动现象。

(3)船坞中心处测量标杆用角钢L100×63,数量为14根,每根长约为1 m。

(4)船坞舷侧测量标杆用角钢L125X75,数量为6根/每船,长度为2 m。

(5)不锈钢板14块,规格为100 mm×150 mm×2 mm。

(6)洋冲、漆笔、细记号笔、激光经纬仪等工具。

(7)两侧坞壁上测量标尺准确可靠。

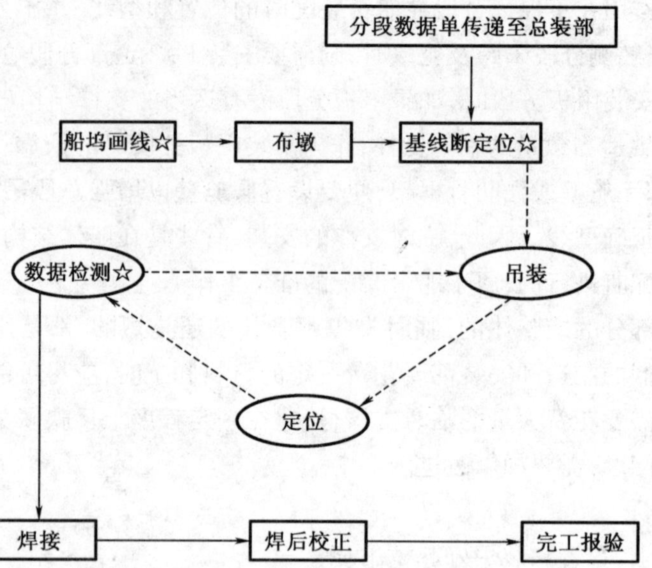

图 6.25 船坞搭载工艺流程图

2. 画线工作

(1)用激光经纬仪在船坞中心槽钢上画出船体中心线。

(2)在中心线上分别画出定位肋骨检验线。该肋骨检验线必须用一把经过计量校正后的长卷尺勘画,并按校正数据修正长度误差。

(3)画线时肋距:(艉 - Fr11)750 mm,(Fr11 - Fr35)800 mm,(Fr35 - Fr251)860 mm,(Fr251 - 艏)750 mm。

(4)在大接头处焊上不锈钢板,并将定位肋骨检验线、船坞中心线驳到不锈钢板上,并用洋冲打上标记。

(5)在不锈钢板旁垂直于水平面竖立中心测量标杆。

(6)坞底到船底基线高度暂定为 1 800 mm,用激光经纬仪照出船底中心线处基线高度,该基线向下驳 1 000 m 为测量基准线,勘画于中心测量标杆上。

(7)在 FR0,FR110,FR221 肋位处用激光经纬仪开出方线,并做记号。

(8)根据本船半宽 16 130 mm,用激光经纬仪画出半宽线,并做记号。

(9)在 FR0,FR110,FR221 肋位处的两侧坞壁上布置测量标尺。

3. 水线测量画线

根据测量标杆(或两侧坞壁设立的标尺)上的各肋位高度值,推算出相应的肋位数值,用水平软管来画出水线、水尺位置,但必须注意船体有无中纵变形,其变形值应予以修正。采用全占仪的测量仪器进行水尺画线,操作步骤如下:

- 第一步 测量船体基线,取其平均值作为水尺水线的绘制基准;
- 第二步 用"全站测绘仪"分别在艏部、舯部、和艉部以平均值为零点向上每隔

200 mm绘制水尺,直至结束;

- 第三步　安装水尺字母;
- 第四步　以艏部、舯部和艉部的水尺为依据用“全站仪”在空档处画制间断“延伸线”敲上洋冲标记;
- 第五步　用粉线把上述洋冲标记连接起来便完成了水线的绘制。

4. 船坞画线依据见表6.2,分段画线定位点见表6.3所示。

表6.2　船坞画线精度基准

项目	标准范围	允许极限	备注
中心线	±3.0 mm/100 m	±5.0 mm/100 m	
半宽线	±2.0 mm	±3.0 mm	
搭载接缝线	±2.0 mm	±3.0 mm	

表6.3　船底分段定位点

大接头肋位	FR11 +200	FR38 +200	FR63 -310	FR117 +120
总段代号	101	201G	301G	303G
总段定位点	FR7 +250	FR19	FR39	FR64
定位参考点	FR7 +250 FR12	FR12 FR39	FR39 FR64	FR64 FR118

大接头肋位	FR170 +410	FR226 +130	FR251 -200
总段代号	307G	311G	315G
总段定位点	FR118 FR169	FR225	FR250
定位参考点	FR118 FR169	FR169 FR225	FR225 FR250

5. 画线作业要求

(1)画线作业

①画线要保证其外观尺寸和对角线在理论数据范围内,同时须有相关的检验线,用以保证其直线度和坡口的尺寸,并确认主板的尺寸。

②必须进行基准线施工(100M. K),对于合龙时的肋检线等须敲上洋冲。

③弹线不宜过粗、过长,对于较粗的画线要及时修改。

④画线结束后必须有精度人员对其尺寸进行复核,使其在理论允许的误差范围内。并做好数据记录,以备焊接收缩数据的积累。

⑥当画线完毕检验合格后施工单位方可继续施工。

⑦在结构安装时施工单位按线进行作业,发现问题及时反馈,不得隐瞒或自行处理。

(2)控制余量画线精度

①本船货舱区域底部及舷侧分段实施无余量制造,分段的前后两端及纵向接缝不加放余量(仅加放焊接收缩量),施工车间及检验部门应引起足够重视,严格按工艺进行制作,确保分段满足精度要求。

②本船除舱口围和上建总段下口外全部实行无余量合龙。画线工作是分段建造过程中所有装配工作的基础。因此,控制无余量画线精度是保证分段制作精度和分段合龙顺利进行的前提。

③画线之前,画线人员应仔细研究图纸和有关资料,掌握分段的各种关键尺寸和曲形外板的胎架数据,并根据余量处理方案中的有关规定,考虑各个方向上补偿的加放,在画线时严格控制主要尺寸的精度,保证各主要尺寸的误差在标准公差要求的范围之内。

④所有分段的画线工作均需有自检和互检,检验合格后方可装配构件。检验员在验收时除了结构线外,还应控制余量加放值和余量处理方案规定的网络线和检查线,以便及时发现漏做的线。

二、布墩精度控制

布墩检测:船坞布墩由精度管理画线班组负责画线,总装部负责施工,精度管理办公室监督。

熟悉船体底部结构图和船台布墩图及有关施工工艺要领,在船台基面勘画出船台中心线和假定中心线、水底段大接头位置线和区域基准分段肋检线、所有布墩位置线,在船体外形轮廓线的外侧艏、舯、艉两侧适当位置设置永久性标杆(可以借助于坞墙),将所确定的基线高度位置线用激光经纬仪勘画其上,并反复校核无误,根据船底板厚情况,将主要几种板厚差以基线向下量取勘画,并用洋冲或漆线记号,且附文字说明。

检查上道工序施工的水底分段,分段水底平整度误差应≤4 mm 方可接收。

(1)水底定位分段应对准中心线(误差应≤2 mm),四角水平误差应≤3 mm,并对称加设斜撑与地龙固定。

设计所根据船体结构形式和分段划分及大于船舶总质量一定系数(船体所有结构、设备、设施和施工中所需的所有辅助性设备、设施在内的质量)的估算吨位为依据,绘制船台布墩图。船台布墩应考虑结构形式,布墩应避开舱室放泄塞、外板标记等位置,对于机舱区域、龙骨和舷侧区域、货舱近艏下水前需压载区域、艏部瘦狭区域均要加密布墩。

(2)按布墩图将所有水底相对平直部位的墩子一次性设置完毕。在中心的龙骨位置每隔 5 ~ 10 m 和两舷边适当位置设置一些矮标杆,用激光经纬仪上所确定的基线(含板厚线)分别勘画其上并校核。绘制船台布墩图如图 6.26 ~ 图 6.29 所示。

(3)根据原则工艺确定的方案,按型值用激光经纬仪测量并调整船台墩高度的准确性,上口加垫厚度基本一致的硬质木板,墩基要踏实和平稳,上口高度误差≤3 mm(考虑如加放反变形量和水底板的板厚差数值),在中心的矮标杆或两侧的永久标杆勘画出龙骨检验线,做好记录,经自检后报专检验收确认。

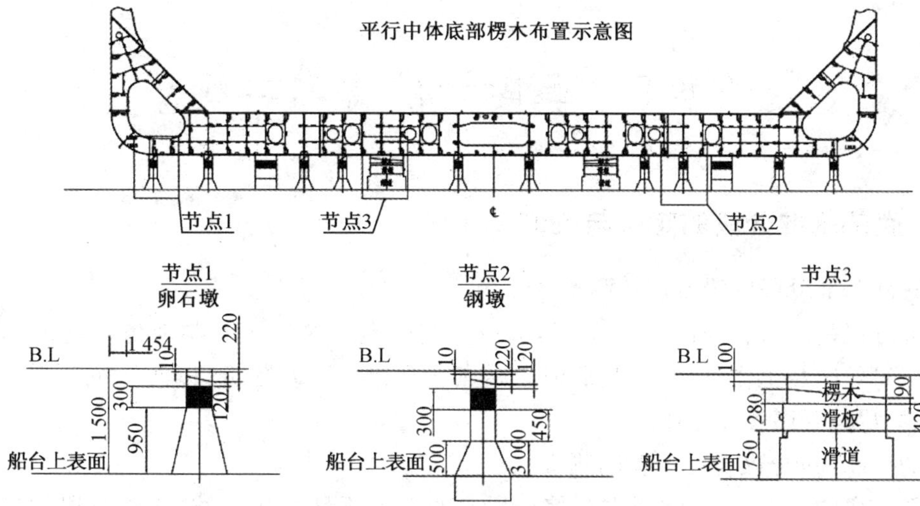

图 6.26　平行中体底部墩木布置

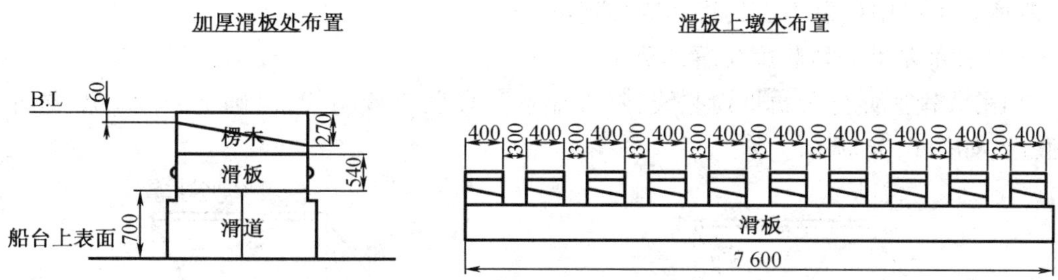

图 6.27　墩木布置局部图

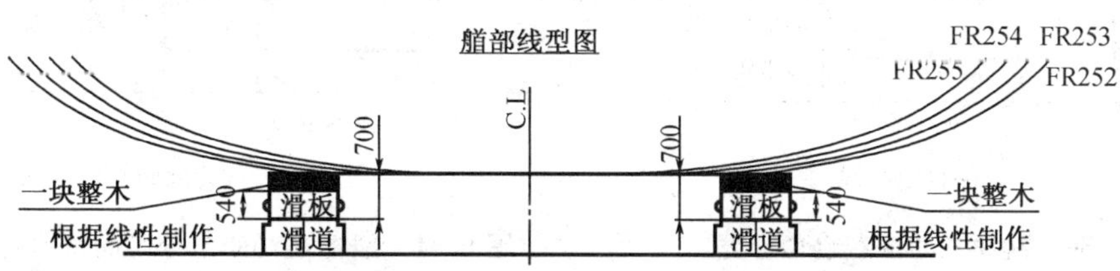

图 6.28　艏部线形图墩木布置

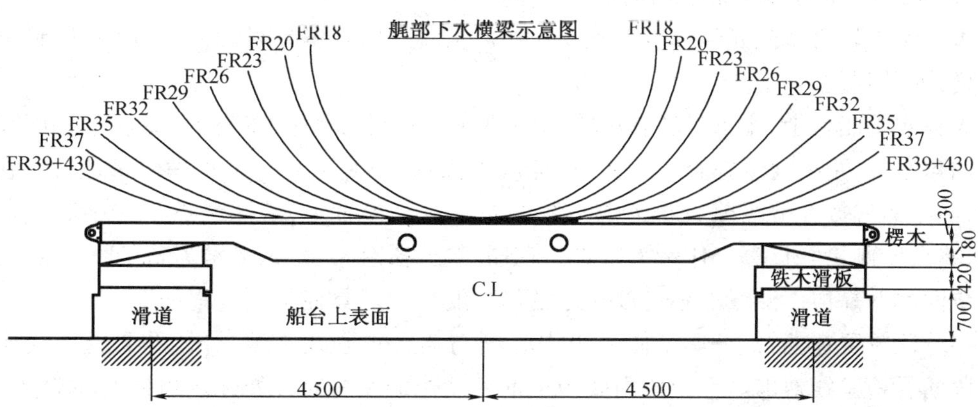

图 6.29　艉部线形图墩木布置

第五节 基准段精度搭载工艺

一、底部基准分段的定位与安装

1. 底部基准分段的船台定位测量

基准分段是船台合龙的起始点,其选择应使船台上舾装工作与船体建造能同时完成。由于机舱舾装工作量大,一般常把起始点选在机舱及其附近,以便使机舱部位船体尽早形成,尽早开展舾装工作。

(1)底部基准分段宽度位置的测量

先在分段的一端,用吊线锤方法使分段中心线对准船台中心线,再在分段的另一端用同样方法使分段中心线对准船台中心线,如图 6.30 所示,以确定分段宽度方向上的位置,其偏差可以用拉泵等工具将其调整到位。

(2)底部基准分段长度位置的测量

用吊线锤法使分段肋骨检验线,对准船台分段肋骨检验线,以确定分段长度方向上的位置,如图 6.31 所示。

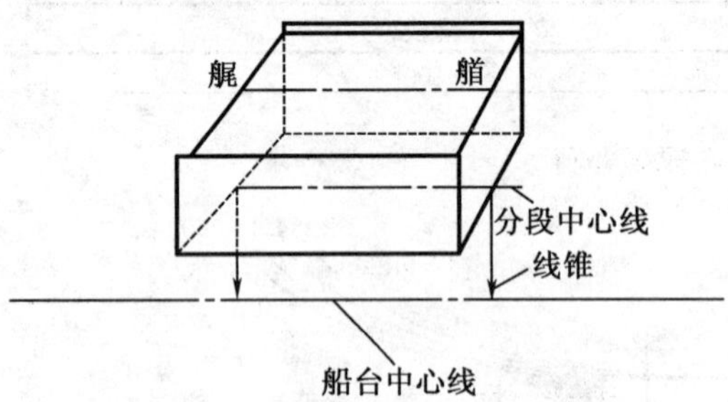

图 6.30 线锤法对准船台中心线

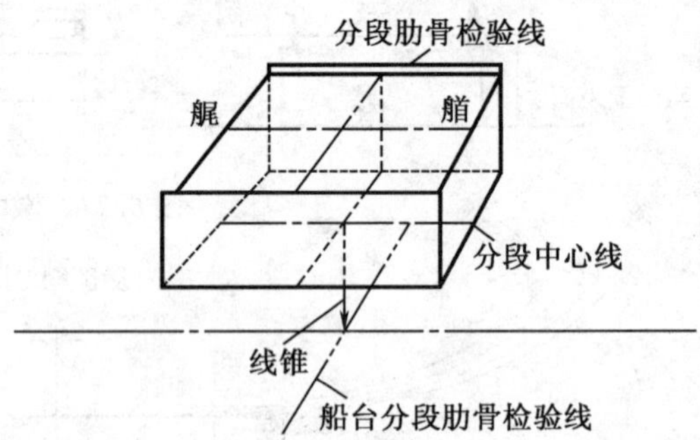

图 6.31 线锤法对船台分段肋骨检验线

(3)底部基准分段水平度的测量

可用水平软管或激光经纬仪检测分段水平状态,如有偏差可以用千斤顶,调整分段水平度,使其到位。

①在水平船台上,用水平软管法检测底部分段的四角水平,如图 6.32 所示。底部分段的四角水平,主要通过检查内底板(或船底平面部位)是否是一个水平面来进行。在检查中,测量点应放在分段前后肋位中心线的左右对称位置上,若测量点不在中心线对称位置,将会给测量和计算工作带来困难。在艏、艉分段有抬头(或基线升高)时,应考虑相应肋位间的升高值。测量点不可放在已变形的肋位上。具体检测过程如下:

将分段放置在船台上,调整使分段中心线与船台中心线一致,分段肋骨检验线与船台分段肋骨检验线对准。在分段内底板上前后肋位的左右对称处选定测量点 A,B,C,D,并垂直竖立测量标杆(或直尺);在 A 点标杆上取定点 A',测量 A'点至内底板的垂直高度

h_a 为基准高度;用水平软管分别在 AB,AC,AD 两点间测量水平得 B',C',D'各点;测量各点至内底板的垂直高低值,得 h_b,h_c,h_d。

当 $h_a=h_b$ 时,则分段前端左右水平;当 $h_a>h_b$ 时,则分段前端左舷偏高;

当 $h_a=h_c$ 时,则分段右舷前后水平;当 $h_a>h_c$ 时,则分段右舷后端偏高;

当 $h_a=h_b=h_c=h_d$ 时,分段四角水平。

如有一点偏高(或偏低),则说明该分段在装焊后有扭曲变形。此时应注意在矫正分段水平后,将引起测点的水平高度的变化,须进行复测,防止误差。

②在水平船台上用激光经纬仪法检测底部分段的四角水平,如图 6.33 所示。同水平软管法一样,在内底板上选定测量点 A,B,C,D,并垂直竖立测量标杆(或直尺);在 A 点标杆上取定点 A'点,A'至内底板的垂直高度 h_a 为基准高度。将激光经纬仪放置在测点附近,整平并瞄准 A'点;激光经纬仪望远镜绕竖轴转动,瞄准在 B,C,D 处的标杆,测 B',C',D'点至内底板的垂直高度值,得 h_b,h_c,h_d。

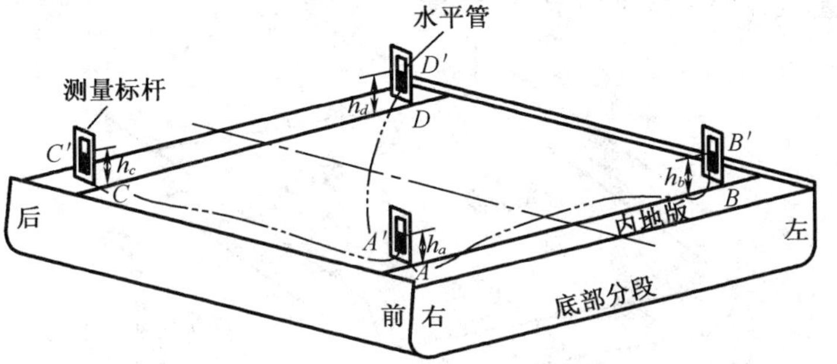

图 6.32　在水平船台上用水平软管法检测底部分段的四角水平

当 $h_a=h_b$ 时,则分段前端左右水平;当 $h_a>h_b$ 时,则分段前端左舷偏高;

当 $h_a=h_c$ 时,则分段右舷前后水平;当 $h_a>h_c$ 时,则分段右舷后端偏高;

当 $h_a=h_b=h_c=h_d$ 时,分段四角水平。

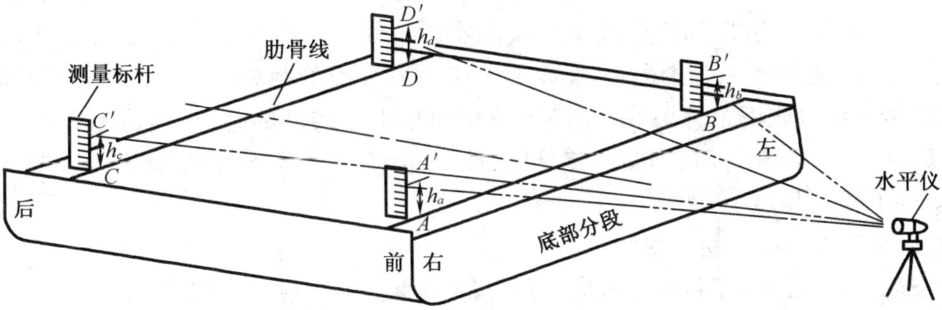

图 6.33　在水平船台上用激光经纬仪法检测底部分段的四角水平

(4)底部基准分段高度位置的测量

校正分段基线高度,一般可用水平软管或激光经纬仪,以高度标杆为基准,从船底测量分段的高度,以确定分段在高度方向上的位置,如有偏差,可用千斤顶顶高或放松来调节。

分段水平状态调整到位，敲紧墩木后可松去吊车。

①用水平软管法检测底部分段的高度，如图6.34所示。当底部分段在水平船台上，其肋位、中心线、左右水平皆符合定位要求后，可对分段的高度进行检测，其检测点应设在分段首、尾两端肋位的底板中心处，将其水平标高与船台测量标杆上的基线高度进行对比。由于测量点在分段底部，不能用水平软管直接测量，因此一般可在船台基线标杆上的船底基线下方200 mm处，画一条船底基线的平行线，作为测量基准线。

将水平软管一端玻璃管靠着基线标杆，另一端的玻璃管靠着测量点处的竖直木尺，使靠着基线标杆处的水平软管的水平面与测量基准线对齐（平），观察另一端水平软管中的水平面在木尺上的数值H。

当$H=200-\delta$时，则说明分段距基线高度正确，式中δ是平板龙骨厚度。由于底部分段基线的理论线在平板龙骨的内表面，而测量只能在钢板外表面，所以，当木尺上读数$H=200-\delta$时，分段基线的理论线，距测量基准线的高度为200 mm，即分段基线的理论线与标杆的船底基线在同一水平面上。

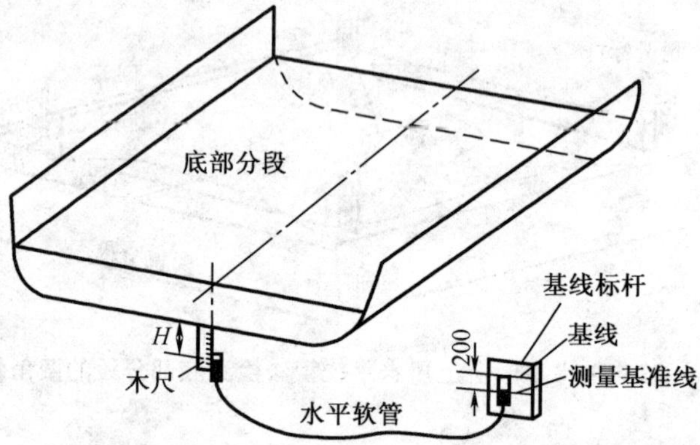

图6.34　在水平船台上用水平软管法检测底部分段距基线的高度

②用激光经纬仪法检测底部分段的高度，如图6.35所示。在水平船台上，检测底部分段距测量基准线的高度时，将激光经纬仪放置在分段一端的船台上，在船台中心线处对中、整平，向基准标杆发射激光束。测量光束距基准线的距离值为H，然后将仪器绕竖轴转动，分别测量光束距分段底部首、尾两端肋板中心线处的距离，其值为h,h_1。如果$h+\delta,h_1+\delta$与H不相等时，则要调整分段，使$h+\delta,h_1+\delta$等于H，则分段距基线高度正确，δ是平板龙骨厚度。

2. 底部基准分段的船台安装

基准分段通常是底部分段，吊运底部分段到船台上相应的位置处，这些地方事先按照底部分段强骨架位置和基线高度铺设好墩木，水平船台可利用船台小车。

（1）上船台安装前的准备工作

底部分段吊上船台定位前，应预前做好下列各项准备工作，以免在工作时引起混乱，使定位工作顺利进行。

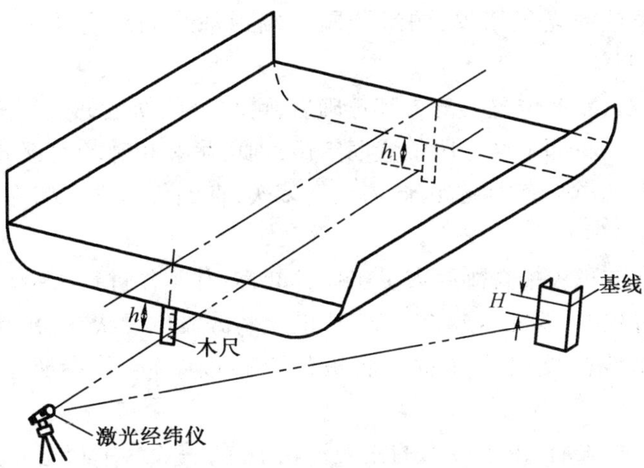

图 6.35　在水平船台上用激光经纬仪法检测底部分段距基线的高度

①在分段前后两端适当肋位处,于分段中心线附近各焊一只眼板,并各装两只带拉条的松紧螺丝或拉泵,供调整分段的前后位置用,如图 6.36 所示。

②准备好水平软管或激光经纬仪,供测量分段水平及高度用。

③准备好线锤,供检查分段前后中心线位置用。

④准备好液压千斤顶,置于分段的底部四角和艏艉中心线部位,供调整分段高低位置用。

⑤将分段上的肋骨检验线、中心线、水平线、对合线和两端肋骨位置重新标画清楚。

⑥在墩木上画出分段相应肋骨检验线,供分段吊装时初步定位用。

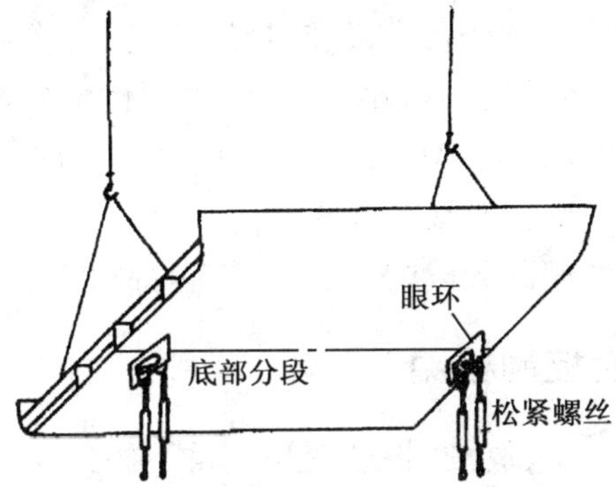

图 6.36　眼板和松紧螺丝

(2)安装底部基准分段

将底部基准分段吊上船台相应位置处进行定位,具体过程如下:

①将分段上的肋骨检验线对准船台墩木上相应的位置线,或用线锤检测。使分段上的肋骨检验线对准船台表面的肋骨检验线。若有偏差,可用前后方向松紧螺丝调整,符合后将松紧螺丝拧紧,不使分段前后移动。

②在底部分段两端中心线处,用线锤检查分段的中心线与船台中心线是否对准,若有偏差可用松紧螺丝调整。中心线对准后,将松紧螺丝初步固紧,不使分段左右移动。

③用水平软管或激光经纬仪，测量分段两端距基线的高度及左右水平度。若有偏差，用液压千斤顶调整。

分段前后、左右、高低位置经复查都正确后，可将分段松紧螺丝固紧，墩木敲紧，敲紧墩木后可松去吊车。底部基准分段位置固定后，即可吊装相邻的底部分段。

以上几项调整工作互有影响，因此需反复多次，直到各个方向都符合要求为止。

(3)施工注意事项

①分段吊装前应积极配合画线人员工作，同时对其工作进行检验。

②分段吊装过程中，要配合起重人员，协助观察分段位置状态，并及时联系。

③确定分段基线高度时应注意外底板是否有板厚差，并参照工艺做好反变形等工作。

④吊车第一次松去后，由于墩木的松硬程度不同，一般水平状态会发生变化，须再检测一次水平度，若还存在偏差则应重新将水平度调整到位，此时吊车应松去钢丝绳。

3. 底部基准分段的船台安装检验

(1)底部分段定位要求与公差

分段在船台上定位必须达到下列要求：

①分段的肋骨检验线与船台对应肋骨检验线应对准，误差不超过 ±4 mm。

②分段两端中心线与船台中心线应对准，误差不超过 ±5 mm。

③分段前后肋位处的定位高度与船台标杆上对应肋位的定位高度应一致，误差不超过 ±4 mm。

④分段内底板四角应水平，偏差不超过 ±12 mm。

(2)底部分段定位检验注意事项

①分段安装在理论上均应按船台中线、肋骨检验线、高度基线定位，但由于船体质量在船长方向分布不均匀，船体结构中和轴又处于主船体中心偏下，以及分段在船台上搁置的时间有长有短，造成船体建造焊接变形的趋势总是中部下垂，艏艉上翘。因此基准分段定位高度可允许稍高于船体基线检验线。

②检验设有主机基座的底部分段的安装位置，应特别注意中心线位置的准确性。

二、基准段定位精度控制检测

基准段定位检测：由施工人员按“搭载定位基准”施工，自检、互检合格后填写“搭载定位检测记录表”，通知精度管理员专检，下文以 8200DWT 船舶船坞搭载为例，介绍船舶各阶段搭载过程中基准段定位精度控制的方法和步骤。

1. 底部分段大合龙

(1)底部定位分段

307 分段，Fr117 +120 ~ Fr130 -100，定位肋骨检验线 FR125。

(2)底部分段定位

底部分段定位时，应首先应保证使横向大接头与船台(船坞)中心角尺线完全平行，然后尽量保证使外底中心线与船台(船坞)中心线重合，分段定位点要与相应的基准肋位 Fr125 一致，定位高度要保证，并应测量船底四角水平，然后将定位分段用拉条交错固定在船台(船坞)预埋件,左右前后拉平,楔木打紧,复验船底四角水平。

(3)底部其他分段

其他底部分段定位时,一端与先上船台的相邻分段的中心线和高度保持一致,另一自由端中心线和船台中心线一致。定位时应检测和控制定位点的位置,同时控制相邻横舱壁对应的肋板之间的距离。

(4)分段定位点检测

每增加一个底部大合龙分段都要按测量表格的要求检测分段定位点和船底基线的实际状态,并做好记录,以确保底部后续分段的顺利吊装。

(5)允许偏差

底部分段中心与船台(船坞)中心 ±3 mm;

分段四角水平 ±8 mm;

大接头肋距 ±10 mm。

2. 横舱壁分段大合龙

(1)准备:

①横舱壁分段吊装前应以船台(船坞)中心线为基准进行内底中心线修正;

②在内底板上开出船体中心线;

③在底部分段接通且分段焊接完毕后才可进行中心线修正工作;

④修正的中心线应以船台(船坞)中心线为基准,用吊线锤或激光经纬仪将船台(船坞)中心线驳画到内底板非构架面上。

(2)横舱壁定位要点:

①前后位置　横舱壁定位时保证舱壁间距,其误差≤5 mm,舱壁吊装前,在底部分段的横舱壁位置处艏艉设置定位马,防止滑移保证施工安全,同时应保证横舱壁分段的前后舱壁与底部分段相应的肋板位置保持一致。

②左右水平　四角水平。

③中心位置　下口中心对准船体中心线,调整至左右水平,必须用激光经纬仪复验上口中心线。

④高度　依据主甲板(中心线处甲板理论线距基线 20 700 mm,)高度定位。(横舱壁分段吊装前应测量船底基线下沉情况,包括舱壁处)。

⑤垂直度　一道舱壁至少用 5 点位置(中心、左右 6.0 m、左右 12.0 m 处)。

(3)横舱壁分段应等相邻舷侧分段焊接后焊接,焊接时应注意舱壁中心、左右水平,垂直度有何变化,及时反馈并修正焊接程序。

(4)横舱壁分段焊前焊后应检测相邻横舱壁之间距离,其偏差不得大于 5 mm。

(5)允许偏差:

货舱横舱壁中心线对船体中心线 ±3 mm;垂直度 ≤5 mm;高度 ±3 mm(尽量不做负公差);左右水平 ±4 mm;两横舱壁间距偏差 ±5 mm。

3. 舷侧分段大合龙

(1)定位分段 407P/S。

(2)舷侧分段定位要点:

①使分段定位肋骨线对准底部分段相应的定位肋骨线，同时校验舱口尺度及舱壁的前后尺寸，以此做前后位置定位的基准。

②用水平软管（或激光经纬仪）调整分段上水线的倾斜度使之与基线相一致。

③在分段两端的肋骨线和甲板边线相交处悬吊线锤检验其型宽。

④测量其下口余量情况，固定分段，以待焊接。

⑤对外倾较大的舷侧分段，定位时应设临时支撑。

(3)为保证装配精度，应设置保证纵壁距船体中心线尺度的拉撑大梁，分别设于FR54，FR85，FR145，FR205，FR235，甲板上，共5道。

(4)在对应的横舱壁装配完工后进行舷侧分段的焊接。

(5)允许偏差：

肋位 ±5 mm；

高度 ±5 mm（尽量不做负公差）；

纵壁距船体中心线 ±3 mm（尽量不做负公差）；

纵壁垂直度 ≤5 mm；

前后水平 ±5 mm；

左右水平 ±3 mm。

4. 机舱区域分段大合龙

(1)分段定位要求：

①201 +211PS +212PS +221PS +222PS 分段定位时，应严格控制主机座纵桁（面板）中心线，保证定位点的正确，左右舷肋位的一致并保证四角水平，为保证分段定位后的稳定性，不因楞木和其他因素造成分段下沉移位而影响其他分段的定位，应特别注意船底楞木要敲紧，同时加设适当硬支撑以防船底基线下沉。

②其他分段定位时，应保证平台板（主甲板）中心线与底分段中心线一致，控制横向位置保证分段外板与相邻分段外板接顺，控制平台（主甲板）高度和四角水平。

③242C 分段应待主机等主要机舱设备吊装定位后再合龙。

(2)机舱分段（包括艏、艉分段）吊装前应先吊入相应的进舱件，避免开不必要的工艺孔。

(3)允许偏差：

主机座纵桁面板与船台中心线偏差 ±3 mm；

平台和甲板中心线与船台中心线偏差 ±3 mm；

甲板（平台）高度差 ±5 mm；

肋位偏差 ±5 mm；

甲板（平台）四角水平 ±8 mm；

大接头肋距偏差 ±10 mm；

主机座纵桁面板四角水平 ±5 mm。

5. 尾部分段大合龙

(1)101 分段大合龙

①101 分段吊装前应预先设置楞木。

②101 分段定位应严格控制艉轴中心线的正确。

③分段吊上船台(船坞)前,应在 FR38 舱壁上找出轴中心线投影点,在 FR32 做好轴中心拉线架子,在 FR −5 处树立型钢拉线架子,(根据船台坡度及艉轴中心线斜度)在此角钢上找出艉轴中心线投影点,按常规在此两处画轴中心线十字交叉线,绕中心点开出 R10 孔,以备拉轴中心线钢丝。艉轴中心线距 BL 3.7 m。

④101 分段按常规基本到位后,进行轴系照光,拉出艉轴中心钢丝,根据此中心钢丝调整后艉轴铸钢件前后两个端面内孔上、下、左、右位置至符合轴系安装要求(见允许偏差数值);铸钢件后端面理论位置是 FR7 +250。

⑤101 分段定位结束后,应在壳板外侧装焊定位马,分段焊接时采用对称焊接,先焊接构架再焊接外板。施焊过程中应随时检测轴孔中心偏差,并及时反馈,以便采取妥善的工艺措施。

⑥允许偏差:

艉轴孔中心线与船台中心线偏差 ±3 mm;

艉轴孔中心线高度 ±3 mm;

前后尾轴孔中心线偏差 ±3 mm;

平台四角水平 ±8 mm;

平台高度 ±5 mm。

(2)111PS 分段大合龙

①111 分段定位时要保证舵杆中心线与艉轴中心线(拉线钢丝)的相对位置及垂直度和舵杆中心线距艉轴铸钢件后端面之间的距离 5500 以及 14700 舵机平台高度。

②111PS 分段定位后应设定位马,焊接时采用对称焊接,先焊构架再焊外板,施焊过程中经常检测舵承中心偏差,必要时采取矫正措施。

③111PS 分段焊前应提交检验部门验收,焊后复查,并做好检测记录。

④舵承搪孔在定位分段向艉主甲板以下全部分段大合龙并焊接完毕后进行。其他要求见舵承搪孔工艺。

⑤允许偏差:

舵杆中心线与艉轴中心线 ±3 mm;

舵杆中心线距艉轴铸钢件后端面距离 ±5 mm;

14700 舵机平台高度 ±5 mm;

平台四角水平 ±8 mm;

铸钢件上下中心垂直度 ≤3 mm(最外端平面之间);

艉封板(横舱壁)垂直度 $<0.1\% h$(h 为艉封板高度)。

6. 艏部分段大合龙

(1)分段定位时设置必要的临时支撑,布置在强肋板(强肋骨)处。

(2)分段定位时应控制肋位正确,分段中心线(甲板中心线)和船台(船坞)中心线一致,控制各层甲板(平台)的横向水平和高度。力求外板接顺,确保艏柱线型光顺。

(3)允许偏差:

①甲板中心线(分段中心线)与船台中心 ±3 mm;

②甲板间高度 ±5 mm；

③甲板（平台）四角水平 ±6 mm；

④大接头肋距 ±10 mm；

⑤首端点与船台中心线偏差 ≤10 mm。

7. 上层建筑大合龙

（1）为减少船台（船坞）合龙周期、提高分段完整性，本船上层建筑实行中合龙工艺，根据船台起吊能力，采取 911 +921 +931 +941，912 +922 +932 +942 +952 +962 总组方案。分段吊装前应检查封舱件的到位状态。应将桥楼甲板外档、罗经甲板外档及所有的栏杆及雷达桅预装上。

（2）所有分段定位时应控制肋位正确，甲板四角水平及层高符合要求，甲板中心线对齐。甲板层高要求为正公差 +5 ~ 8 mm。

（3）允许偏差

中心线 ±3 mm；上下层壁板构件错位 1/3t（t 为较薄板厚度）；四角水平 ±8 mm；层高 +8 mm。

8. 其他

（1）轴系照光由机装实施，船体配合。

（2）各类油柜、基座、系泊装置、梯子、水尺等按图纸要求和常规实施，各类封舱件应在分段吊装前吊装到位。

（3）舱口围安装时应和上层甲板下结构对准，特别应注意跨越两个分段的舱口围，应测量大接头处肋距，并对舱口围相关肋位处肘板做必要修正。

舱口围开口尺寸（长、宽、对角线）公差要求：

NO. 1 舱长 14. 08 ±0. 011 m，宽 13. 8 ±11 m，对角线差 ±20 mm，（对角线 19. 787 m）

NO. 2 ~ NO. 7 舱长 15. 84 ±0. 013 m，宽 15. 0 ±0. 017 m，对角线差 ±22 mm，（对角线 21. 815 m）。

舱口围侧板直线度要求：每 3 m 长度范围内 <4 mm。

9. 其他总段/分段定位数据检测

由施工人员按“搭载定位基准”施工，自检、互检合格后填写“搭载定位检测记录表”，通知精度管理员专检。

三、完工精度数据分析与管理

1. 大合龙测量

（1）分段定位安装后的交货测量，根据常规制定“大合龙测表格”实施。

（2）船底基线挠度的测量，按“船底中心线挠度测量记录表”实施，其测量时间和要求如下：

①底部每增一只分段，都应对以上船台的所有底部分段进行复查；

②内底修改中心线前；

③舱壁或舷侧分段定位时，测定相应的分段基线；

④密试前测量；

⑤密试后测量;

⑥拉轴线前;

⑦画水尺前。

船体外底中心线挠度测量应经常性定期实施,并认真做好测量记录,测量点位于分段大合龙前后肋位。

(3)完工测量:

测量总长、型宽、型深、船体基线挠度。

测量工作尽可能在早晚或阴天进行。

2. 技术文件和技术参数

搭载定位精度依据见表6.4。

表6.4　搭载定位精度基准

项目		标准范围	允许极限	备注
中心线	双层底分段与船台	≤3.0	≤3.0	
	甲板、平台、横舱壁与双层底	≤5.0	≤5.0	
	艏艉端点与船台	<0.1%*h*	<0.15%*h*	*h* 为艏艉端点处高度
	上层建筑与甲板	≤4.0	≤5.0	
	上舵承中心线与船台中心线	≤4.0	≤5.0	
	艉轴孔中心与船台中心线	≤4.0	≤5.0	
水平度	底部、平台、甲板四角水平	±4.0	±5.0	
	舱壁左右(前后)水平	±4.0	±5.0	
	舷侧分段前后水平	±3.0	±5.0	
	上层建筑四角水平	±6.0	±8.0	
定位高度	舱壁	±3.0	±5.0	
	舷侧分段	±3.0	±5.0	
	上层建筑	+6.0	+8.0	
分段接缝处肋距		±5.0	±5.0	
舱壁垂直度		<0.1%*h* 且<10.0	<0.12%*h* 且<12.0	*h* 为舱壁高度

3. 数据反馈和管理

全船搭载完工后,由精度管理办公室对单船搭载数据进行统筹和统计,输出以下数据、图表和说明:

(1)对全船搭载进行区域划分,划分为艏部区域、货舱区域、机舱区域、艉部区域、上建区域和舱口围;

(2)各个技术参数实测数据与理论数据误差“点”型分布图及说明;

(3)焊接收缩量分布图及平均值。

在以上基础统计的前提下，精度管理办公室召集计划部、船加部、总装部及船研所有关人员对统筹和统计结果进行系统性分析，输出以下数据、图表和说明：

(1)上述统筹、统计和基本分析的科学性；

(2)在施工过程中是否有非常规事故发生而影响统计和分析结论；

(3)设计中是否存在因工艺设计而导致数据非标准偏差；

(4)工艺改进和工程管理改善的意见；

(5)其他。

以上统筹、统计和分析应由精度管理办公室形成书面材料，同时提交船研所、计划部、船加部、总装部等部门，作为优化设计和管理的基础，该材料连同"搭载定位检测记录表"由质管部归档，原则下永久保存。

4. 记录和表式

记录和表式见表6.5和表6.6。

表6.5 搭载定位检测记录表：舱口围

船号： 舱口： 施工单位：

项目	部位	1	2	3	4	5	6	7	8	9
水平度	前壁									
	后壁									
	左舷									
	右舷									
直线度	前壁									
	后壁									
	左舷									
	右舷									
主尺度	长度				自检/日期：			互检/日期：		
	宽度									
	对角线									

表6.6 搭载定位检测记录表

船号： 总段： 施工单位：

项目	部位	艏左	艏右	艉左	艉右
甲板/平台水平	自检				
	精度管理办公室				
	质管部				

表 6.6(续)

<table>
<tr><td rowspan="4">中心线</td><td>部位</td><td colspan="4">艏</td><td colspan="4">艉</td></tr>
<tr><td>自检</td><td colspan="4"></td><td colspan="4"></td></tr>
<tr><td>精度管理办公室</td><td colspan="4"></td><td colspan="4"></td></tr>
<tr><td>质管部</td><td colspan="4"></td><td colspan="4"></td></tr>
<tr><td rowspan="5">主尺度</td><td>项目</td><td colspan="4">宽度</td><td colspan="4">高度</td></tr>
<tr><td>部位</td><td>左艏</td><td>左艉</td><td>右艏</td><td>右艉</td><td>左艏</td><td>左艉</td><td>右艏</td><td>右艉</td></tr>
<tr><td>自检</td><td></td><td></td><td></td><td></td><td></td><td></td><td></td><td></td></tr>
<tr><td>精度管理办公室</td><td></td><td></td><td></td><td></td><td></td><td></td><td></td><td></td></tr>
<tr><td>质管部</td><td></td><td></td><td></td><td></td><td></td><td></td><td></td><td></td></tr>
<tr><td rowspan="4">同面度</td><td>部位</td><td>左艏上</td><td>左艏下</td><td>右艏上</td><td>右艏下</td><td>左艉上</td><td>左艉下</td><td>右艉上</td><td>右艉下</td></tr>
<tr><td>自检</td><td></td><td></td><td></td><td></td><td></td><td></td><td></td><td></td></tr>
<tr><td>精度管理办公室</td><td></td><td></td><td></td><td></td><td></td><td></td><td></td><td></td></tr>
<tr><td>质管部</td><td></td><td></td><td></td><td></td><td></td><td></td><td></td><td></td></tr>
<tr><td colspan="6">自检/日期：</td><td colspan="4">互检/日期：</td></tr>
<tr><td colspan="6">精度管理办公室：</td><td colspan="4">质管部：</td></tr>
</table>

施工人员按“搭载定位基准”施工，自检、互检合格后填写该表，交精度管理办公室签字确认，施工人员将报验单连同该表一同提交质管部进行焊前报验，报验合格后方可施焊。

第六节　船体搭载完工检验

船体主尺度是船体外形大小的基本量度，即船的长度、宽度和深度。在船体型线图和基本结构图上标注的总长、垂线间长、最大宽度、型宽和型深等值均为船体主尺度。船体主尺度对于船体性能的好坏影响非常大，它是船体性能设计的关键尺寸，也是签订船舶建造合同、进行初步设计、详细设计和生产设计的主要依据。在船体建造各工序施工时，为确保船体主尺度的精度，要认真地制订工艺措施。如果船体主尺度精度超出允许极限，将直接影响到船舶的排水量、舱容、稳性与快速性等。船体尾部区域分段及艉柱的安装精度偏差也会影响轴系与舵系的效能及航向稳定性。船体型深的建造偏差将影响勘画载重线标志的位置与干舷尺寸，影响船舶的载重量、大倾角稳性与抗沉性。船体外形变形量超出允许极限将影响船体的总纵强度。因此，船体主尺度和外形检验至关重要，它的检验值列入交船完工质量报告之一，也是评价船舶产品质量的主要项目。

一、船体主尺度和外形检验

1. 船体主尺度和外形检验前的准备工作

船体主尺度和外形检验通常应在船体密性试验后，并必须在移墩前（移墩指为了涂刷搁至墩木处的船底油漆而进行的调换墩木位置的工序，大型船通常无此工序）完工。主尺度检验项目有总长或垂线间长、型宽和型深。外形检验项目有龙骨线直线度（或轮廓度）、艉翘、艏翘、船底斜升线、局部平整度和整体平整度等。检测方法通常是以船台基准线为基准，用激光经纬仪或经纬仪、水平软管、线锤及钢皮卷尺测量。

船体的主尺度有船长、船宽和型深等，如图 6.37 所示。

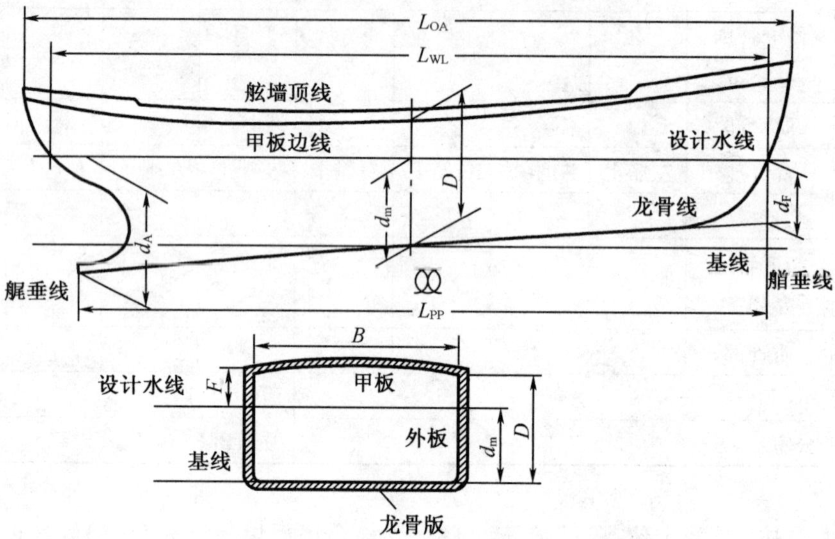

图 6.37 船体的主尺度

对于船体主尺度检验，检验员必须了解下述术语的含义：

(1)船长

①最大长度 L_{MAX}(m) 船舶最前端至最后端之间包括外板和两端永久性固定突出物（如顶推装置、挖泥绞刀架等）在内的水平距离。

②总长 L_{OA}(m) 包括两端上层建筑和外倾式舷墙在内的船体型表面最前端至最后端的水平距离。

③垂线间长 L_{PP}(m) 艏垂线 FP 与艉垂线 AP 之间的水平距离。艏垂线是通过设计水线与艏柱前缘的交点所作的垂线（垂直于设计水线面），艉垂线一般在舵柱的后缘，如无舵柱则取在舵杆的中心线上。

④设计水线长 L_{WL}(m) 设计水线在艏柱前缘和艉柱后缘之间的水平距离。

(2)船宽

①最大宽度 B_{MAX}(m) 包括外板和伸出两舷的永久性固定突出物（如护舷材、舷伸甲板、水翼等）在内的垂直于中线面的最大水平距离。

②型宽 B(m) 指船体两侧型表面（不包括船体外板厚度）之间垂直于中线面的水

平距离，一般指中横剖面设计水线处的宽度。

（3）型深

型深 D（m）　指在上甲板边线最低点处，自平板龙骨上表面（即基线）至上甲板边线的垂直距离。通常，甲板边线的最低点在中横剖面处。在主尺度检验中应特别重视船舶型深的检验，其将影响船舶载重线标志与吃水标志位置的准确性。

2. 船体主尺度的测量方法

（1）船体总长的测量

①在水平船台上用线锤及卷尺测量船体总长。在船尾端吊线锤，在船台中心线上得 A'，在船首端吊线锤，在船台中心线上得 B'。C，D 为船台上船长画线的尾止点和首止点。分别测量 $A'C$ 和 $B'D$ 的距离，如图 6.38 所示。

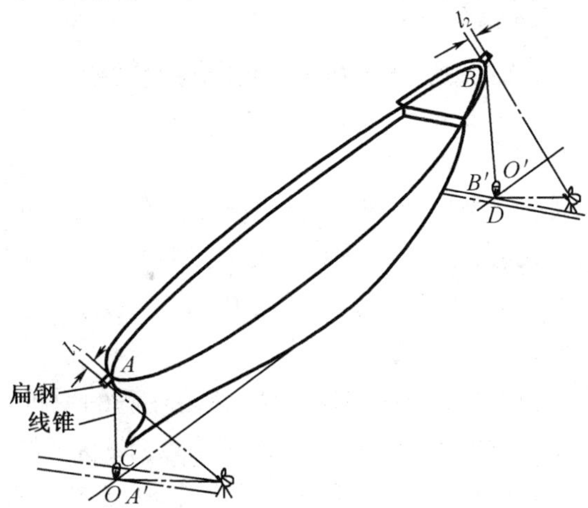

图 6.38　船体长度的测量

若 A'，B'两点在 CD 之外，则船体总长 L_{OA} 为

$$L_{OA}=CD+(A'C+B'D)-(\delta_1+\delta_2)$$

式中　CD——理论船体总长；

δ_1——艏舷墙钢板厚度；

δ_2——艉封板钢板厚度。

若 A'，B'两点在 CD 之内，则船体总长 L_{OA} 为

$$L_{OA}=CD-(A'C+B'D)-(\delta_1+\delta_2)$$

若 A'，B'有一点在 CD 之内，另一点在 CD 之外，则船体总长 L_{OA} 为

$$L_{OA}=CD\pm(A'C-B'D)-(\delta_1+\delta_2)$$

上式中，A'点在 CD 之外为加号，A'点在 CD 之内为减号。

②用激光经纬仪测量船体总长。在水平船台中心线上，超出主船体尾端点和首端点位置线一定距离，分别取点 O 和 O'。通过 O 和 O'两点分别作船台中心线的垂线。将激光经纬仪分别置于该垂线上，对中整平，发射激光束，使视准轴对准该垂线。在主船体首尾端点处各焊一扁钢，垂直方向调整望远镜，使光束射在该扁钢上。分别测量扁钢上的光点到船尾、首端点的距离 l_1，l_2，则船体总长 L_{OA} 为

$$L_{OA}=OO'-(l_1+l_2)-(\delta_1+\delta_2)$$

③在倾斜船台上船体总长的测量。在倾斜船台上,用线锤法测量船体总长,还应考虑船首尾端的高度差与船台坡度,如图6.39所示。实际船体总长L_{OA}为

$$L_{OA}=A''B''-(\delta_1+\delta_2)=A'B'+(BD-AC)\tan\alpha-(\delta_1+\delta_2)$$

式中,$BD-AC$为船首尾高度差。

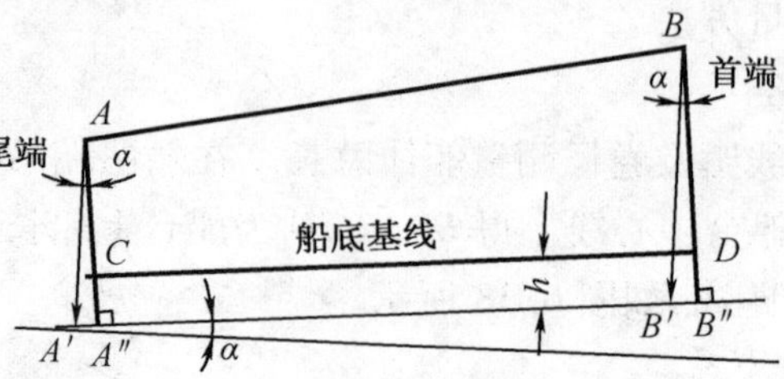

图6.39　倾斜船台上船体总长的测量

(2)船体型宽的测量

船体型宽的测量不受船台倾斜度的影响,测量方法有以下三种:

①用卷尺直接测量。在船体中横剖面的甲板上,用卷尺由一舷的外板内缘量至另一舷的外板内缘的水平距离数值,即为船体的型宽B。若甲板上有上层建筑或其他结构而不便测量时,可采用下面两种方法测量。

②用线锤及卷尺测量。在船体中横剖面舷顶列板外侧的甲板边板位置线处,焊一扁钢,如图6.40所示。扁钢上吊线锤至船台面上得A点,用卷尺测量A点至船台中心线(或船底中心线)的距离AO。在AO中减去舷顶列板的厚度δ及扁钢上线锤线距外板表面的距离b,即为船体半宽。用相同的方法可测得另一舷的船体半宽,两半宽相加即为船体的型宽B。

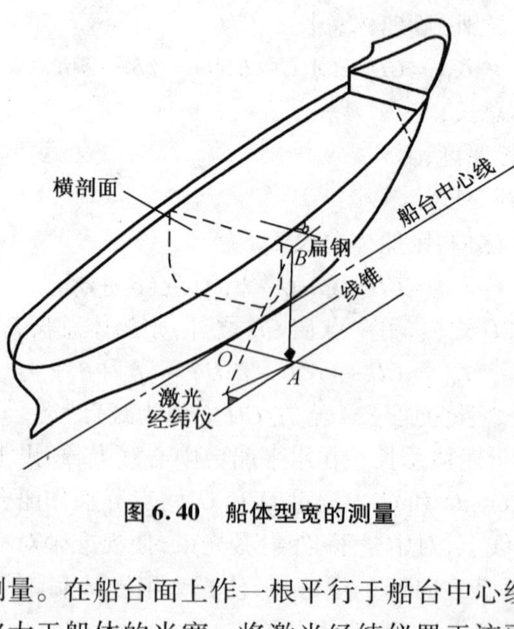

图6.40　船体型宽的测量

③用激光经纬仪测量。在船台面上作一根平行于船台中心线的平行线。平行线至船台中心线的距离应略大于船体的半宽。将激光经纬仪置于该平行线上,对中整平,使

望远镜视准轴与平行线对准，并与船台上中横剖面肋位线相交得 A 点。在船体中横剖面舷顶列板外侧的甲板边板位置线处，焊一扁钢，且垂直于外板。发射激光束至扁钢上，量得光点至船舷的距离为 b。用卷尺测量船台上中横剖面肋位线自 A 点至船台中心线的垂直距离 AO。在 AO 中减去舷顶列板的厚度 δ 及扁钢上光点距外板表面的距离 b，即为船体半宽。用同样方法可测量另一舷船体半宽，两半宽相加即为船体的型宽 B。

(3)船体型深的测量

如图 6.41 所示，在水平船台上测量船体型深时，可在船体中横剖面舷顶列板外侧的甲板边板位置线处，焊一扁钢且垂直于外板。扁钢上吊线锤，用水平软管将基线标杆上相应肋位的基线平移至线锤线上得一点。用卷尺测量从该点至甲板边板位置线的距离 H，即为船体型深 D。在倾斜船台上测量船体型深时，应考虑船台的倾斜度。

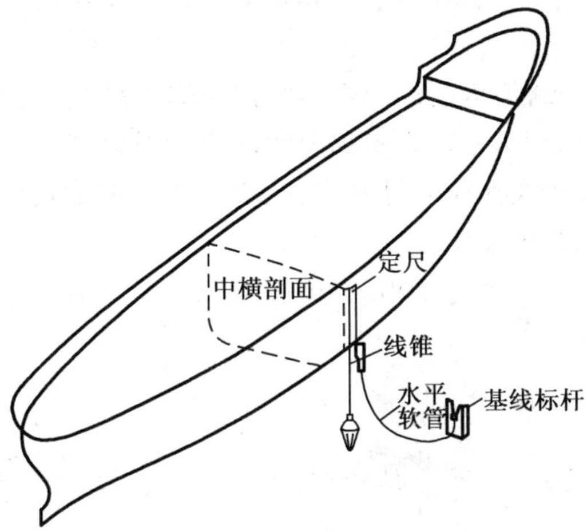

图 6.41　船舶型深的测量

(4)船体纵向挠曲度的测量

用激光经纬仪测量船底纵向挠曲度比较方便、准确，特别是应用在倾斜船台上。将激光经纬仪放在船尾端，使望远镜的视准轴与船底基线平行，然后用直尺直接测量船底各相应肋位处与激光束之间的垂直距离 h_1, h_2, h_3, h_4 等，如图 6.42 所示。将所测得的各点的值减去激光束与船体基线距离 h 的值，并将其差值填入表 6.7 中，即可得出船底纵向挠曲度。

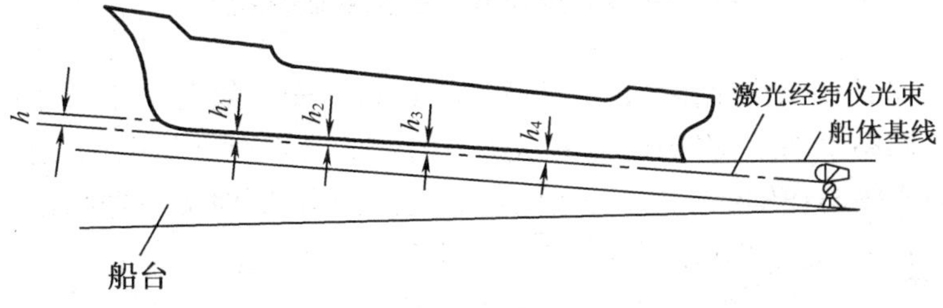

图 6.42　船底纵向挠曲度的测量

表 6.7　船底纵向挠曲度测量表

内容	肋骨位置												
	F	F	F	F	F	F	F	F	F	F	F	F	F
高度													
挠度													

(5)艏、艉端点高度的测量

艏、艉端高度的测量与型深测量相同。现以艏端高度的测量为例加以说明。

①用一般工具测量艏端高度在艏端吊线锤至船台表面。在水平船台上可用水平软管将船体基线高平移至线锤上,得一点,用卷尺测量该点至艏端点的距离,此距离即为艏端高度。

在倾斜船台上测量艏端高度(图 6.43)时,在艏端点吊线锤,将最接近艏端线锤线的标杆上某号肋位的基线高用水平软管平移至线锤线上得 D 点,然后减去该号肋位至艏端线锤线距离的升高值 H,在线锤线上得 B 点,从 B 点量至艏端点 A 的距离 AB。考虑船台倾斜角的影响,艏端点的高度应为

$$AC = AB \cdot \cos\alpha$$

式中,α 为船台的倾斜角。

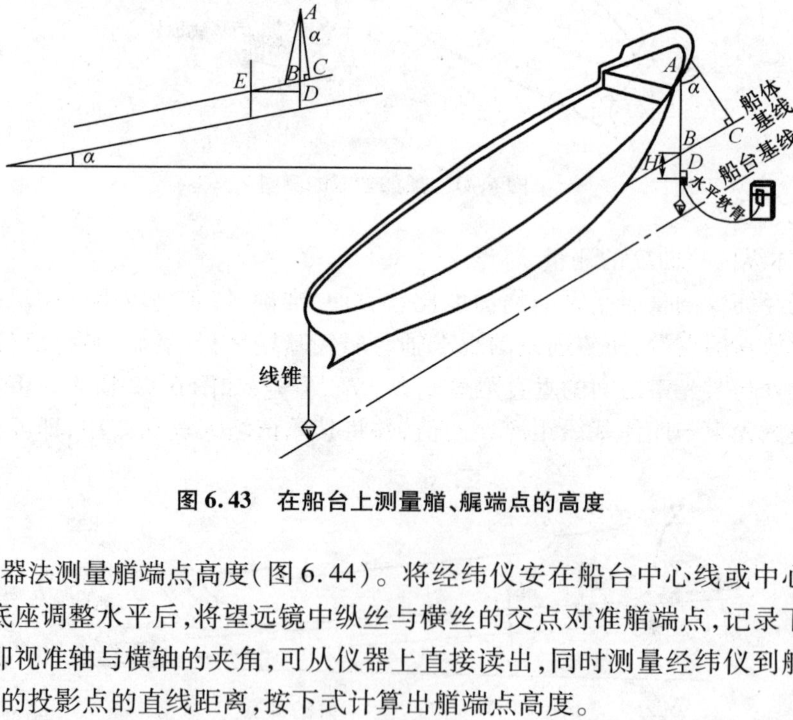

图 6.43　在船台上测量艏、艉端点的高度

②用仪器法测量艏端点高度(图 6.44)。将经纬仪安在船台中心线或中心线延长线上,将仪器底座调整水平后,将望远镜中纵丝与横丝的交点对准艏端点,记录下经纬仪的垂向角度,即视准轴与横轴的夹角,可从仪器上直接读出,同时测量经纬仪到艏端点在船台中心线上的投影点的直线距离,按下式计算出艏端点高度。

$$H_S = (a - c)\tan\beta - h - i$$

式中　H_S——艏端点高度;

h——船体基线距船台中心的垂直距离;

i——仪器本身高度;

β——仪器视准轴与横轴的夹角；

a——仪器到艏端点在船台中心线上投影点的直线距离；

c = (艏端点理论高度 + h) · $\tan\alpha$；

α——基线斜度。

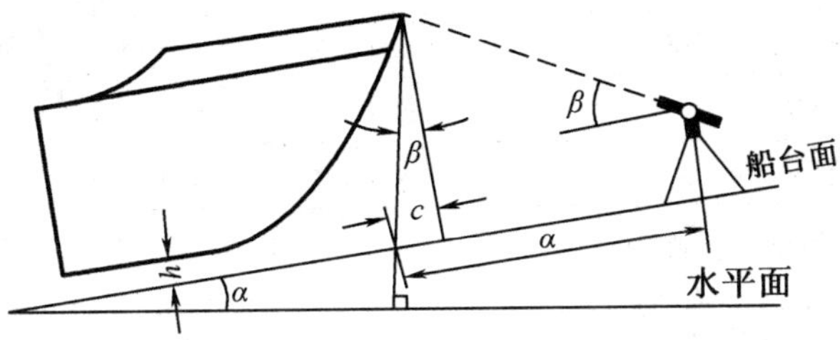

图 6.44　仪器法测量艏端点高度

艉端点高度量方法与艏端点高度测量方法一样。

(6)艏艉柱中心线的测量

艏艉柱中心线的测量方法如下所述：

①吊线锤法。这种方法操作简单,被广泛采用,但这种方法受风等外界条件影响较大。在艏艉柱中心线取一些点,吊线锤至船台,测量线锤线与船台中心线的距离,即得艏艉柱中心线各点的偏离值。

②激光经纬仪测量。用激光经纬仪测量时,将激光经纬仪放在船台中心线上,将底座调平,使仪器与船台中心重合,并发射激光束,使其与船台中心线对准,并固定仪器水平转角,然后将望远镜绕横轴转动,光点沿艏艉柱上、下缓慢移动,测量光点至艏艉柱中心线的距离,即得艏艉柱中心线各点的偏移量,如图 6.45 所示。

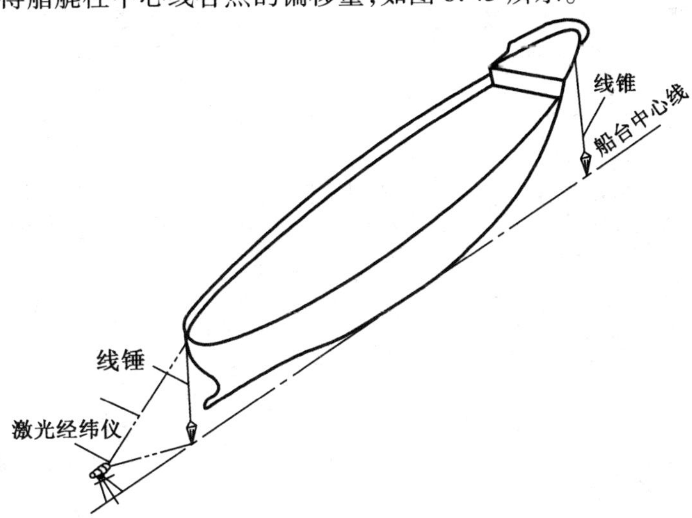

图 6.45　艏艉柱中心线的测量

3. 检验内容、精度标准、检验基准和检验注意事项

(1)检验内容、精度标准与检验基准

船体主尺度和外形检验内容、精度标准与检验基准可见表 6.8。

表 6.8 主尺度和外形检验内容精度标准与检验基准

<table>
<tr><th rowspan="2">项目</th><th rowspan="2">检验内容</th><th colspan="2">精度标准</th><th rowspan="2">检验基准</th></tr>
<tr><th>船长(L)
L<90 m</th><th>船长(L)
L≥90 m</th></tr>
<tr><td rowspan="3">主尺度</td><td>总长或垂线间长 L</td><td>±L/1 000</td><td>±L/1 000</td><td>参照总长或垂线间长定义</td></tr>
<tr><td>型宽 B</td><td>±B/1 000</td><td>±B/1 000</td><td>参照型宽定义</td></tr>
<tr><td>型深 D</td><td>±D/1 000</td><td>±D/1 000</td><td>参照型深定义</td></tr>
<tr><td rowspan="2">船体龙骨中心线挠度</td><td>艏艉尖舱之间的全长范围内挠度
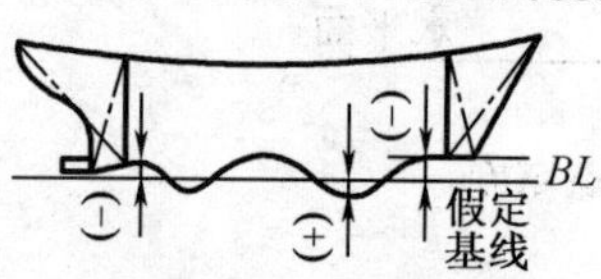
</td><td>±25</td><td>±30</td><td rowspan="2">艏艉尖舱之间全长范围内以相对船底的假定基线为基准检验</td></tr>
<tr><td>相邻横舱壁之间的挠度
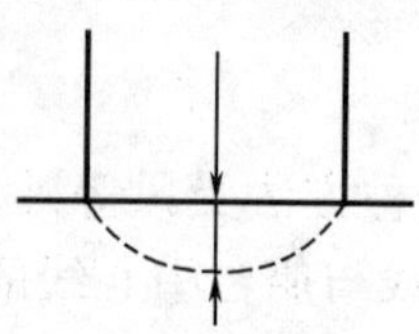</td><td></td><td></td></tr>
<tr><td></td><td>艏翘
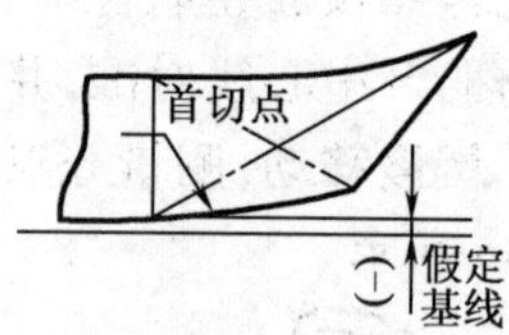
</td><td>±30</td><td>±40</td><td>以假定基线为基准，检验龙骨线切点的上翘或下垂值</td></tr>
<tr><td>艏艉上翘</td><td>艉翘
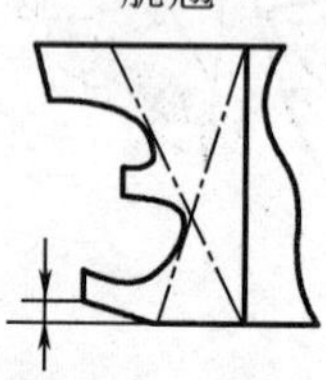</td><td>±20</td><td>±30</td><td>以假定基线为基准，检验龙骨线与舵杆中心线交点的上翘或下垂值</td></tr>
<tr><td></td><td>横向上翘或下垂量
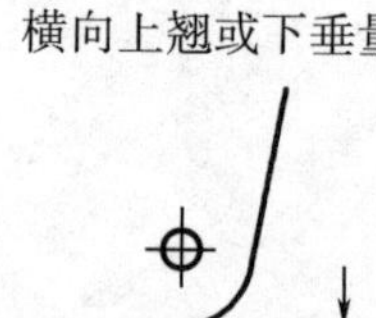</td><td>±15(以每10 m宽计)</td><td>±25(以每10 m宽计)</td><td>在中横剖面上自平板龙骨延伸线至舭部切线的切点位置上翘或下垂值</td></tr>
</table>

(2)检验注意事项

①长度检验，通常检测船体总长，但也有些船级社要求检测垂线间长，垂线间长要待载重水线画线后测量。

②在倾斜船台上检测总长应按平行船体基线方向量取尺寸。

③检验员应核对检测总长时的艏艉实测点位置与船体图样上总长尺寸所注的尺寸界线位置是否相符,即是否包括艏艉外板的板厚。

④型宽检验,通常检测船体的中横剖面处,但应注意某些小型船的型宽不处于中横剖面处。

⑤检验平板龙骨有斜度的船的型深,应查阅型线图,选准测量的肋位号。

⑥在倾斜船台上检测型深,应按垂直基线方向量取尺寸。

⑦龙骨线直线度(或轮廓度)、艏翘和艉翘是按相对船底的假定基线为基准检验。

⑧船底斜升线,除规定检验外,通常不检测。

二、船体密性试验

1.船体密性试验要求

(1)概述

检查船体外板及有密性要求的舱室的焊缝是否存在泄漏、渗漏情况的试验称为船体密性试验。

密性试验的传统方法是用灌水法。根据不同的部位、造船规范要求将水灌至规定的高度,使船体结构和焊缝处于一定的受压状态,然后,检查有关结构和焊缝,不应有变形和渗漏现象。由于它是属于实效性试验,且检查渗漏效应一目了然,在对舱室做密性试验的同时,又起到了强度试验的效果,因此历来为船检部门所接受。水压试验虽然可靠,验收又方便,但船厂在执行中困难不少。首先,舱室注水后,船体负荷增加,需要增加墩木的数量,尤其是油轮,舱容大,更难实施;第二,相邻舱室要交叉注水,而且每次注满舱与排水要花很长的时间,增加船台建造周期;第三,江湖或海水排水后,清扫积存淤泥的人工多,如果改用自来水成本又太高,舱室骨架经注水后,在死角与间隙中留有难以揩干的积水,会增加锈蚀;第四,舱室注水后若发现严重的渗漏缺陷,按补焊要求必须排水修补,重复注水致使试验时间更长。

因此,造船规范允许水压试验可以用充气试验代替,但由于充气试验无法兼作强度试验,故规范规定:“对于全部液舱均采用充气试验的船舶,在完成充气试验后,至少应对每种结构形式的液舱中的一个做水压试验。但对干货船中标准高度的双层底舱和液货船中远离货舱区域的液舱,如验船师对充气试验结果感到满意,可免做水压试验。”“当在船台上或干坞内进行水压试验有困难时,水压试验可在船舶下水后进行,但对船体的水下部分以及下水后无法检查的部位,应在下水前用适宜的方法进行检查,并使验船师满意。”船厂在建造批量船舶的首制船时,应执行此规定。然而,多年来的造船实践表明,对于按规范进行结构设计的船体强度是足够的,技术部门应征得验船师同意,可减少液舱水压试验的数量。

(2)船检规范的密性试验要求

中国船级社的《钢质海船入级与建造规范》规定的船体密性试验部位和试验压头要求见表6.9。

表 6.9 船体密性试验部位与试验压头要求

<table>
<tr><th>序号</th><th colspan="2">试验部位</th><th>试验压头要求</th></tr>
<tr><td>1</td><td colspan="2">艏、艉尖舱、双层底舱、底边舱(做水舱时)</td><td>至空气管顶高度</td></tr>
<tr><td>2</td><td colspan="2">做空舱的尖舱</td><td>至满载水线高度</td></tr>
<tr><td>3</td><td colspan="2">深油舱、燃油舱、顶边舱</td><td>至舱顶以上 2.5 m 或溢流管顶高度,取大者</td></tr>
<tr><td>4</td><td colspan="2">液货舱</td><td>至舱顶以上 2.5 m 高度</td></tr>
<tr><td>5</td><td colspan="2">隔离空舱</td><td>至舱顶以上 2.5 m 高度</td></tr>
<tr><td>6</td><td colspan="2">泵舱</td><td>至满载水线高度</td></tr>
<tr><td rowspan="2">7</td><td rowspan="2">海底阀箱</td><td>无吹洗设备者</td><td>至干舷甲板以上 1 m 高度</td></tr>
<tr><td>有吹洗设备者</td><td>至干舷甲板以上 2.5 m 高度</td></tr>
</table>

注:①水压试验可用充气试验代替;②海底阀箱箱体可用充气试验。

对下列项目应做冲水试验并满足船级社检验要求:

①水密舱壁、水密平台及轴隧;

②舱壁水密门(安装后);

③风雨密门、其他风雨密闭设备(如舷窗等);

④艏门、艉门及舷门;

⑤钢质风雨密舱口盖。

我国船舶检验局《内河钢船建造规范》规定船体密性试验部位和试验要求见表 6.10。

表 6.10 内河钢船密性试验要求

<table>
<tr><th>序号</th><th colspan="2">试验部位</th><th>试验要求</th></tr>
<tr><td rowspan="2">1</td><td rowspan="2">艏、艉尖舱</td><td>做水舱时</td><td>水柱高度取至空气管上端,至少高出干舷甲板 0.5 m</td></tr>
<tr><td>不做水舱时</td><td>水柱高度取至满载吃水,以上作冲水试验</td></tr>
<tr><td>2</td><td colspan="2">双层底空间</td><td>水柱高度取至空气管上端</td></tr>
<tr><td>3</td><td colspan="2">单层底船的底部</td><td>水柱高度取至平板龙骨以上 0.6 m</td></tr>
<tr><td>4</td><td colspan="2">深水舱</td><td>水柱高度取至空气管上端,至少高出舱顶 0.5 m</td></tr>
<tr><td>5</td><td colspan="2">深油舱、货油舱</td><td>水柱高度取至舱顶以上 2 m</td></tr>
<tr><td>6</td><td colspan="2">隔离空舱、舷伸甲板下封闭空间</td><td>水柱高度取至舱顶以上 0.5 m</td></tr>
<tr><td>7</td><td colspan="2">舷侧外板、甲板间的船侧围壁、露天的干舷甲板、水密舱棚、水密舷门、甲板上通风管、舱口围壁及舱口盖</td><td>冲水试验</td></tr>
<tr><td>8</td><td colspan="2">各层甲板(包括顶篷甲板)</td><td>淋水试验</td></tr>
</table>

表 6.10(续)

序号	试验部位		试验要求
9	海底阀箱	无吹洗设备者	水柱高度取至干舷甲板以上 1 m
		有吹洗设备者	按吹洗时的压力来确定试验压力,一般不超过 0.2 MPa
10	厨房、配膳室、盥洗室、浴室、厕所、蓄电池室等		围壁下沿做灌水试验,水柱高度至门槛

注:①灌水试验可用充气试验代替,冲水试验可用煤油试验代替;②海底阀箱箱体可用充气试验。

2. 船体密性试验方法和标准

船体密性试验的方法有水压试验、充气试验、煤油试验、冲水试验、淋水试验、油雾试验、水压和充气混合试验、负压密性试验(此试验方法需逐段试验,速度慢,仅适用于修补焊缝后试验)等,其试验方法与技术要求分别叙述如下:

(1)水压试验

水压试验是用水灌入舱内至规定高度并保持一定时间以检查船舱水密性的试验。

技术要求:

①水压试验应按间隔或交叉顺序进行,相邻舱室不得同时进行水压试验,以便检验;

②试验舱室下面应适当增加墩木或支撑,且避开受检部位;

③灌水高度见表 6 - 9 与表 6 - 10。水温通常不低于 5 ℃;

④若灌水高度要求至舱顶以上,舱顶上应设置直径不小于 50 mm 的加压管(可利用已设的空气管、溢流管),加压管内的压水高度在试验持续时间内无明显下降。

合格标准:灌水至规定高度后保持 15 min,即可检查受试舱室外面的焊缝,若无水滴、水珠、水迹等渗漏现象即为合格。

(2)充气试验

充气试验是用压缩空气充入舱内并保持规定的压力和时间,以检查密性舱室焊缝是否漏气的试验。

技术要求:

①相邻舱室不得同时进行充气试验,以便检验。

②与被试舱室相邻的舱室处于构架密集、狭窄、尖角等原因而无法涂肥皂溶液检漏时,不宜采用。

③在检查面的焊缝上涂肥皂溶液时,若周围气温在 0 ℃以下,则应将肥皂溶液加热后使用。

④每个试验舱室上应装置经检验合格的压力表 2 个,安全阀 1 个。气体应通过压力调节器或减压阀引入。

⑤充气试验的压力取 0.02 MPa ~ 0.03 MPa。

合格标准:钢质海船应在充气压力 0.02 MPa ~ 0.03 MPa(内河钢船充气压力 0.02 MPa ~ 0.025 MPa)保持 15 min 后,检查压力无明显下降后再将舱内气压降至 0.014 MPa,然后在检查面除自动焊焊缝外的所有焊缝上涂肥皂溶液而不产生气泡即为合格。

(3)煤油试验

煤油试验是在船体检查面的焊缝上涂以煤油,利用煤油的渗透作用检查其是否渗漏的试验。

技术要求:

①在检查面的焊缝上先涂白垩粉水溶液,其宽度小于 40 mm,干燥后进行试验,若周气温在 0 ℃以下时,可用盐溶液或酒精做溶剂配制。

②在检查面焊缝的反面涂上足够的煤油,在试验过程中焊缝表面应保持煤油薄层。

③对于用橡皮衬垫保证水密的结构、铆接和螺栓连接的结构,不允许采用煤油试验。

合格标准:当周围气温在 0 ℃以上时,煤油试验持续时间按表 6.11 规定。当气温低于 0 ℃时,用盐溶液或酒精做溶剂配制,且持续时间应适当延长。在达到规定持续时间后,检查除自动焊焊缝外的所有焊缝面上的白垩粉表面,应无渗出的煤油斑迹,即为合格。

表 6.11 煤油试验持续时间

焊缝厚度/mm	试验持续时间/min			
	水平焊缝		垂直焊缝	
	水密	油密	水密	油密
≤6	20	40	30	60
7~12	30	60	45	80
13~25	45	80	60	100
>25	60	100	90	120

(4)冲水试验

冲水试验是以一定压力的水柱射向船体的焊缝或舷窗、舱盖、水密门等的接合部位,以检查其是否渗漏的试验。

技术要求:

①冲水试验时,喷嘴口直径应不小于 16 mm,水压力不小于 1 MPa,喷嘴离被试部位的距离应不大于 3 m。

②通常用消防筒向焊缝垂直冲水,可以在焊缝的任一面冲水,垂直焊缝应自下而上冲水。

③铆接结构的接缝应从未捻缝的一面冲水。

④冲水试验时外界气温应大于 0 ℃。

⑤冲水时检查面的焊缝必须保持干燥。

合格标准:冲水时在检查面的检验员要配合舱室外的冲水人员检查对应部位,应无水滴、水珠、水迹等渗漏现象即为合格(对以橡胶为密封垫的舱盖在冲水前检验员可用压白粉方法进行预检)。

(5)淋水试验

淋水试验是将水淋在被试焊缝或接缝上,在另一面检查是否泄漏的试验。

技术要求:

①用水浇淋在焊缝或接缝上。

②露天甲板或外围壁可利用下雨天检查,雨量以中等以上为宜。

合格标准:试验时,持续时间 3 min 后,在检查处以看不到渗漏水珠即为合格。

(6)油雾试验

油雾试验是以煤油和压缩空气通过喷雾装置射出具有一定压力的油雾,利用油雾渗透作用以检查焊缝是否渗漏的试验。

技术要求:

①油雾试验用的煤油须经过滤处理,以清除杂质。

②喷雾器具的管路中的压缩空气压力不小于 0.03 MPa。

③喷油嘴口径不大于 16 mm,离焊缝距离 50 ~ 100 mm,移动速度为 5 ~ 10 m/min。

④在检查面的焊缝上先涂白垩粉水溶液,其宽度不小于 40 mm,干燥后进行试验,若周围气温在 0 ℃以下时,可用盐溶液或酒精作溶剂配制。

合格标准:当外界气温大于 20 ℃时,喷油雾后 3 ~ 5 min,当气温小于 20 ℃时,喷油雾后 10 ~ 15 min,检查焊缝面上的白垩粉表面应无煤油斑迹即为合格。

(7)水压、充气混合试验

水压、充气混合试验是先用水灌入舱内至规定高度,然后以压缩空气充入舱内并保持规定的压力和时间,以检查密性舱室周围焊缝是否渗漏的试验。

技术要求:

①相邻舱室不得同时进行水压、充气混合试验,以便检验。

②试验时被灌水的舱室隔舱处,视需要适当增加船底龙骨墩或支撑,预防船体变形。

③灌水水温通常不低于 5 ℃。

④每个试验舱室上应装置经检验合格的压力表 2 个,安全阀 1 个。气体应通过压力调节器或减压阀引入。

⑤充气试验的压力取 0.02 MPa ~ 0.03 MPa。

⑥在检查面的焊缝上涂肥皂溶液时,若周围气温在 0℃以下,则应将肥皂溶液加热后使用。

合格标准:钢质海船应在充气压力 0.03 MPa(内河钢船充气压力 0.02 MPa ~ 0.025 MPa)保持 15 min 后,检查受试舱室灌水水面高度以下的焊缝外面应无水滴、水珠、水迹等渗漏现象,在水面高度以上的所有焊缝涂肥皂溶液检查,应不产生气泡即为合格。

3. 船体密性试验条件和程序

(1)船体密性试验图

中国船级社的《钢质海船入级与建造规范》规定船体密性试验采用冲水、水压、充气或其他等效的方法。船舶检验局的《内河钢船建造规范》规定船体密性试验采用灌水、冲水、淋水、涂煤油、充气或相应等效的方法。而多年来,造船厂常用的船体密性试验方法是按技术部门提交验船师认可的《船体密性试验图》进行试验的,其方法就是前面所述的 7 种。因此,船体密性试验前,应具备《船体密性试验图》,图中应明确表达各舱室或部位的名称,所采用的密性试验方法,应达到的技术要求等。其中,检验员应重视甲板有开口或工艺开口的非液舱所采用的密性试验方法的适用性与可信性。

(2)船体密性试验基本要求

①船体水下部分以及下水后无法检验的部分,应在船舶下水前做密性试验;其他部位的密性试验应在船体建造完工后进行。个别特殊部位在征得验船师同意后可下水后进行。

②在进行试验前,船体密性焊缝通常不得涂刷油漆、水泥或敷设绝缘材料等,并保持内外面清洁与干燥。对易受大气腐蚀的部位,可以涂上一层薄的不影响密性试验的底漆。

③密性试验舱室及其周界外部相邻舱室的检查面区域应清除垃圾、杂物与积水。

(3)密性试验舱室的完整性要求

①密性试验舱室内的结构完整,焊接与矫正工作完工,且验收合格。

②测深仪舱、计程仪舱通常先空舱进行密性试验,然后待设备安装后对密性焊缝再补做密性试验。

③位于舱室密性构件上放泄塞,人孔盖座板、各类座架、管子与电缆支架、管系通舱焊接件、阀座、水密舱口盖围板、通风管、钢质踏步及直梯等,均应装焊完整,且经验收合格。若有未完工项目,应征得验船师同意待安装后补做密性试验。

(4)密性试验的检验程序

由于船体密性试验要检查庞大的船体与众多的密性焊缝,虽工作量大,但它直接影响船体下水后的安全性与交船后长期营运寿命,是至关重要的,必须认真对待,因此检验应按如下程序进行:

①准备　检验员先详细阅读船体密性试验图,掌握各密性舱室应采用的密性试验方法、技术要求与合格标准。然后了解所验船舶的施工进度及舱室密性的试验顺序,严格遵守密性试验守则,以确保试验的安全。

②预查　在对密性舱室做试验前,先预查舱室的完整性是否符合要求,凡有条件装焊的项目,应督促施工部门抓紧完工。对某些项目无条件完工而施工部门要求提前试验的舱室,检验员应分析该未完工项目完工后能否有效地补做密性试验,若能通过补做试验确保该部位的密性,则可作让步放行,并作好备忘记录。

③预检　依据现场密性舱室焊缝的外观质量,舱室完整性程度与所采用的密性试验方法的简繁等,除督促密性试验作业者应认真做好自检工作外,检验员要计划好对哪些舱室应采用先预检后再正式交验的措施,然后通知作业者,并认真协同作业者一起做好这些舱室的检漏工作。

④检验　在掌握密性试验作业者自检工作质量良好的情况下,检验员在接到作业者已自检完工报告后,即可通知验船师和船东,约定检验时间。施工部门要配备好返修人员陪同检漏,发现泄漏处,按有关修复要求(对于较厚的一般强度船体结构钢,通常可在背面带水压或气压状态下直接堆焊)立即返修妥,并取得验船师与船东的签字认可。

⑤标志　检验员可利用密性试验图在舱室密性试验认可后,及时在图上做好标志符号,以防漏检,又利于了解工作进度;并记录已完工舱室的试验日期、天气、气温、试验参数、参试人员和试验结论,并切实记录好让步放行的遗留项目。

⑥跟踪　检验员应经常查阅关心未完成密性试验的遗留项目,了解其施工进度,当具备补做密性试验条件时,督促抓紧补缺。试验方法可按该项目所处舱室的密性试验要求选用等效而又简便的方法,以减少对其他相关工序的影响。检验完工后做好记录备案。

三、船体下水前的完整性检验

船舶产品由于工程量大、施工图纸多、专业性强、工艺复杂、生产计划紧凑,在船台上通常难以完成众多工程,但是在船体下水前位于满载水线面以下与外板连接的工件以及要求安装成水平或规定角度的基座或设备必须完工。扶梯、栏杆和舷墙等亦应完工,以利安全下水。船体下水前的完整性检验是一个重要验收项目,如有疏漏将会造成较大的影响,应认真执行。

1. 船体下水前完整性要求

船体下水前完整性要求通常包括如下项目:

(1)主船体结构完整,焊缝质量合格,火工矫正与密性试验结束,主尺度与外形验收通过。

(2)上层建筑和甲板室除整体吊装外,应结构完整,焊接工作完工,火工矫正基本结束。

(3)放泄塞塞妥、防蚀锌板、船壳及其附件上的水泥或其他敷料完工。

(4)舭龙骨、货舱口围板、舷墙、栏杆与主要通道扶梯完工。

(5)海底阀箱及格栅、计程仪、测深仪的换能器、声呐、减摇装置及外板上的各种进排水口及防浪阀完工,海底阀关紧。

(6)水密人孔座和盖、舷窗、水密门、风雨密舱口盖。

(7)螺旋桨(或桨叶保护架、导流管及侧推导流筒与保护栅)、艉轴支架、分水踵、舵及吊舵眼环。

(8)锚链筒及锚唇(或锚架)、漏链管、锚机系统、掣链器、锚及锚链、带缆桩、导缆钳、导缆孔与船旁眼环。

(9)与外板焊接的并有水平度(或规定角度)要求的辅机座(例如救生艇吊架座、罗径座、雷达座、天线座、起重机座等)。

(10)载重线标志、水线、吃水标志、液舱标志和其他标志(例如球鼻艏、艏侧推标志等)、船名、港籍名等。

(11)桅杆、起重柱。

(12)整套轴系装置(包括侧推轴系在内的密封装置、联轴节等部件及可调螺旋桨的零位校正。

(13)在舵扇及螺旋桨轴的联轴节处采取临固定措施,以确保船体下水时舵与螺旋桨不转动。

(14)船壳涂装完工,且在防蚀锌板、螺旋桨及换能器等上面不得沾有涂料。

2. 检验方法与注意事项

下水前的完整性检验除上述要求外,检验员应自查在此之前的各项检验工作,尤其船体项目(包括原材料)是否均经检验,包括不合格项是否返工或返修妥。验船师和船东代表是否已确认。

由于本项检验涉及的范围较广,极易发生漏检的情况,船厂通常都会组织有关部门配合检验员查舱。按质量控制要求,应编制船体下水前完整性项目检查表,作为检验时的依据,并可采用双人复验制,它是防止发生漏检的有效措施。

船体下水前完整性项目检查表应包括如下内容:

(1)工作项目、数量、完工状态。数量仅指放泄塞、防蚀锌板、液舱标志、舷窗、水密门及舱口盖等。

(2)影响下水过程中人员安全性的项目。

(3)下水后无法进行施工的项目(不包括计划进坞作业的项目)。

检验员还应检查水线下各舱室清除积水和垃圾的情况,人孔盖要满足下水时能便于立即开盖检查以及必要时能密封的要求,待船体下水后认真检查船壳是否泄漏,确保船体下水后的安全。

四、船舶载重线标志与吃水标志检验

对船舶首、中、尾吃水标志与载重线标志勘画准确性的检验称为船舶载重线标志与吃水标志检验。本项检验内容,直接涉及船舶航行安全性。检验员应认真检测。

国际航行船舶载重线标志按1966年国际载重线公约和1988年议定书的要求及船级社的规范勘画。中国籍船舶、入级船舶由中国船级社验船师进行检验,非入级的国内航行船舶,由中国船舶检验局验船师按《海船法定检验技术规则》(2008年版)检验。

载重线标志及用于此标志的诸线段的内容包括甲板线、载重线标志和载重线诸线段。载重线标志的圆环两侧的字母表示勘定干舷机构的简称。载重线标志应永久性地勘画在船舷两侧(通常用钢板制成焊接在船舷),当船舷的颜色为暗色调时,标志应漆成白色或黄色;当船舷为浅色调时,应漆成黑色,以使标志能清晰可见。

吃水标志由序数字和字母组成。小型船舶按船东需要,可增加由长短线段组成的水尺,水尺中的长短线段周边可由电焊焊成。

1. 检验前的准备工作

检验员应了解吃水、外形吃水、满载吃水与载重线标志的定义与相互关系。

吃水泛指船体水面以下的深度。在船体型线图上指船长中点处,由平板龙骨上缘量至夏季载重线的垂直距离。

外形吃水指包括任何附体或水线下突出物在内的船舶最低点至水面的垂直距离。

满载吃水是船舶处于满载排水量状态时的平均吃水,它是以平板龙骨下缘向上量至满载水线面的垂直距离。

载重线标志及用于此标志的诸线段由甲板线、载重线标志和载重线诸线段等组成。甲板线勘画在船长中点处的左、右舷,其上边缘勘画于干舷甲板的上表面向外延伸与船壳板外表面的交点,若勘画时遇有护舷材阻挡或甲板边板舷边为圆弧形时,则图样上应将甲板线设绘在护舷材或圆弧的下面。载重线标志系由一圆环和一水平线相交组成,其圆环的中心位于船长中点处,水平线上边缘通过圆环中心,圆环中心至甲板线上边缘的垂直距离为夏季干舷。载重线诸线段指船舶按其航行的区带、区域和季节期而定的各载重线段。载重线标志的尺寸见图 6.46。

2. 检验内容、精度标准与检验方法

载重线标志与吃水标志图中的尺寸检测载重线标志圆环的直径及诸线段的宽度和长度、甲板线位置、诸线段与甲板线的相对位置、各字母符号的正确性。夏季干舷尺寸应符合图样上要求,其标准偏差为 ±0.5 mm,允许界限为 ±1.0 mm。检测吃水标志的字母高度与上下间隔均为 100 mm,且每个序数字的底缘装焊于该数字所指的水线位置。

满载吃水高度应为平板龙骨下缘向上量取的垂直高度。

载重线标志的圆环中心位置不得低于满载水线。

检验员检测时应选用经计量部门校准并在有效期内的钢卷尺。

3. 检验注意事项

(1)载重线标志与吃水标志图通常绘出船舶的右舷侧布置图,检验左舷侧上的标志应注意图样上的说明。通常左舷侧标志除标志上勘定的干舷机构的字母仍应自左向右排列外,其他均按右舷位置对称设置,即表示各载重线的诸线段应始终位于载重线圆环的船首方向。

(2)检验员应熟悉载重线标志的圆环的下半只圆,国内航行的海船,应制成实心的标志;国际航行船舶则应与上半只圆一样,如图 6.46 所示。

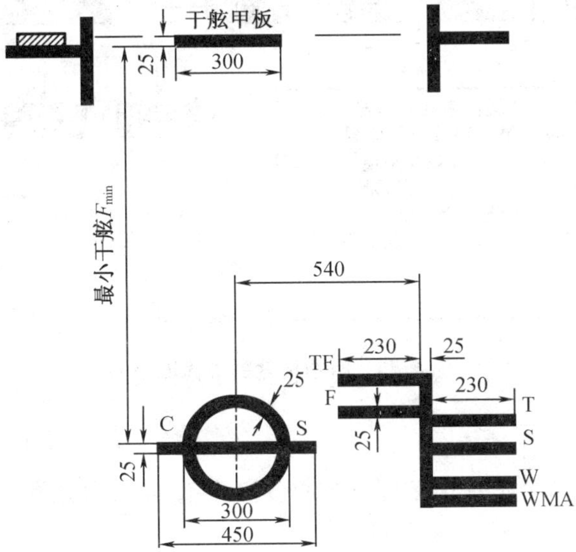

图 6.46　载重线标志

右舷载重线标志(单位为 mm)

(3)对于与吃水标志有关方面的问题应多征求船东意见。尤其对处于外板倾斜度较大的那一段标志是否需按线型进行放样制作,有时图样上不是很明确,应及时向技术部门反映。

(4)有的船舶图样上有轻载水线涂装要求,应引起注意。

第七节　三维精度模拟搭载

船舶在建造过程中,从加工到船坞每个阶段不可避免地会产生误差,而误差只有在船坞搭载时显现最为明显。模拟搭载就是预先了解要搭载上的总段精度偏差值及船坞(船台)内基准分段的精度偏差值,在电脑中进行模拟演示并分析得出有效的修正方案,在平台上进行切割修正实现吊装过程在确保精度情况下的一次定位。

一、模拟搭载的总体流程

模拟搭载的总体流程如图 6.47 所示。

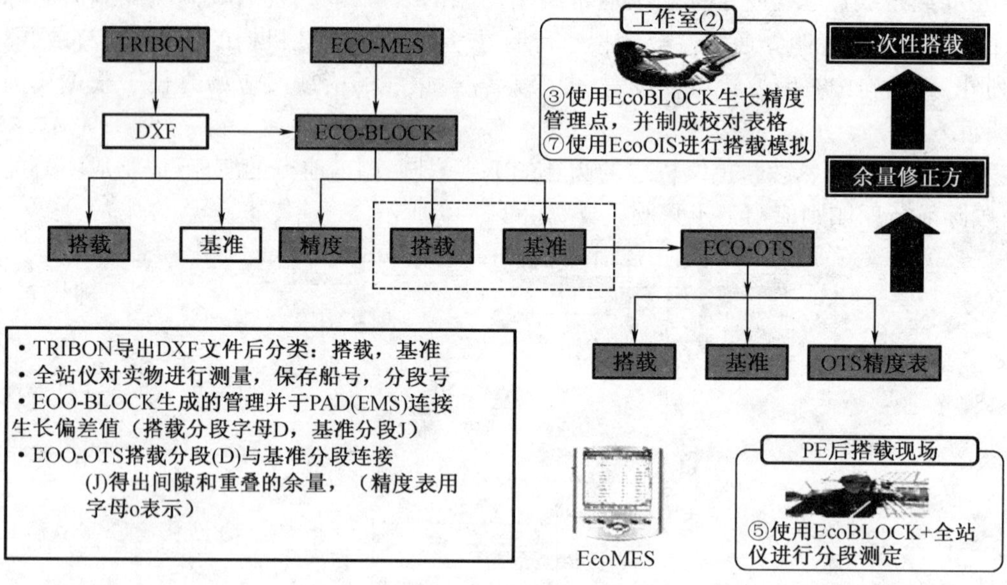

图 6.47　模拟搭载的总体流程

(1)数据测量采集

掌上电脑(PDA)与全站仪连接进行搭载分段测量、基准分段测量。

(2)设计模型

因为模拟搭载要依靠设计模型为基础,要先从 TRIBON 中调出相应的设计数据。在 TRIBON 模型中生添加管理点。

(3)单位分段

测量采集的数据与模型设计数据连接生成偏差值,掌握搭载、基准分段的精度现况。

(4)模拟搭载

将搭载模拟生产的偏差值与基准分段生成的偏差值连接。在模型生成中重叠和间隙的偏差值。

(5)精度校对表格

在模型生成中重叠和偏差值打印出来,根据精度校对表格现场施工作业。

二、模拟搭载评定标准

对模拟搭载分段进行考核评定,便于对精度软件和分析模拟搭载的跟踪,见表6.12。

表6.12 模拟搭载评定标准

评定	级别	分数	内容
优秀	A	100~90	模拟搭载后一次性到位,分段搭载无须切割
良好	B	89~80	模拟搭载后,分段搭载少量切割
一般	C	79~70	模拟搭载后,分段搭载较多切割
不足	D	69~60	模拟搭载后,分段搭载大量切割
差	E	60以下	模拟搭载后,需要再次复位

三、模拟搭载基准

(1)模拟搭载管理点的设置

理论线表示基准,在基准中表示船体组立的所有部材的装配方向及CONTROL LINE进行规定,如图6.48所示。模拟搭载管理点的设置建立在理论线的基础上,管理点正确设置非常重要。

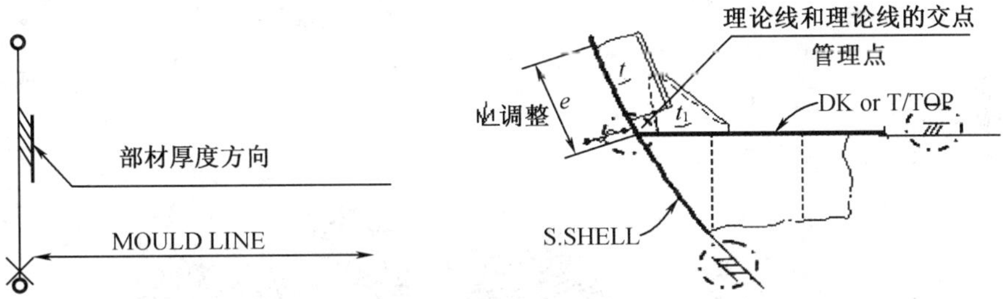

图6.48 精度管理基准

(2)模拟搭载 X 轴、Y 轴、Z 轴基准(如图6.49所示)

①X 轴的基准点是艉垂线AP(AFTER PERPENDICULAR)为"0"点。

②Y 轴的基准点是中心线CL(CENTER LINE)为"0"点,向PORT方向为正值,向STARBOARD方向为负值。

③Z 轴的基准点是基线A/B(ABOVE BASE LINE)为"0"点。

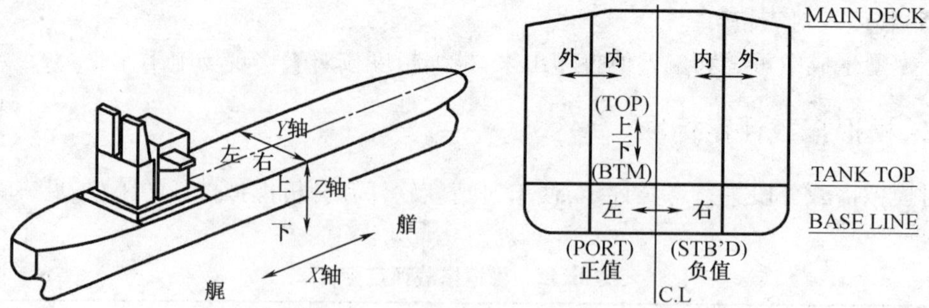

图 6.49 模拟搭载基准

四、典型分段模拟搭载管理要点

(1)17 万吨级 BULK CARRIER 62D

图 6.50 和图 6.51 例搭载顺序为从艉向艏搭载(后续图例同理)。

①搭载分段的管理要点

a. 搭载分段需要对接的艉面设置管理点,即甲板尾端、斜板。搭载底面设置管理。

b. 特殊的情况添加管理点是要根据实际情况设置分段管理点。

c. 首段误差维持在 ±3 mm 以内。

d. 水平误差维持在 ±5 mm 以内。

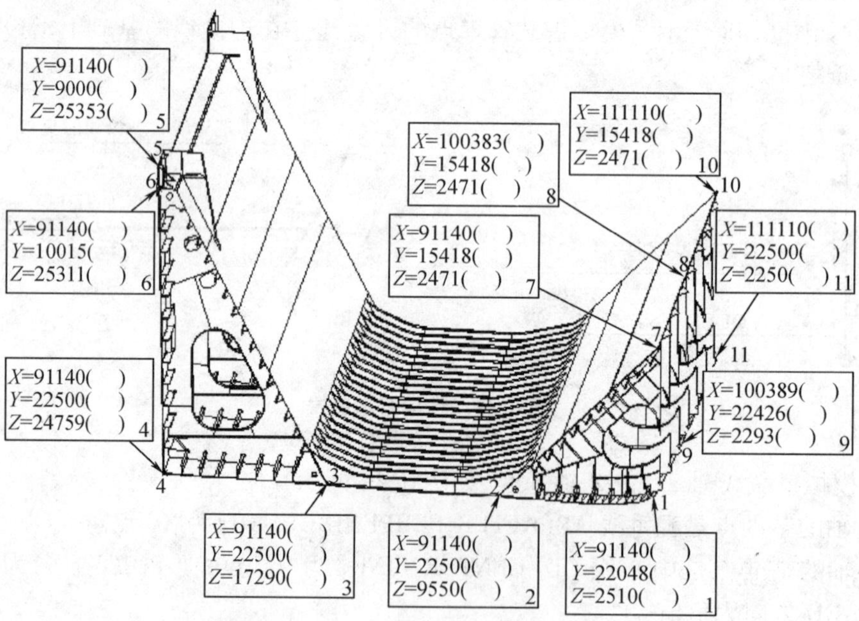

图 6.50 搭载分段的管理要点

②基准分段的管理要点

a. 基准分段需要对接的艏面设置管理点,即艏端甲板和斜板。双层底上下对接设置管理点。

b. 特殊的情况添加管理点,根据船坞内的现况。

c. 半宽值维持 ±5 mm 以内。

d. 遵守作业顺序和焊接顺序。

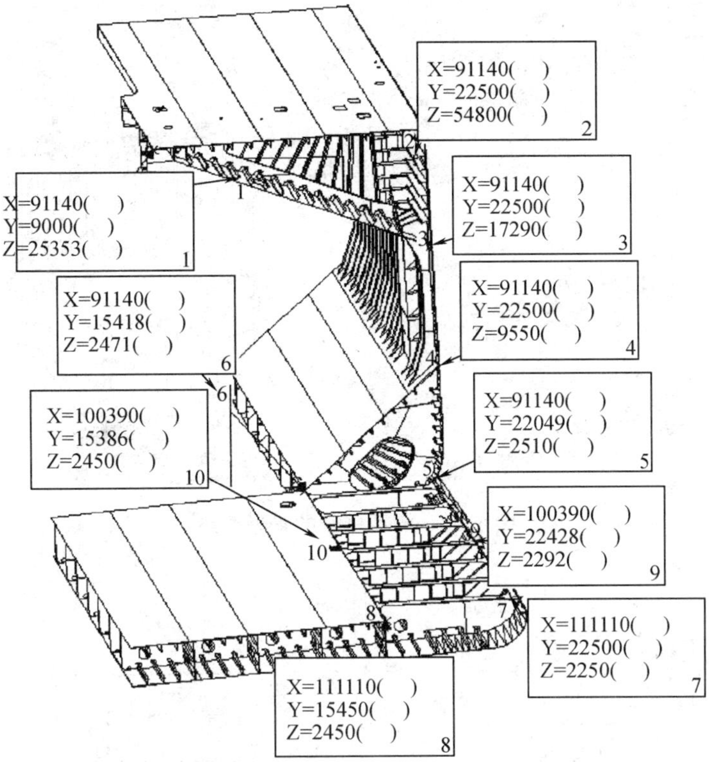

图 6.51　基准分段的管理要点

③模拟搭载的管理要点(见图 6.52)

a. 搭载分段调整到设计尺寸,看对接缝的间隙和重叠。

b. 艏段对接缝接齐,余量在艉段切割。

c. 高度余量与前分段接齐,确保设计高度,余量在底部切割。

d. 模拟搭载保证半宽值(双层底半宽值正确时)。

(2)10 万吨级 CRUDE/PROUDUCT OIL TANK(271)

①搭载分段管理要点(见图 6.53)

a. 搭载分段需要对接的艉面设置管理点,搭载底面设置管理。

b. 曲形分段艏部端面 3 个主要管理点。

c. 艏端误差维持在 ±3 mm 以内。

d. 水平维持在 ±5 mm 以内。

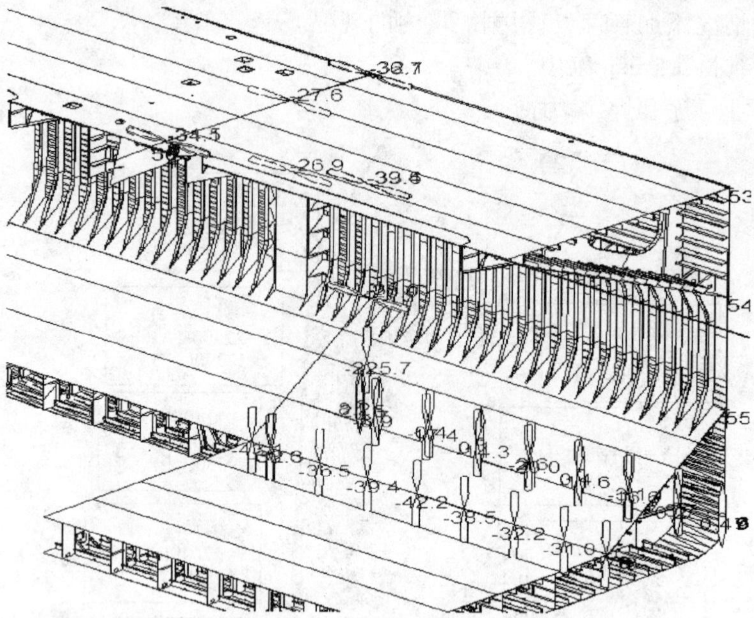

图 6.52 模拟搭载的管理要点

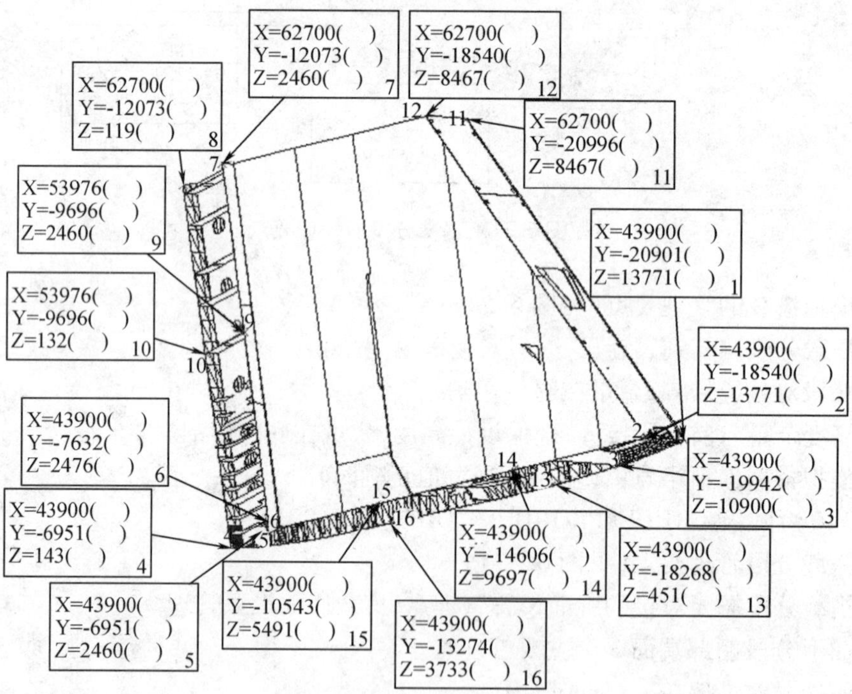

图 6.53 搭载分段管理要点

②基准分段管理要点

a. 基准分段需要对接的艏面设置管理点。双层底右侧对接设置管理点。

b. 半宽值维持 ±5 mm 以内。

c. 高度维持 ±5 mm 以内。

d. 遵守作业顺序和焊接顺序。

思考题:

1. 什么是船台,船台的分类有哪些?
2. 纵向倾斜船台的倾斜度通常取多少? 船台上通常配备有哪些工艺装备?
3. 什么是船坞,船坞有哪些优点? 根据坞的深度,船坞可分为几种?
4. 常用的单艘船建造法有哪些? 简述各种方法的工作原理以及优缺点,适用范围。
5. 常用的批量船建造法有哪些? 简述各种方法的工作原理以及优缺点,适用范围。
6. 船台装配工艺流程需要从哪几个方面考虑?
7. 水平船台(船坞)的准备工作包含哪些内容?
8. 倾斜船台上的准备工作包含哪些内容?
9. 船体上的准备工作包含哪些内容?
10. 简述采用全占仪的测量仪器进行水尺画线的操作步骤。
11. 底部基准分段的船台定位测量包含哪几个方面?
12. 简述船舶各阶段搭载过程中基准段定位精度控制的方法和步骤。
13. 船体的主尺度包含哪些要素,船体主尺度各要素的测量方法分别是什么?
14. 船体主尺度和外形检验内容、精度标准与检验基准包含哪些?
15. 船体下水前完整性要求有哪些? 检验方法与注意事项的内容是什么?
16. 什么是模拟搭载? 模拟搭载的总体流程是什么?
17. 搭载分段的管理要点什么?
18. 模拟搭载的管理要点什么?

附 录 A

板材加工尺寸自检表

<table>
<tr><td colspan="3">工程编号:</td><td colspan="2">分段名称:</td><td>零件号:</td></tr>
<tr><td rowspan="2">长度 L_1</td><td colspan="2">理论:</td><td rowspan="2">长度 L_2</td><td colspan="2">理论:</td></tr>
<tr><td colspan="2">实际:</td><td colspan="2">实际:</td></tr>
<tr><td colspan="3">对角线 D_1:</td><td colspan="2">对角线 D_2:</td><td>$D_1 - D_2$:</td></tr>
</table>

精度要求:

(1)长度 L_1: ±0.5 mm

(2)宽度 L_2: ±0.5 mm

(3)对角线 $D_1 \sim D_2$: ±1.5 mm

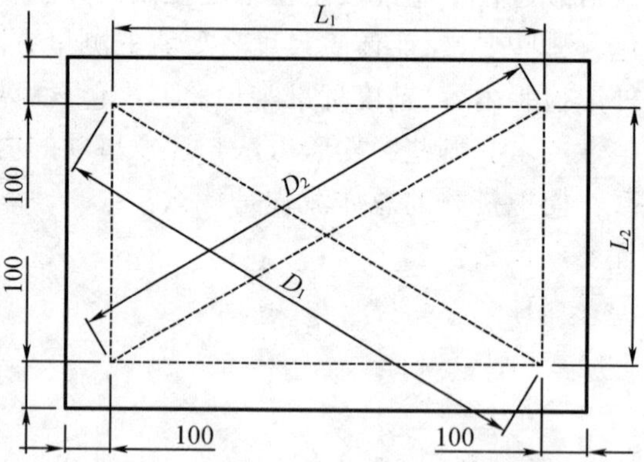

注:对角线仅矩形板测量。

自检者:________

日期:________

附 录 B

弯曲板材自检表

工程编号:	分段名称:	零件号:

精度要求:

(1)冷加工:$\Delta H\leqslant 1$ mm

(2)热加工:$\Delta H\leqslant 2.5$ mm

(3)纵向弯势:$\Delta H\leqslant 4$ mm

(4)劣势:$\Delta H\leqslant 6$ mm

(5)边势和顺:± 3 mm

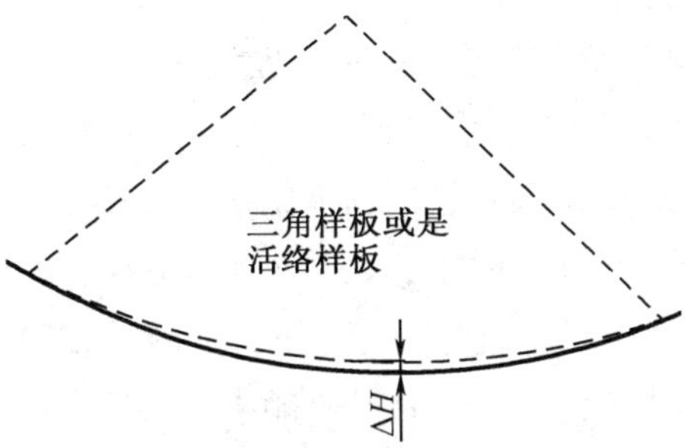

自检者:________

日期:________

参考文献

[1] 王鸿斌.船舶修造工艺[M].北京:人民交通出版社,2006.

[2] 金仲达.船体装配工艺与操作[M].哈尔滨:哈尔滨工程大学出版社,2009.

[3] 施克非.船体装配工[M].北京:国防工业出版社,2010.

[4] 刘雪梅.船体装配工艺学[M].哈尔滨:哈尔滨工程大学出版社,2009.

[5] 魏莉洁.船舶建造工艺[M].哈尔滨:哈尔滨工程大学出版社,2006.

[6] 刘玉君.船舶建造工艺学[M].大连:大连理工大学出版社,2011.

[7] 王云梯.船体装配工艺[M].哈尔滨:哈尔滨工程大学出版社,1994.

[8] 徐兆康.船舶建造工艺学[M].北京:人民交通出版社,2000.

[9] 肖子熙.船体放样[M].哈尔滨:哈尔滨工程大学出版社,1994.

[10] 陆俊岫.船舶建造质量检验[M].哈尔滨:哈尔滨工程大学出版社,1999.

[11] 潘晓明.船体总装[M].北京:人民交通出版社,2014.

[12] 刘桂香.船体分段装配[M].北京:人民交通出版社,2014.

[13] 杜训柏.船体部件装配[M].北京:人民交通出版社,2014.

[14] 高介祜.船体建造精度管理[S].中国船舶工业总公司船体建造精度管理指导组,1998,7:115.

[15] 张明华.精益造船模式研究[M].北京:中国经济出版社,2005.

[16] 应长春.船舶工艺技术[M].上海:上海交通大学出版社,2013.

[17] 郭群长,李仲勤,李辉.大地测量学概论[M].成都:西南交通大学出版社,2009.

[18] 邱建平.船舶建造工业测量系统[M].北京:科学出版社,2011.

[19] 于昌利,初冠南,张喜秋.船舶制造精度管理及过程控制技术探讨[J].现代制造工程,2011(4):1-4.

[20] 王勇.船体建造精度测量 DACS 系统探析[J].南通航运职业技术学院学报,2009(3):32-35.

[21] 王永明,李明峰,朱振宇.基于全站仪的造船精度控制测量算法研究[J].矿山测量,2010(2):72-75.

[22] 黄若波,张杰.基于全站仪和船舶3D 设计系统的三维精度测量技术研究[J].造船技术,2011(4):14-16.

哈尔滨工程大学出版社船舶工匠系列教材

序号	书名	书号	作者	版次	定价
1	投影与展开	978－7－5661－0983－5	席建共	2015.01	33.00
2	船体装配作业	978－7－5661－0962－0	柯于舫	2015.01	21.00
3	CO_2 气体保护焊实训操作	978－7－5661－0933－0	唐敏蓉	2014.10	22.00
4	氩弧焊实训操作	978－7－5661－0931－6	王亚伦	2014.10	18.00
5	船舶辅机电力拖动	978－7－5661－0993－4	钱德福	2015.01	50.00
6	船舶电工基本工艺	978－7－5661－0968－2	阎　夏	2015.01	28.00
7	船舶 CO_2 气体保护焊	978－7－5661－0950－7	杨光伟	2015.03	25.00
8	船舶概论	978－7－5661－0992－7	胡鸿湧	2015.03	30.00
9	船舶焊接工艺	978－7－5661－0991－0	陈之祥	2015.03	30.00
10	船体放样	978－7－5661－0949－1	费敏杰	2015.04	21.00
11	船体识图	978－7－5661－0948－4	朱继东	2015.07	22.00
12	焊接无损检测	978－7－5661－0947－7	陈萍	2015.06	29.00
13	船舶焊条电弧焊	978－7－5661－1020－6	乔伟中	2015.04	30.00
14	识图基础	978－7－5661－0945－3	郑永佳	2015.04	29.00
15	数学	978－7－5661－1123－3	林雪梅	2015.08	25.00
16	船舶氩弧焊	978－7－5661－1089－3	凌　炜	2015.07	29.00
17	船舶电气安装	978－7－5661－0944－6	朱维娜	2015.09	34.00
18	现代大型低速柴油机	978－7－5661－0943－9	李　斌	2015.07	37.00
19	船舶气割工(初级)	978－7－5661－1316－0	李风波	2016.07	23.00
20	船舶气割工(中级)	978－7－5661－1270－5	李风波	2016.06	27.00
21	船舶与海洋工程焊接	978－7－5661－1150－0	李风波	2015.10	33.00
22	船舶常识	978－7－81133－406－7	魏莉洁	2009.04	18.00
23	船舶电气工艺与操作	978－7－81133－851－5	赵运杰	2010.09	27.00
24	船舶钳工工艺与操作	978－7－81133－628－3	孙文涛	2010.04	15.00
25	船体装配工艺与操作	978－7－81133－482－1	金仲达	2009.08	22.00
26	船舶焊接工艺与操作	978－7－81133－890－4	许志安	2012.05	21.00
27	船舶管系工工艺与操作	978－7－81133－815－7	刘兴永	2010.07	17.00
28	船舶除锈涂装工艺与操作	978－7－81133－626－9	彭　辉	2010.05	15.00
29	涂装作业安全操作	978－7－5661－1371－9	安全中心	2017.01	15.00
30	船舶涂装作业安全技术	978－7－5661－1372－6	安全中心	2017.01	14.00
31	船舶管系制作	978－7－5661－1692－5	韦方方	2017.07	40.00
32	船舶检修技术	978－7－5661－1762－5	郑永佳	2017.12	41.00
33	船舶辅机与轴系	978－7－5661－1763－2	李　斌	2017.12	52.00
34	船舶电气维修	978－7－5661－1764－9	朱维娜	2017.12	32.00
35	船舶精度装配工艺	978－7－5661－1691－8	韦方方	2017.07	35.00